# Atlas de Acupuntura Veterinária

## Cães e Gatos

**Dados Internacionais de Catalogação na Publicação (CIP)**
**(Câmara Brasileira do Livro, SP, Brasil)**

Kim, Choo Hyung
Atlas de acupuntura veterinária : cães e gatos / Choo Hyung Kim. -- 2. ed. -- Pilar do Sul, SP : Ed. do Autor, 2022.

ISBN 978-65-00-38167-2

1. Acupuntura veterinária - Métodos 2. Acupuntura veterinária - Terapia 3. Atlas 4. Cães - Cuidados 5. Gatos - Cuidados 6. Medicina veterinária - Manuais, guias etc. I. Título.

22-98844 CDD-591

**Índices para catálogo sistemático:**

1. Atlas : Animais 591

Aline Graziele Benitez - Bibliotecária - CRB-1/3129

# Atlas de Acupuntura Veterinária

## Cães e Gatos

**Choo Hyung Kim**

*Formação Superior em Terapia Mioaticular*
*Bacharel em Quiropraxia*
*Especialização em Acupuntura Coreana*
*Pós-graduação em Acupuntura Chinesa*

**2ª edição - 2024**

**Ilustrações**
Choo H. Kim

**Diagramação**
Choo H. Kim



## AVISO

Este livro não tem por objetivo ensinar a acupuntura mas, apenas auxiliar os praticantes. Portanto, não substitui outras literaturas que preparam os profissionais a se habilitarem como acupunturistas.

O autor não se responsabiliza pelo mal uso deste livro e nem pelos resultados malsucedidos nos tratamentos realizados com auxilio deste livro. Todos os profissionais que utilizarem este livro deverá estar ciente das precauções de segurança ao tratar seus pacientes.

Também, o autor não é responsável pelos erros e omissões no conteúdo deste livro. Os usuários deste livro são inteiramente responsáveis pelos atos realizados mesmo que tenham sido auxiliados pelas informações contidas neste livro.

## Revisão de Acupuntura Veterinária

**Daniel Mendes Netto**

*Diretor Técnico-científico e Professor da Sociedade de Acupuntura Veterinária Professor de Semiologia, Patologia e Clínica Médica de Animais de Grande Porte Faculdades Metropolitanas Unidas (FMU). Coordenador e Professor do Curso de Pós-graduação em Acupuntura Veterinária*

## Revisão de Anatomia Veterinária

**Fabiana Siqueira Tufano**

*Médica Veterinária*

# Prefácio

É um grande prazer ver que a Acupuntura Veterinária vem ganhando cada vez mais atenção por parte das editoras.Cada vez mais, novos livros têm surgido nesta area de especialização médico-veterinária. Acredito que, em pouco tempo, a Acupuntura Veterinária alcançará dimensões similares às alcançadas pela humana. Este livro é fruto de trabalho árduo, dedicado e caprichoso por parte do Choo Hyung Kim, o qual se dedicou a produzir um livro de qualidade e bem ilustrado sobre a localização dos meridianos em cães e gatos,contemplando todos os pontos de acupuntura nestes animais.

Um livro completo, em que descreve o nome e o número, bem como a localização anatômica, a técnica de aplicação das agulhas e as indicações clínicas de cada um dos 361 pontos em cães e gatos. Este livro servirá de guia para alunos e profissionais da Acupuntura Veterinária de pequenos animais, a fim de que possam se basear em uma boa referência e possam introduzir as agulhas de forma correta. Tenho certeza de que será um livro útil aos acupunturistas veterinários.

**Daniel Mendes Netto**

Diretor Técnico-científico e Professor da Sociedade de Acupuntura Veterinária.
Professor de Semiologia, Patologia e Clínica Médicas de Animais de Grande Porte – Faculdades Metropolitanas Unidas (FMU).
Coordenador e Professor do Curso de Pós-graduação em Acupuntura Veterinária.

# Introdução

A acupuntura teve sua origem na China milhares de anos atrás. No início, as pessoas descobriram o efeito analgésico ao estimular determinada região do corpo utilizando alguns objetos, tais como pedra pontiaguda e até agulhas de metal. A acupuntura foi se aperfeiçoando ao longo dos anos e hoje se tornou um dos importantes meios de tratar as doenças. Sua eficácia já foi comprovada cientificamente e a Organização Mundial da Saúde (OMS) lista inúmeras doenças tratáveis por acupuntura. Similarmente, a acupuntura para os animais também possui uma longa história. Existem registros de acupunturistas chineses que tratavam cavalos, porcos e gado com acupuntura. No entanto, a acupuntura para cães e gatos se iniciou no Ocidente, sendo adotada mais tarde por chineses. Apesar da longa história da Acupuntura Veterinária, ainda há certa dificuldade em encontrar os livros para localização de acupontos. Esta foi a principal razão para preparar este livro atlas de Acupuntura Veterinária. Este livro não tem por objetivo ensinar a acupuntura, mas deseja auxiliar os acupunturistas a localizar facilmente os pontos e lembrar suas principais funções. Todos os 361 pontos dos 14 meridianos foram sinalizados com a maior precisão possível no modelo de anatomia do cão e do gato em 3D. Também foram indicadas as principais funções de cada ponto,inclusive o método de inserção da agulha. Apesar da descrição do método de aplicação, em vista de que cada animal possui diferentes constituições, ao aplicar as agulhas, cada acupunturista deverá ter bom senso em decidir a maneira e a profundidade da inserção. O interesse pela Acupuntura Veterinária está crescendo cada dia mais. É necessário surgir mais literaturas e estudos científicos com relação a esse assunto. Espero que este livro, de alguma forma, contribua para preencher uma parte dessa necessidade dos acupunturistas veterinários.

**Choo Hyung Kim**

# Índice

# Posição

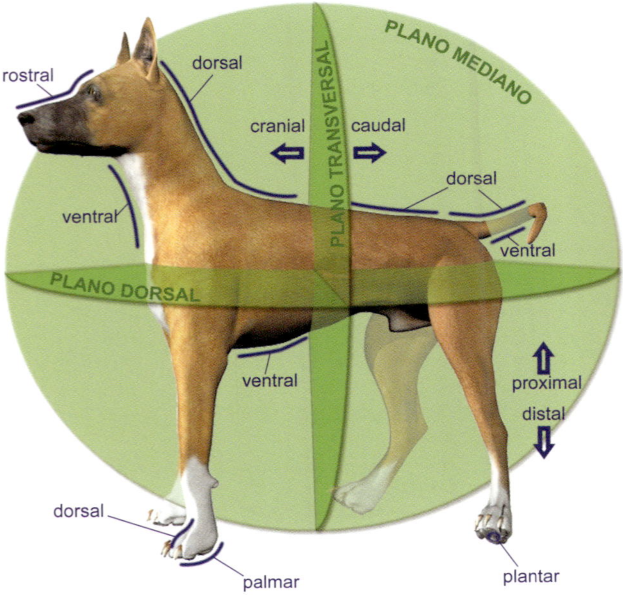

rostral
dorsal
PLANO MEDIANO
cranial
caudal
PLANO TRANSVERSAL
dorsal
ventral
ventral
PLANO DORSAL
ventral
proximal
distal
dorsal
palmar
plantar

**Rostral:** Direção próxima ao nariz.

**Cranial:** Termo aplicado a qualquer estrutura que se encontra na direção da cabeça.

**Caudal:** Termo aplicado a qualquer estrutura que se encontra na direção da cauda.

**Dorsal:** Termo aplicado às estruturas que se encontram na direção do dorso. Direção oposta à ventral.

**Ventral:** Direção oposta à dorsal. Termo aplicado às estruturas que se encontram na direção ventral (abdome).

**Proximal:** Quando a parte considerada se encontra mais próxima da raiz do membro.

**Distal:** Quando a parte considerada se encontra mais distante da raiz do membro.

**Plantar:** A face do pé que entra em contato com o solo. Oposta à face dorsal.

**Palmar:** A face da mão que entra em contato com o solo. Oposta à face dorsal.

**Medial:** Na direção do plano mediano.

**Plano mediano:** Divide longitudinalmente a cabeça, o corpo ou os membros em duas partes iguais.

**Plano transversal:** Corta transversalmente a cabeça, o corpo ou os membros.

**Plano dorsal:** Divide o corpo ou a cabeça em porções dorsal ou ventral.

# Medidas

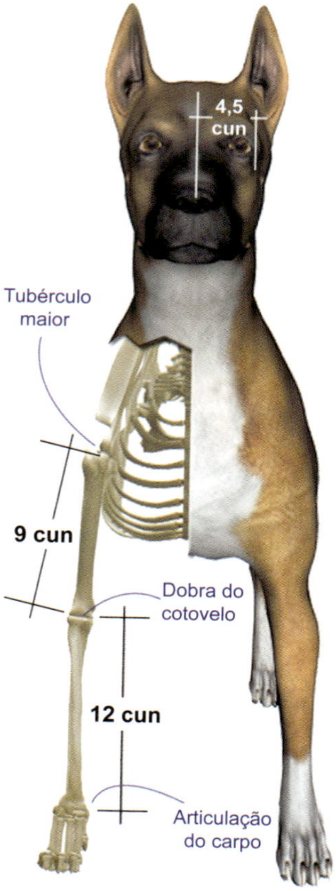
4,5 cun
Tubérculo maior
9 cun
Dobra do cotovelo
12 cun
Articulação do carpo

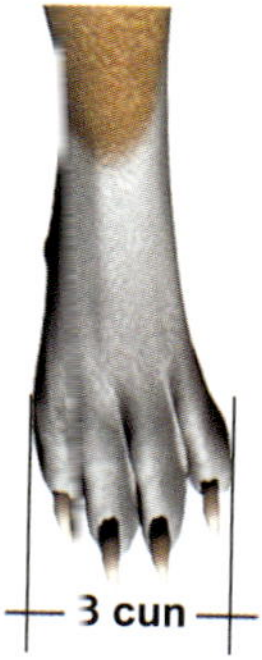
3 cun

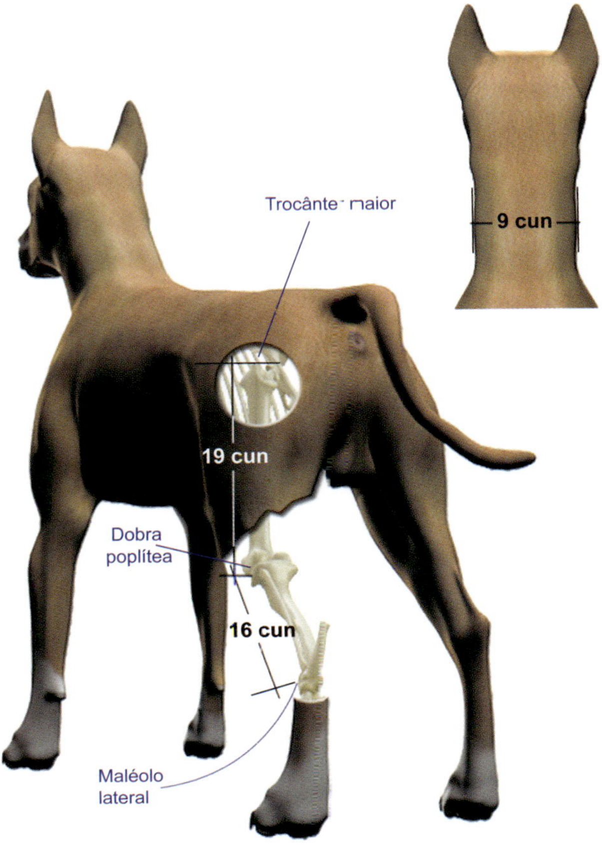
9 cun
Trocânte- maior
19 cun
Dobra
poplítea
16 cun
Maléolo
lateral

# Cinco Elementos

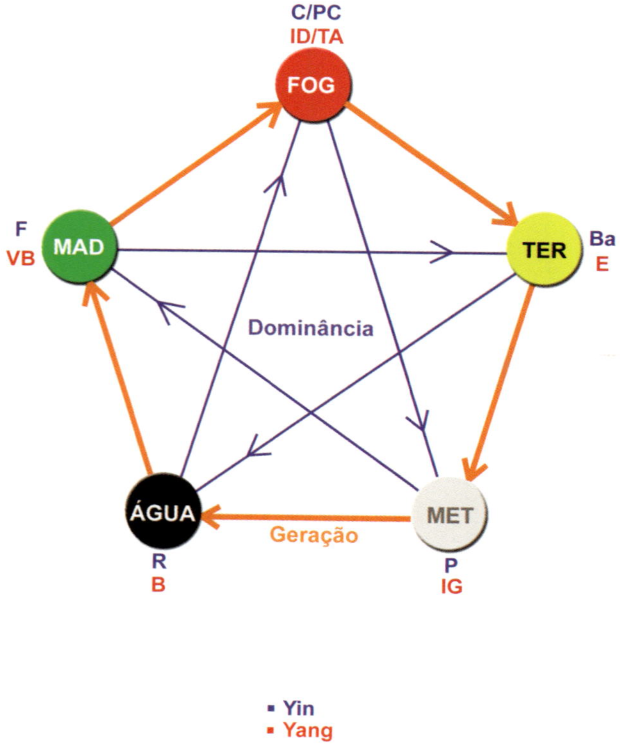

| MADEIRA | FOGO | TERRA | METAL | ÁGUA |
|---|---|---|---|---|
| Fíg / Ves Bil | Cor(PC) / ID(TA) | Baço / Est | Pul / Int Gro | Rim / Bexiga |
| Vento | Calor | Umidade | Secura | Frio |
| Primavera | Verão | Transição | Outono | Inverno |
| Olhos | Língua | Boca | Nariz | Orelha |
| Tondão | Vasos | Músculo | Pele / Pêlo | Osso |
| Raiva | Alegria | Preocupação | Tristeza | Medo |
| Gritar | Rir | Cantar | Suspirar | Gemer |
| Ácido | Amargo | Doce | Picante | Salgado |
| Germinação | Desenvolvimento | Transformação | Amadurecimento | Armazenamento |

# Relógio Orgânico

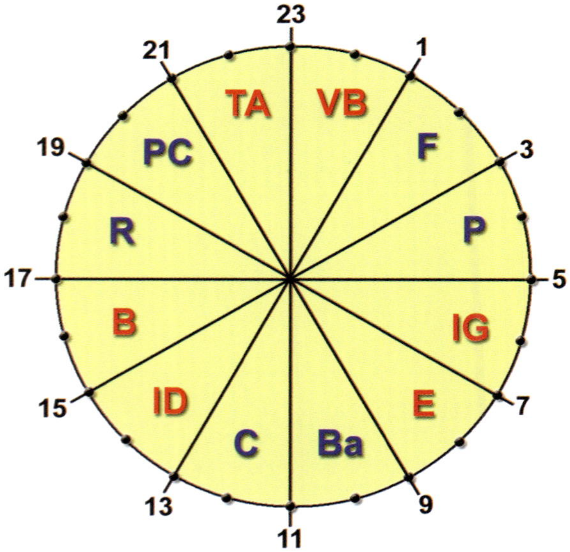


A cada duas horas, ocorre a concentração máxima de energia em determinado meridiano.

- Yin
- Yang

| HUI<br>Pontos influentes | | Vasos extraordinários | | HE<br>Pontos Mar | |
|---|---|---|---|---|---|
| Órgãos | F13 | Chong Mai | BP4 / PC6 | Int. Grosso | E37 |
| Víceras | VC12 | Yin Wei Mai | PC6 / BP4 | Trip. Aquecedor | B39 |
| Qi | VC17 | Du Mai | ID3 / B62 | Int. Delgado | E39 |
| Sangue (xue) | B17 | Yang Qiao Mai | B62 / ID3 | Estômago | E36 |
| Tendões | VB34 | Dai Mai | VB41 / TA5 | Vesícula Biliar | VB34 |
| Vasos sanguíneos | P9 | Yang Wei Mai | TA5 / VB41 | Bexiga | B40 |
| Ossos | B11 | Ren Mai | P7 / R6 | | |
| Medula óssea | VB39 | Yin Qiao Mai | R6 / P7 | | |

## SHU ANTIGO

| YIN | MADEIRA | FOGO | TERRA | METAL | ÁGUA |
|---|---|---|---|---|---|
| Pulmão | P11 | P10 | P9 | P8 | P5 |
| Pericárdio | PC9 | PC8 | PC7 | PC5 | PC3 |
| Coração | C9 | C8 | C7 | C4 | C3 |
| Baço | BP1 | BP2 | BP3 | BP5 | BP9 |
| Fígado | F1 | F2 | F3 | F4 | F8 |
| Rim | R1 | R2 | R3 | R7 | R10 |
| **YANG** | **METAL** | **ÁGUA** | **MADEIRA** | **FOGO** | **TERRA** |
| Int. Grosso | IG1 | IG2 | IG3 | IG5 | IG11 |
| Trip. Aquecedor | TA1 | TA2 | TA3 | TA6 | TA10 |
| Int. Delgado | ID1 | ID2 | ID3 | ID5 | ID8 |
| Estômago | E45 | E44 | E43 | E41 | E36 |
| Ves. Biliar | VB44 | VB43 | VB41 | VB38 | VB34 |
| Bexiga | B67 | B66 | B65 | B60 | B40 |

## TONIFICAÇÃO / SEDAÇÃO / YUAN / LUO / XI

| Meridianos \ Pontos | TONIF. | SEDAÇAÕ | FONTE (YUAN) | CONEXÃO (LUO) | FENDA (XI) |
|---|---|---|---|---|---|
| Pulmão | P9 | P5 | P9 | P7 | P6 |
| Pericárdio | PC9 | PC7 | PC7 | PC6 | PC4 |
| Coração | C9 | C7 | C7 | C5 | C6 |
| Baço | BP2 | BP5 | BP3 | BP4 | BP8 |
| Fígado | F8 | F2 | F3 | F5 | F6 |
| Rim | R7 | R1 | R3 | R4 | R5 |
| Int. Grosso | IG11 | IG2 | IG4 | IG6 | IG7 |
| Trip. Aquecedor | TA3 | TA10 | TA4 | TA5 | TA7 |
| Int. Delgado | ID3 | ID8 | ID4 | ID7 | ID6 |
| Estômago | E41 | E45 | E42 | E40 | E34 |
| Ves. Biliar | VB43 | VB38 | VB40 | VB37 | VB36 |
| Bexiga | B67 | B65 | B64 | B58 | B63 |

# Os Meridianos

# Pulmão

**Yin**

**Metal**

**3-5 h**

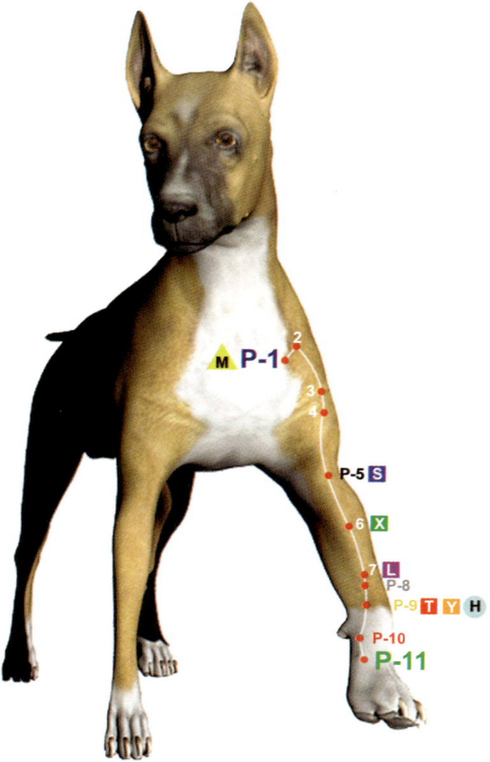




T Tonificação S Sedação He He M Mu H Hui Y Yuan L Luo X Xi

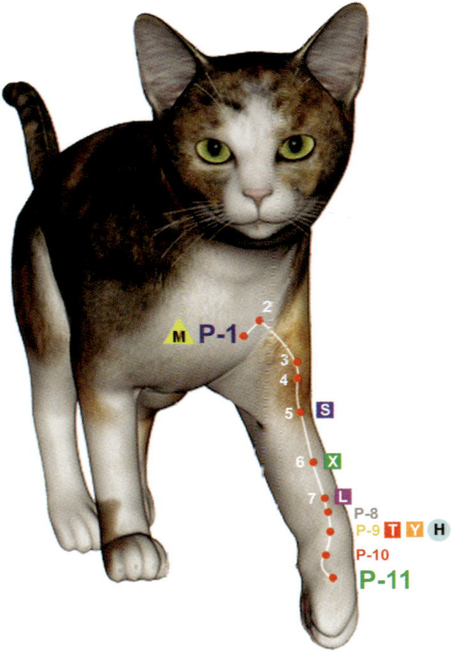


T Tonificação S Sedação He He M Mu H Hui Y Yuan L Luo X Xi

# P

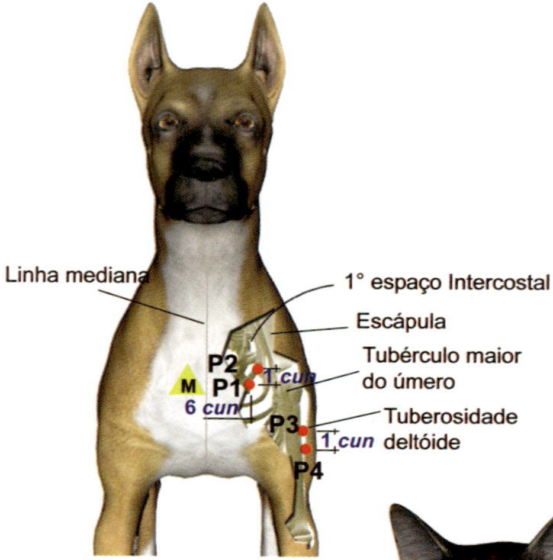

Linha mediana
1° espaço Intercostal
Escápula
Tubérculo maior do úmero
Tuberosidade deltóide
P2
M
P1
1 cun
6 cun
P3
1 cun
P4


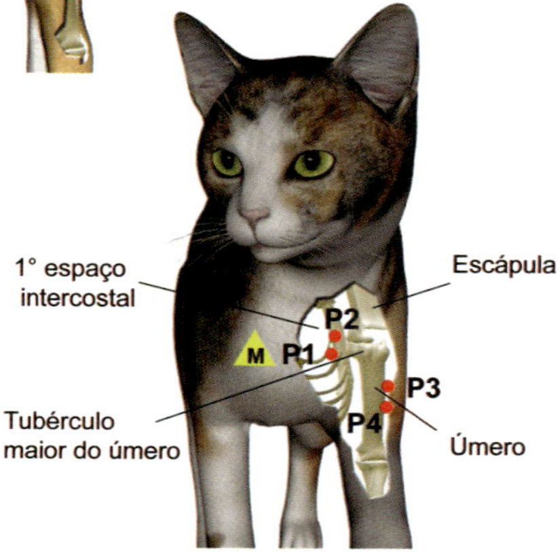

1° espaço intercostal
Escápula
P2
M
P1
P3
P4
Tubérculo maior do úmero
Úmero

**P1 *(zhongfu)*** M

Aproximadamente 6 cun laterais à linha mediana, no músculo peitoral transverso, no 2° espaço intercostal. Cerca de 1 cun abaixo de P2.
**Indicação:** Dor no ombro. Doenças pulmonares, asma, bronquite.
**Método:** Conforme a espécie e a constituição do animal, inserir a agulha de forma inclinada, para fora, em direção ao membro, a fim de não perfurar o tórax, até, no máximo, 0,5 cm.

**P2 *(yunmen)***

Na altura do 1° espaço intercostal, na margem caudal do músculo peitoral descendente, entre o tubérculo maior do úmero e o manúbrio do esterno.
**Indicação:** Tosse, falta de ar, bronquite, doenças pulmonares.
**Método:** Conforme a espécie e a constituição do animal, inserir a agulha de forma inclinada, semelhante a P1, até, no máximo, 0,5 cm.

**P3 *(tianfu)***

Na face lateral do músculo bíceps braquial (o marco ósseo palpável para a localização do músculo bíceps braquial é o tubérculo maior do úmero), próximo à inserção do músculo deltoide, na tuberosidade deltoide.
**Indicação:** Tosse, falta de ar, bronquite, doenças pulmonares, dor no braço.
**Método:** Conforme a espécie e a constituição do animal, inserir a agulha de forma perpendicular até, no máximo, 0,5 cm.

**P4 *(xiabai)***

Na face lateral do músculo bíceps braquial, 1 cun abaixo de P3.
**Indicação:** Falta de ar, doenças pulmonares, taquicardia. Dor no braço.
**Método:** Mesmo método do P3..

# P

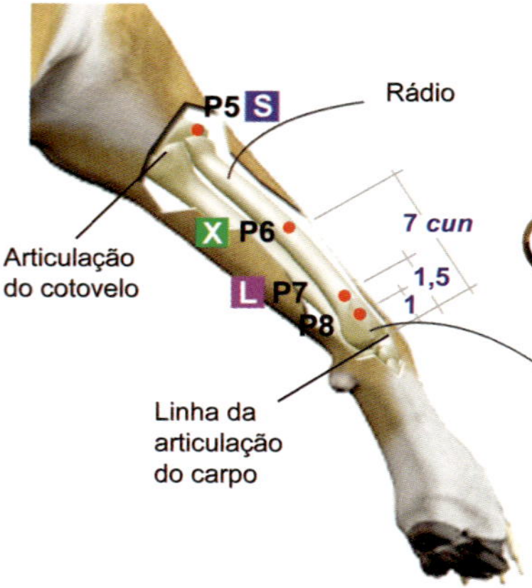
Rádio
P5 S
X P6
7 cun
1,5
1
L P7
P8
Articulação do cotovelo
Processo estilóide do rádio
Linha da articulação do carpo

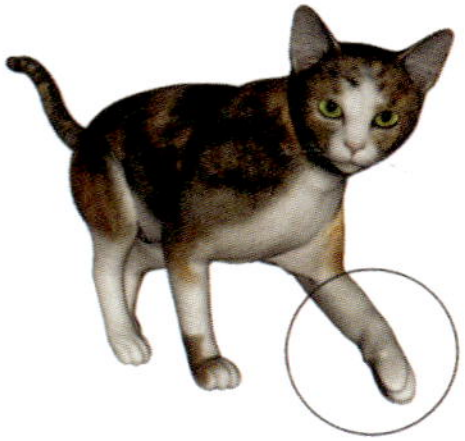

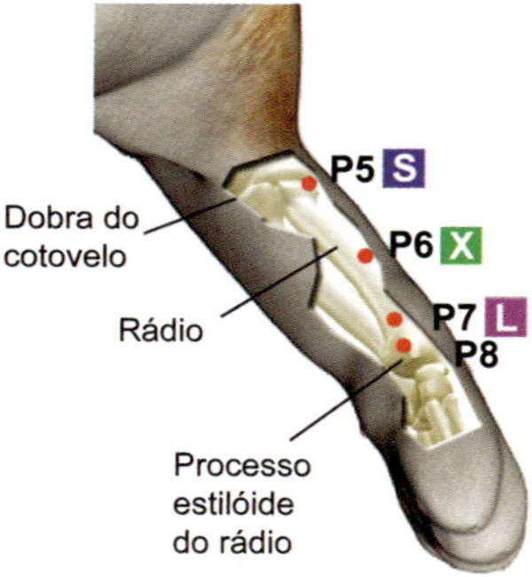
P5 S
Dobra do cotovelo
P6 X
Rádio
P7 L
P8
Processo estilóide do rádio

**P5 *(chize)*** S
Na face lateral do tendão do bíceps braquial, na dobra do cotovelo (na articulação do cotovelo).
**Indicação:** Asma, bronquite, tosse, doenças respiratórias, falta de ar. Dor no antebraço e no cotovelo.
**Método:** Conforme a espécie e a constituição do animal, inserir a agulha de forma perpendicular até, no máximo, 0,5 cm.

**P6 *(kongzui)*** X
Sete cun acima da linha da articulação do carpo.
**Indicação:** Tosse, falta de ar, asma, dor de garganta. Dor no cotovelo.
**Método:** Conforme a espécie e a constituição do animal, inserir a agulha de forma perpendicular até, no máximo, 0,5 cm.

**P7 *(lieque)*** L
Um cun e meio acima da linha da articulação do carpo, em sentido craniocaudal, entre o músculo braquiorradial e o músculo flexor radial do carpo.
**Indicação:** Dor na nuca, problema cervical, tosse, falta de ar. Dor nas articulações do carpo.
**Método:** Conforme a espécie e a constituição do animal, inserir a agulha de forma perpendicular até, no máximo, 0,5 cm.

**P8 *(jingqu)***
Um cun acima da linha da articulação do carpo, lateral à artéria radial.
**Indicação:** Febre, tosse, falta de ar, asma, dor no tórax. Dor nas articulações do carpo.
**Método:** Conforme a espécie e a constituição do animal, inserir a agulha de forma perpendicular até, no máximo, 0,5 cm.

# P

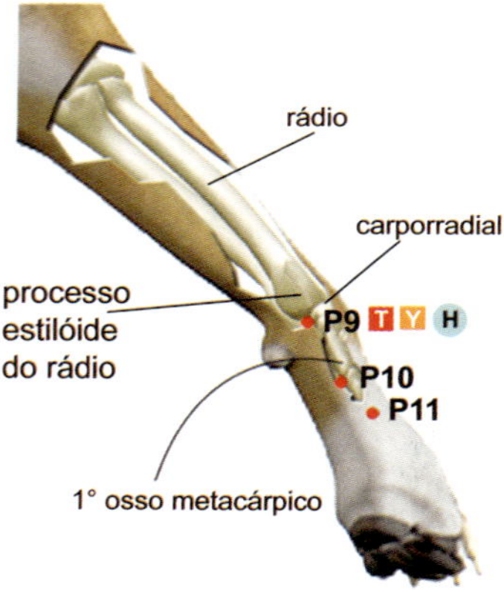

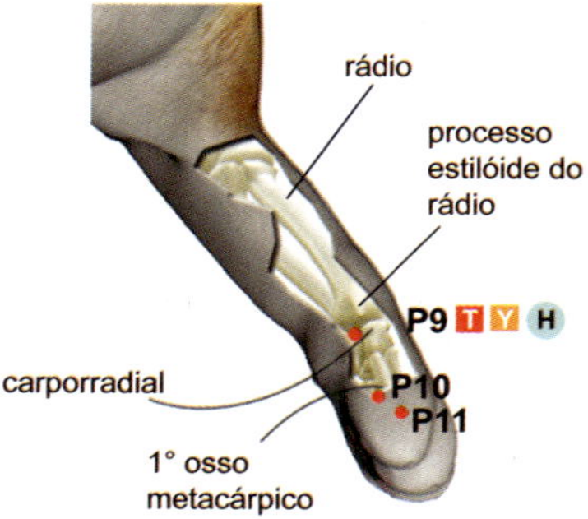




T Tonificação S Sedação He He M Mu H Hui Y Yuan L Luo X Xi

# P

**P9** ***(taiyuan)*** T Y H

No lado medial da linha da articulação do carpo, numa depressão entre o processo estiloide do rádio e o osso carporradial.
**Indicação:** Doenças pulmonares, tosse, falta de ar, dor no tórax. Dor nas articulações do carpo.
**Método:** Conforme a espécie e a constituição do animal, inserir a agulha de forma perpendicular até, no máximo, 0,5 cm.

**P10** ***(yuji)***

No centro do 1° osso metacárpico, lado palmar.
**Indicação:** Garganta seca, laringite, faringite, asma, bronquite, dor de garganta.
**Método:** Conforme a espécie e a constituição do animal, inserir a agulha de forma perpendicular até, no máximo, 0,5 cm.

**P11** ***(shaoshang)***

No ângulo ungueal, na face medial do 1° dedo da mão.
**Indicação:** Elimina o calor. Perda de consciência, resfriado com febre, tosse, amigdalite, falta de ar, dor de garganta.
**Método:** Conforme a espécie e a constituição do animal, inserir a agulha de forma inclinada até, no máximo, 0,2 cm.

# Intestino Grosso

Yang

Metal

5-7 h

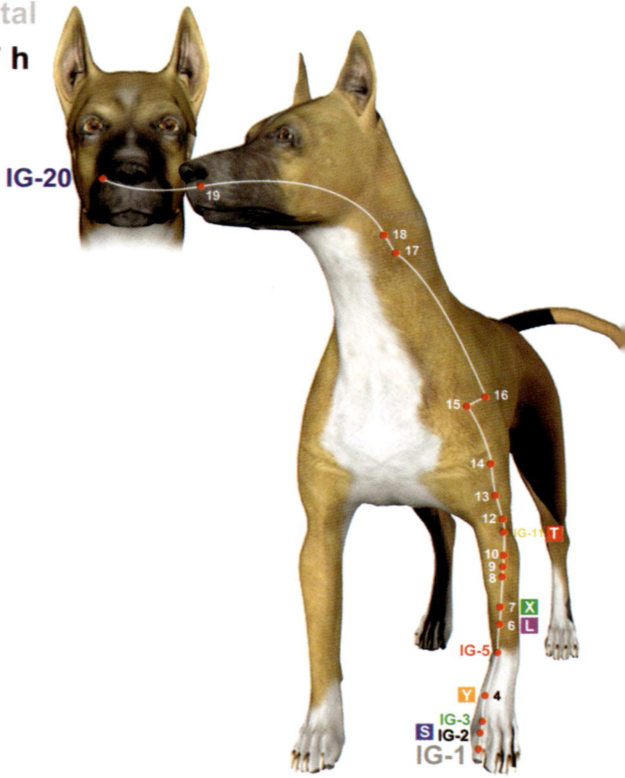


 T Tonificação S Sedação He He M Mu H Hui Y Yuan L Luo X Xi

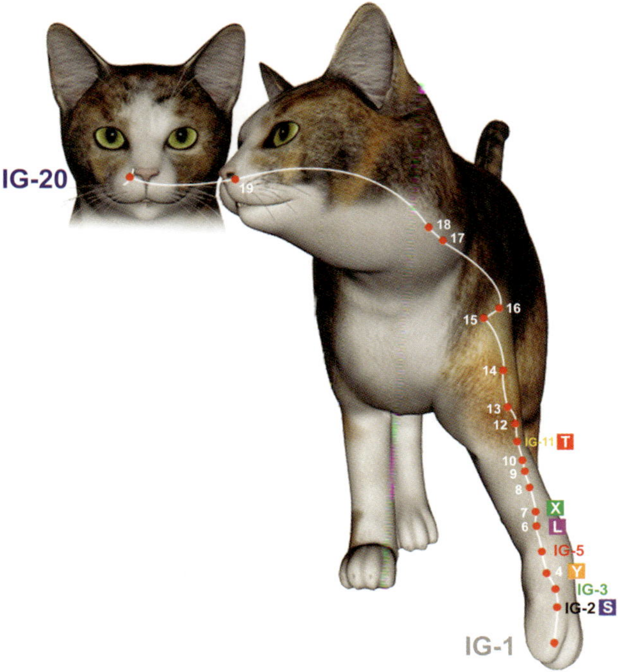


T Tonificação S Sedação He He M Mu H Hui Y Yuan L Luo X Xi

# IG

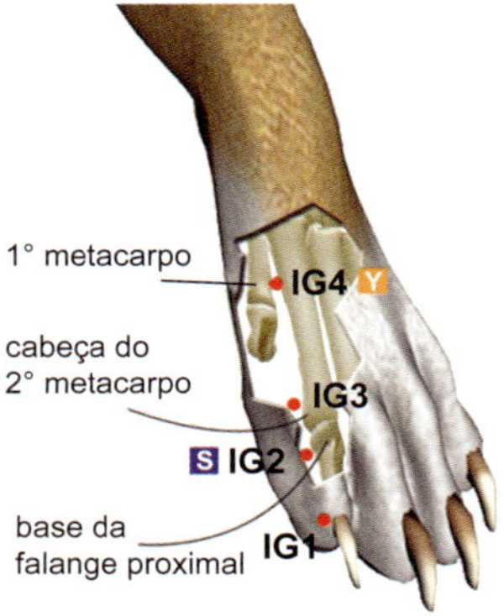


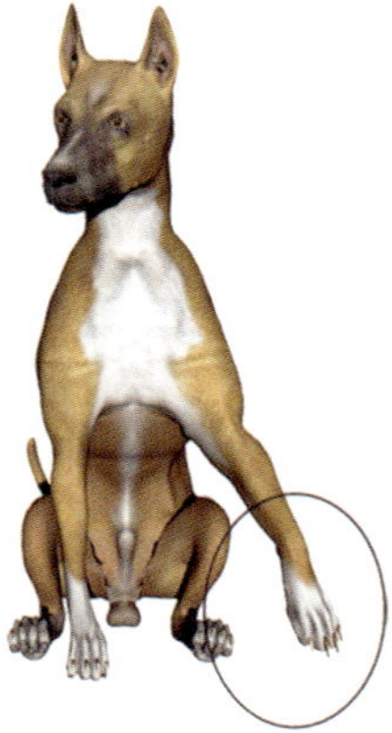

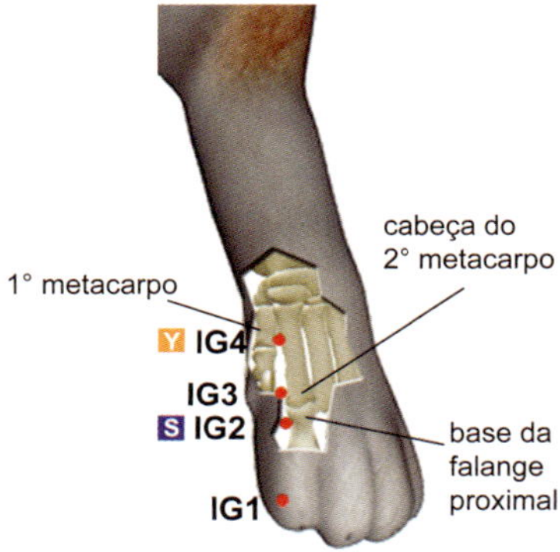




T Tonificação S Sedação He He M Mu H Hui Y Yuan L Luo X Xi

**IG1 *(shangyang)***
No leito ungueal, na face medial do 2° dedo da mão.
**Indicação:** Dores de dente, na nuca e no ombro.
**Método:** Conforme a espécie e a constituição do animal, inserir a agulha de forma inclinada até, no máximo, 0,2 cm.

**IG2 *(erjian)*** S
Na face medial do 2° dedo da mão, na depressão entre a base e o corpo da falange proximal.
**Indicação:** Retira o calor do Intestino Grosso. Febre, bursite no ombro, constipação, dor abdominal. Dor de dente.
**Método:**Conforme a espécie e a constituição do animal, inserir a agulha de forma inclinada até, no máximo, 0,2 cm.

**IG3 *(sanjian)***
Na face medial do 2° metacarpo, na depressão entre a cabeça e o corpo.
**Indicação:** Expulsa o vento e o calor. Febre e dores de garganta, dente e olho. Diarreia de frio e umidade.
**Método:** Conforme a espécie e a constituição do animal, inserir a agulha de forma inclinada, 0,1 a 0,5 cm de profundidade.

**IG4 *(hegu)*** Y
Entre o 1° e o 2° metacarpo, na direção da base da falange proximal do 1° dedo. No lado radial, entre o 1° e o 2° metacarpo.
**Indicação:**Ponto de analgesia. Elimina vento-calor. Resfriado com febre, problemas da face. Facilita o parto. Dores de garganta, dente, olho e cabeça.
**Método:** Conforme a espécie e a constituição do animal, inserir a agulha de forma inclinada, 0,2 a 1 cm de profundidade.

# IG

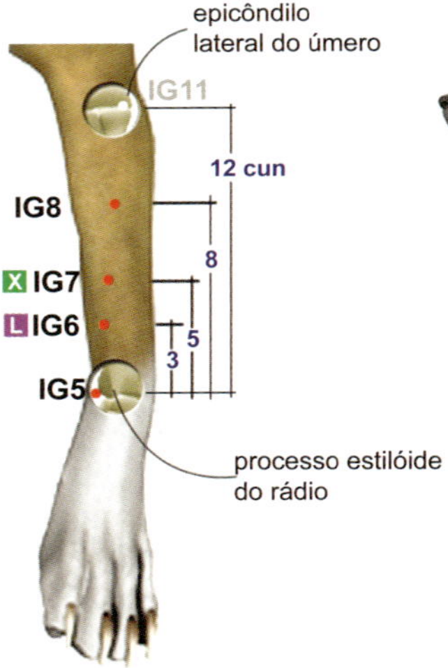
epicôndilo
lateral do úmero
IG11
12 cun
IG8
8
X IG7
L IG6
5
3
IG5
processo estilóide
do rádio

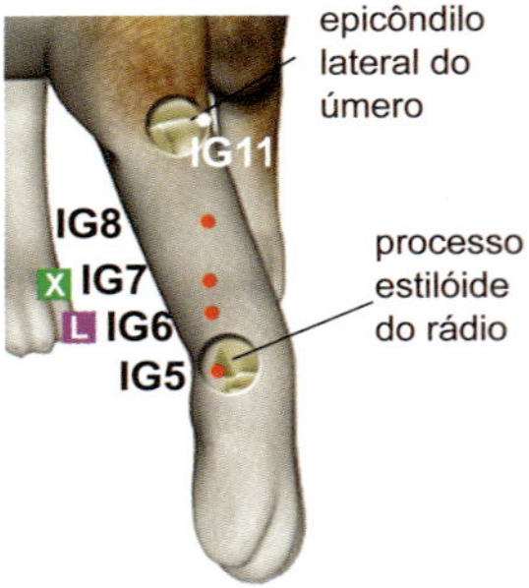
epicôndilo
lateral do
úmero
IG11
IG8
X IG7
L IG6
IG5
processo
estilóide
do rádio

## IG5 *(yangxi)*

Próximo ao processo estiloide do rádio, entre o músculo extensor radial do carpo e o músculo abdutor longo do 1° dedo (o músculo abdutor longo do 1° dedo se localiza na extremidade proximal do 1° osso metacárpico; o músculo extensor radial do carpo está situado na face cranial do rádio e é facilmente palpável).
**Indicação:** Elimina o vento. Analgesia, problemas na articulação do carpo. Dores em olho, ouvido,garganta e dente.
**Método:** Conforme a espécie e a constituição do animal, inserir a agulha de forma inclinada, 0,1 a 0,5 cm de profundidade.

## IG6 *(pianli)* L

Na linha imaginária entre IG5 e IG11, 3 cun proximais a partir de IG5. Acima do retináculo extensor, medial ao músculo abdutor longo do 1° dedo da mão.
**Indicação:** Edema facial, dificuldade urinária, dor de dente, deficiência do Qi do Pulmão. Dor no antebraço.
**Método:** Mesmo método do IG5

## IG7 *(wenliu)* X

Na linha imaginária entre IG5 e IG11, 5 cun proximais a partir de IG5. Próximo ao encontro, na face medial, do músculo abdutor longo do 1° dedo com o músculo extensor comum dos dedos.
**Indicação:** Situações agudas de dor, calor da boca e da face, aftas na língua. Regula o Intestino Grosso. Dores em face, garganta e cabeça. Dor no antebraço.
**Método:** Mesmo método do IG5

## IG8 *(xialian)*

Na linha imaginária entre IG5 e IG11, 8 cun proximais a partir do IG5. Entre o músculo extensor radial do carpo e o músculo extensor comum dos dedos.
**Indicação:** Resfria e elimina o vento. Dores de cabeça e abdominal (ao redor do umbigo). Dor no antebraço.
**Método:** Mesmo método do IG5

# IG

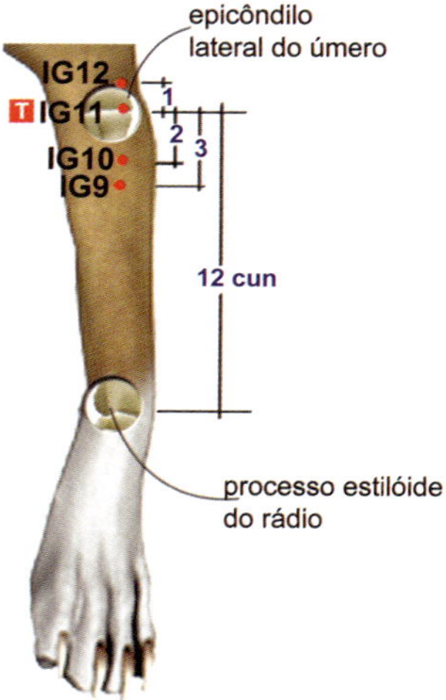

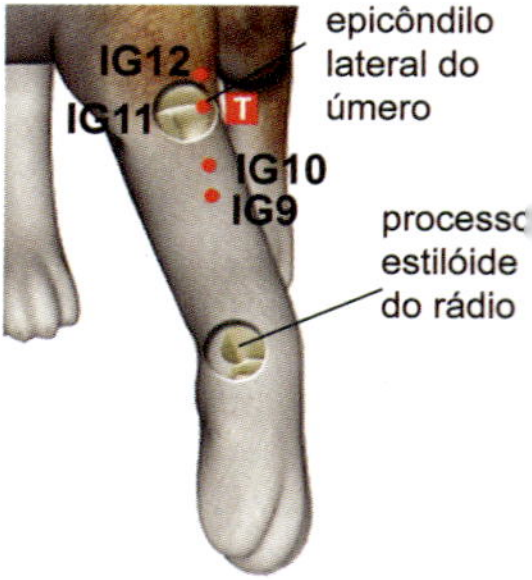




T Tonificação S Sedação He He M Mu H Hui Y Yuan L Luo X Xi

**IG9** ***(shanglian)***
Na linha imaginária entre IG5 e IG11, 3 cun distais a partir de IG11. No músculo extensor radial do carpo.
**Indicação:** Resfria e elimina o vento. Dores de cabeça, abdominal (ao redor do umbigo) e de estômago. Dor no antebraço.
**Método:**Conforme a espécie e a constituição do animal, inserir a agulha de forma inclinada, de 0,3 a 1,5 cm de profundidade.

**IG10** ***(shousanli)***
Na linha imaginária entre IG5 e IG11, 2 cun distais a partir de IG11. No músculo extensor radial do carpo.
**Indicação:** Regula o Intestino Grosso; tonifica o Qi; alivia dores, vômito, diarreia, fadiga e hemiplegia. Dor no cotovelo, epicondilite.
**Método:** Conforme a espécie e a constituição do animal, inserir a agulha de forma inclinada, de 0,3 a 2 cm de profundidade.

**IG11** ***(quchi)*** **T**
Na face lateral do cotovelo em flexão, entre o epicôndilo lateral do úmero e o músculo extensor radial do carpo.
**Indicação:** Elimina a umidade, esfria o sangue e elimina o calor. Febre, inflamação na garganta, vômito, diarreia. Dores em abdome, cotovelo, braço, ombro, dente, olho. Epicondilite.
**Método:**Conforme a espécie e a constituição do animal, inserir a agulha de forma inclinada, de 0,3 a 2 cm de profundidade.

**IG12** ***(zhouliao)***
Um cun proximal a partir de IG11, no epicôndilo lateral do úmero.
**Indicação:** Epicondilite lateral, dor e parestesia do cotovelo.
**Método:** Conforme a espécie e a constituição do animal, inserir a agulha de forma inclinada, de 0,3 a 1,5 cm de profundidade.

# IG

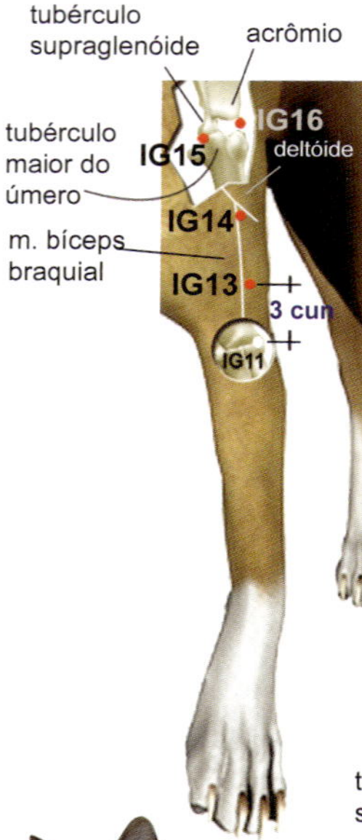
tubérculo supraglenóide
acrômio
tubérculo maior do úmero
IG15
IG16
deltóide
IG14
m. bíceps braquial
IG13
3 cun
IG11

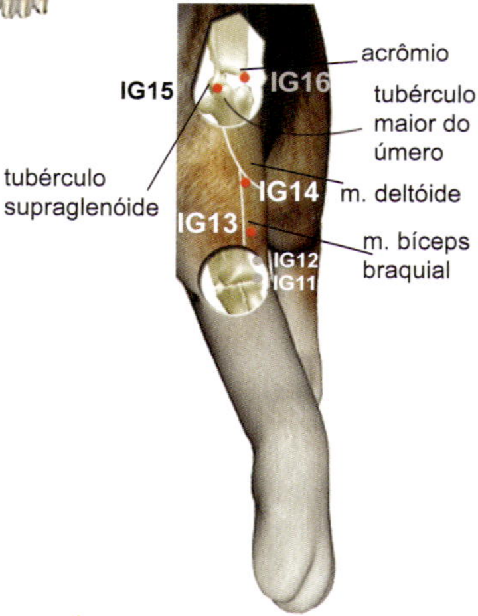
acrômio
IG15
IG16
tubérculo maior do úmero
tubérculo supraglenóide
IG14
m. deltóide
IG13
m. bíceps braquial
IG12
IG11

**IG13 *(shouwuli)***
Três cun proximais a partir de IG11, na face lateral do músculo bíceps braquial.
**Indicação:** Braquialgia, dor em cotovelo em ombro.
**Método:** Conforme a espécie e a constituição do animal, inserir a agulha de forma inclinada, 0,3 a 1,5 cm de profundidade.

**IG14 *(binao)***
Na face lateral do braço, medial à tuberosidade deltoide.
**Indicação:** Dificuldade para levantar o braço; rigidez do pescoço; beneficia a visão.
**Método:** Conforme a espécie e a constituição do animal, inserir a agulha de forma inclinada, 1 a 1,5 cm de profundidade.

**IG15 *(jianyu)***
Próximo à articulação do ombro  na face cranial, entre o tubérculo menor e o tubérculo maior do úmero.
**Indicação:** Elimina calor, vento e umidade. Sequelas de acidente vascular encefálico (AVE). Bursite do ombro, dificuldade para abdução do antebraço.
**Método:** Conforme a espécie e a constituição do animal, inserir a agulha de forma perpendicular, 1 a 1,5 cm de profundidade.

**IG16 *(jugu)***
Próximo à articulação do ombro, logo abaixo do acrômio.
**Indicação:** Problemas do ombro. Ponto de cruzamento com o Yang Qiao Mai.
**Método:** Conforme a espécie e a constituição do animal, inserir a agulha de forma perpendicular até 1 cm, no máximo. (Essa é uma região por onde passam vários nervos, artérias e veias superficiais; por isso, não se pode aprofundar muito a agulha, mesmo em um animal grande.)

# IG

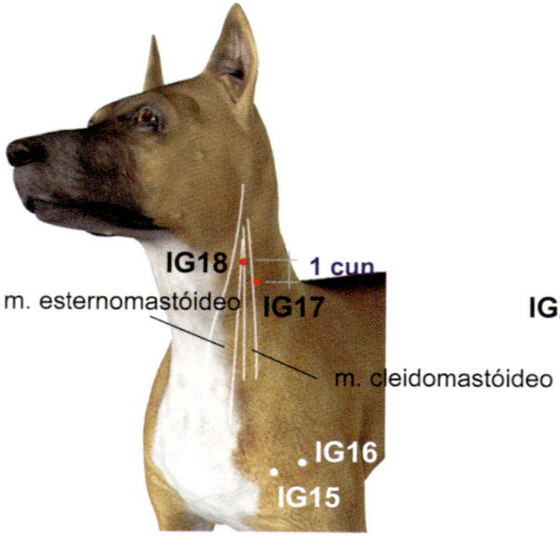


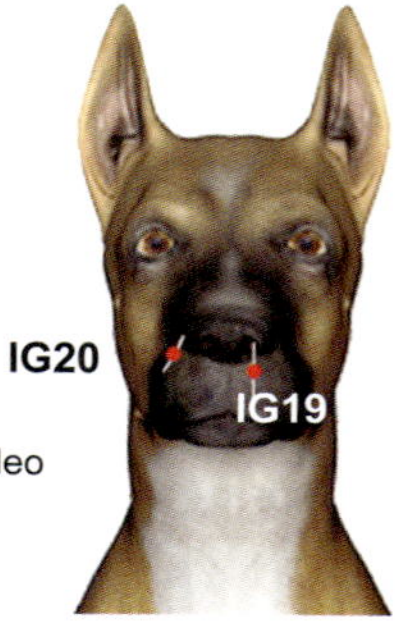


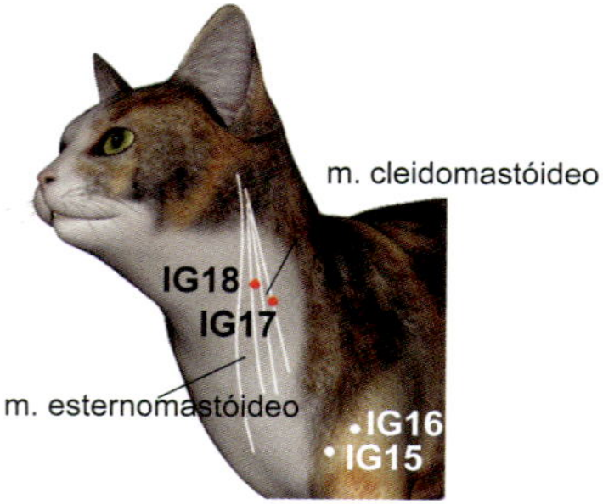


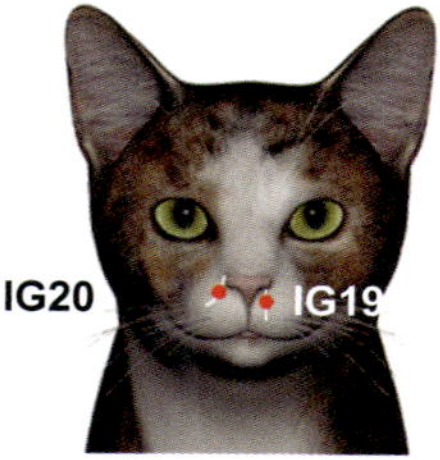


 T Tonificação S Sedação He He M Mu H Hui Y Yuan L Luo X Xi

## IG17 *(tianding)*

No músculo cleidomastóideo (face ventrolateral) (o músculo cleidomastóideo está lateral à veia jugular, próximo ao local comumente usado para venopunção). Um cun abaixo de IG18.
**Indicação:** Beneficia a garganta. Rouquidão, problemas de tireoide, faringite.
**Método:** Conforme a espécie e a constituição do animal, inserir a agulha de forma inclinada até 1 cm, no máximo.

## IG18 *(futu)*

Na altura da proeminência laríngea (face ventral), no limite entre o músculo cleidomastóideo e o músculo esternomastóideo.
**Indicação:** Tosse, faringite, laringite, amigdalite, rouquidão.
**Método:** Conforme a espécie e a constituição do animal, inserir a agulha de forma inclinada até 1 cm, no máximo.

## IG19 *(kouheliao)*

Abaixo da face lateral da narina.
**Indicação:** Expulsa o vento. Resfriado, obstrução nasal, rinite, paralisia facial, epistaxe (hemorragia nasal).
**Método:** Conforme a espécie e a constituição do animal, inserir a agulha de forma perpendicular até 1 cm, no máximo.

## IG20 *(yingxiang)*

Na linha do plano nasal, na face lateral da narina.
**Indicação:** Expulsa o vento. Problemas do nariz. Abre o nariz, epistaxe (hemorragia nasal), sinusite, rinite, paralisia facial, nevralgia do trigêmeo, tique.
**Método:** Conforme a espécie e a constituição do animal, inserir a agulha de forma perpendicular até 1 cm, no máximo.

# Estômago

**Yang**

**Terra**

**7-9 h**

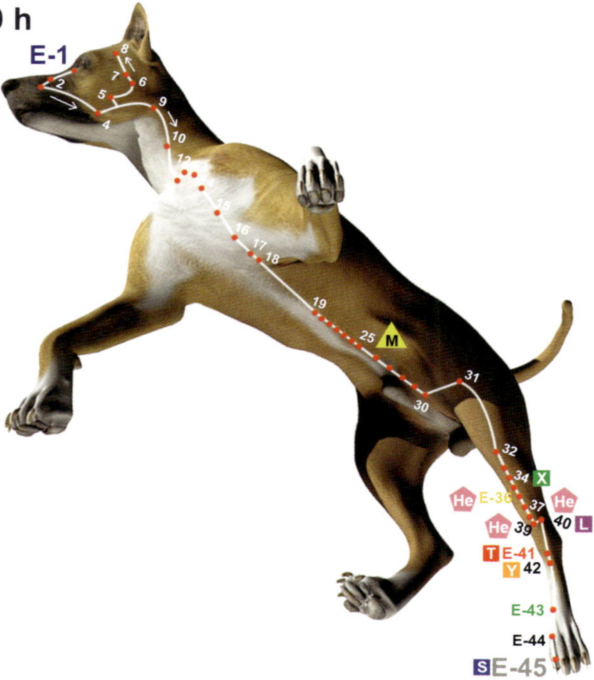

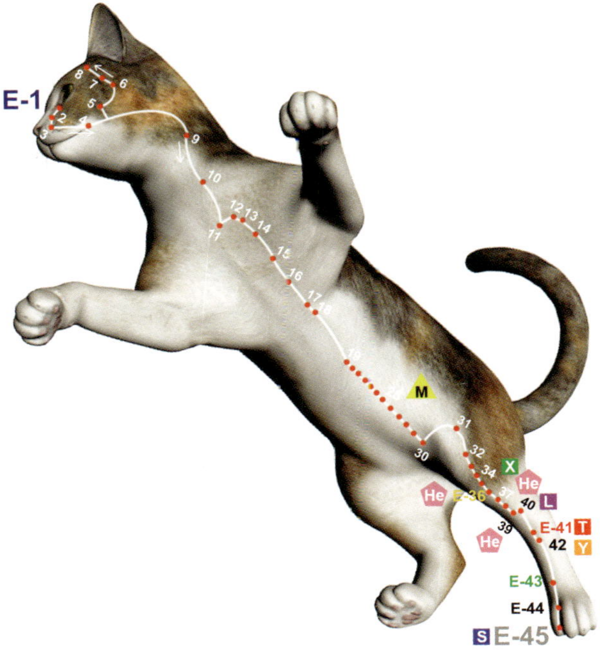


T Tonificação S Sedação He He M Mu H Hui Y Yuan L Luo X Xi

# E

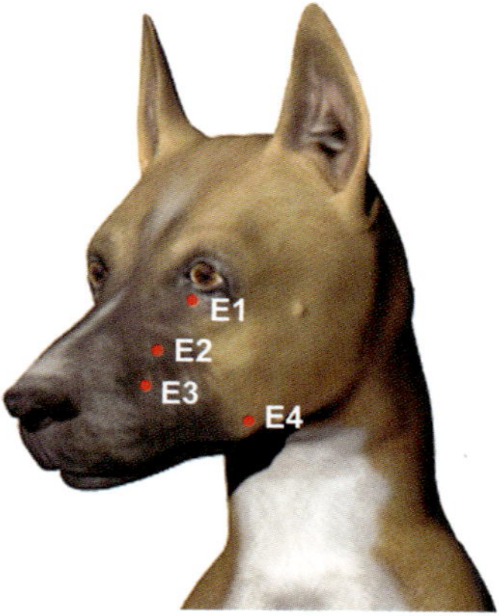


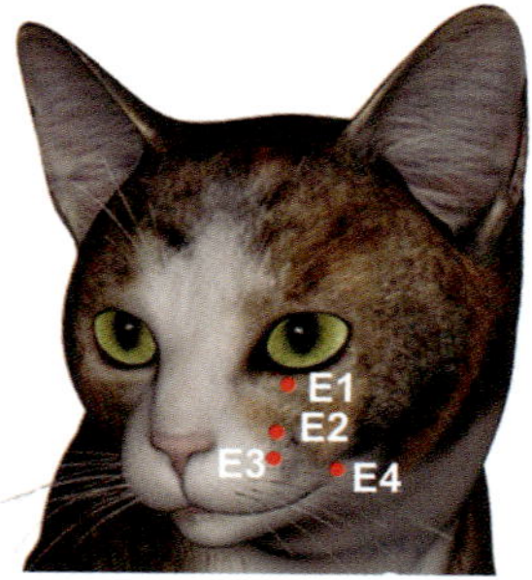

# E

**E1 *(chengqi)***
No eixo vertical do olho, no centro da pálpebra inferior.
**Indicação:** Elimina o vento. Problemas oculares. Conjuntivite, lacrimação.
**Método:** Conforme a espécie e a constituição do animal, inserir a agulha de forma inclinada, em direção à cavidade óssea infraorbitária, até, no máximo 0,3 a 1,5 cm de profundidade. Se possível, empurre o globo ocular para cima com o auxílio da pálpebra inferior, evitando atingir o globo ocular.

**E2 *(sibai)***
Na depressão do forame infraorbital.
**Indicação:** Elimina o vento, filtra o calor. Problemas oculares. Rinite, paralisia facial, nevralgia do trigêmeo.
**Método:** Conforme a espécie e a constituição do animal, inserir a agulha de forma inclinada, 0,5 a 1 cm de profundidade (há muitos nervos, artérias e veias superficiais nessa região).

**E3 *(juliao)***
Entre o forame infraorbital e a região labial superior.
**Indicação:** Elimina o vento. Dor de dente, dor e inchaço em rosto e bochecha, epistaxe (hemorragia nasal). Paralisia facial, nevralgia do trigêmeo.
**Método:** Conforme a espécie e a constituição do animal, inserir a agulha de forma inclinada até, no máximo, 0,3 cm de profundidade.

**E4 *(dicang)***
Quatro décimos de cun a partir da comissura labial.
**Indicação:** Elimina o vento, relaxa a musculatura da face. Quilite (inflamação do lábio bucal), dor de dente. Paralisia facial (desvio da boca) após acidente vascular encefálico (AVE) devido a vento interno.
**Método:** Conforme a espécie e a constituição do animal, inserir a agulha de forma inclinada caudalmente, 0,5 a 1 cm de profundidade.

# E

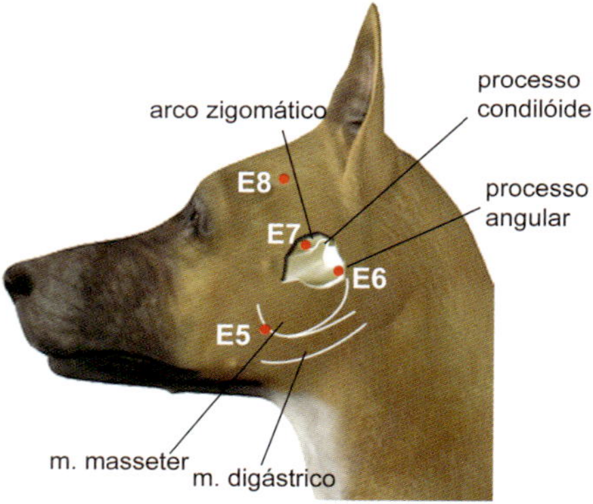
arco zigomático
processo condilóide
processo angular
E8
E7
E6
E5
m. masseter
m. digástrico

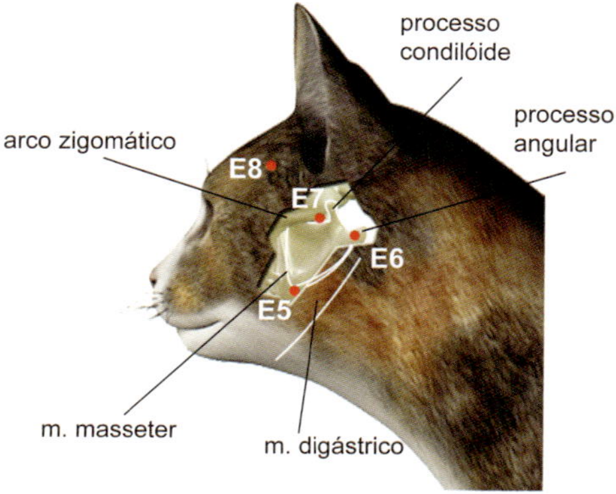
processo condilóide
processo angular
arco zigomático
E8
E7
E6
E5
m. masseter
m. digástrico

# E

## E5 *(daying)*

Abaixo do músculo masseter, no músculo digástrico, próximo à glândula salivar mandibular.

**Indicação:** Elimina o vento. Dor de dente, inchaço no rosto, nevralgia do trigêmeo, paralisia facial.

**Método:** Conforme a espécie e a constituição do animal, inserir a agulha de forma perpendicular, 0,5 a 1 cm de profundidade.

## E6 *(jiache)*

Na saliência do músculo masseter, 0,5 cun cranial ao processo angular.

**Indicação:** Elimina o vento. Dor de dente. Junto com IG4: problemas da mandíbula, paralisia facial.

**Método:** Conforme a espécie e a constituição do animal, inserir a agulha de forma perpendicular, 0,5 a 1 cm de profundidade.

## E7 *(xiaguan)*

Abaixo do arco zigomático, entre o processo condiloide e o processo coronoide.

**Indicação:** Elimina o vento, beneficia o ouvido. Problemas da articulação temporomandibular (ATM), dor de dente, surdez, secreção no ouvido, desvio do olho, nevralgia do trigêmeo.

**Método:** Conforme a espécie e a constituição do animal, inserir a agulha de forma perpendicular, 0,5 a 1 cm de profundidade.

## E8 *(touwei)*

No centro do músculo temporal, entre a comissura palpebral lateral e o trago da orelha.

**Indicação:** Elimina o vento. Dor nos olhos.

**Método:** Conforme a espécie e a constituição do animal, inserir a agulha de forma perpendicular, 0,5 a 1 cm de profundidade.

# E

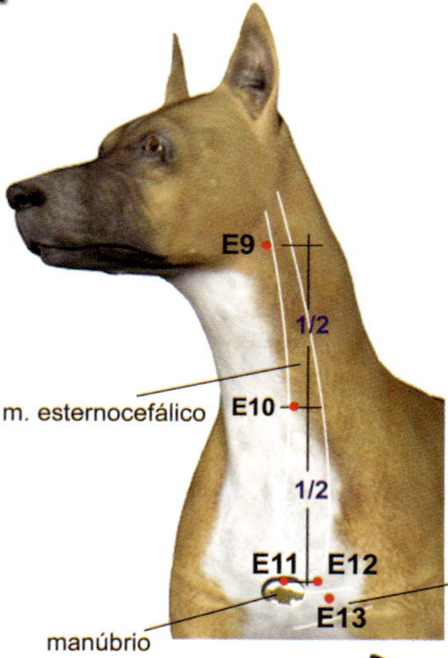


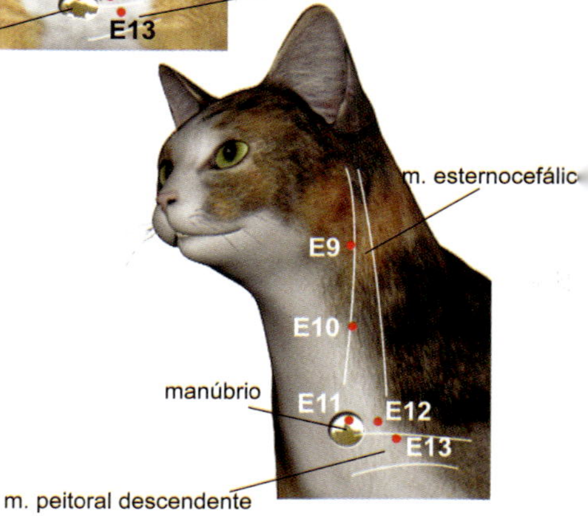




T Tonificação S Sedação He He M Mu H Hui Y Yuan L Luo X Xi

**E9 *(renying)***
No músculo esternocefálico, na altura da proeminência laríngea.
**Indicação:** Janela do céu (regula a ascendência/descendência do Qi). Asma, dificuldade para respirar. Doença da tireoide.
**Método:** Conforme a espécie e a constituição do animal, inserir a agulha de forma inclinada, 0,5 a 1 cm de profundidade.

**E10 *(shuitu)***
Na metade da distância entre E9 e E11, no músculo esternocefálico.
**Indicação:** Regula o Qi do Pulmão. Faringite, bronquite, tosse, dificuldade para respirar.
**Método:** Mesmo método do E9.

**E11 *(qishe)***
No manúbrio do esterno, na origem do músculo esternocefálico.
**Indicação:** Faringite, bronquite, tosse, dificuldade para respirar. Dores na nuca e no pescoço.
**Método:** Mesmo método do E9.

**E12 *(quepen)***
Na depressão dorsolateral ao manúbrio do esterno, no local próximo à veia jugular externa.
**Indicação:** Tosse, falta de ar, dor no ombro, dor na nuca. Asma, bronquite.
**Método:** Conforme a espécie e a constituição do animal, inserir a agulha de forma inclinada, 0,5 a 2 cm de profundidade.

**E13 *(qihu)***
Na face lateral do esterno, no centro do músculo peitoral descendente, 0,5 cun abaixo de E12, um pouco lateralmente.
**Indicação:** Tosse, asma, bronquite, dificuldade para respirar.
**Método:** Mesmo método do E12.

# E

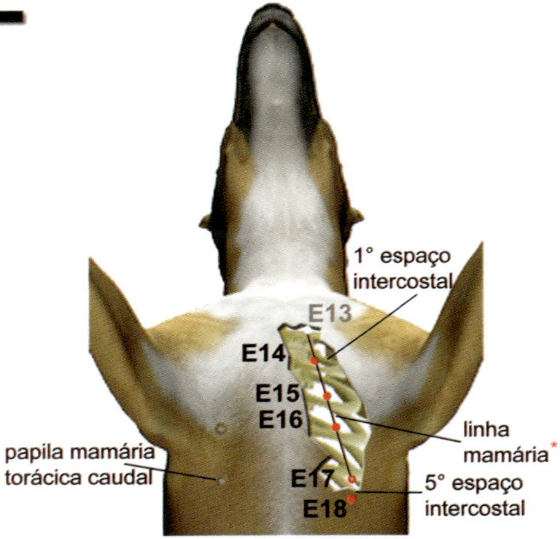


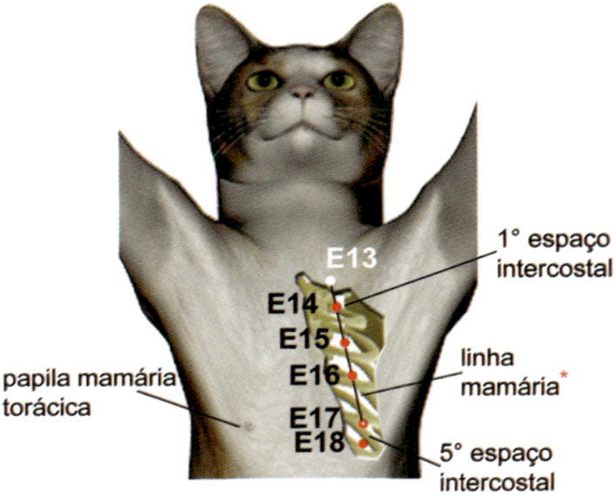


* Linha mamária: uma linha imaginária entre E13 e a papila mamária.

**E14 *(kufang)***
Na linha mamária cranial, no 1° espaço intercostal.
**Indicação:** Tosse, dificuldade para respirar. Nevralgia intercostal. Beneficia as mamas.
**Método:** Conforme a espécie e a constituição do animal, inserir a agulha de forma inclinada, lateralmente, 0,5 a 2 cm de profundidade.

**E15 *(wuyi)***
Na linha mamária cranial, no 2° espaço intercostal.
**Indicação:** Tosse, dificuldade para respirar. Nevralgia intercostal. Beneficia as mamas.
**Método:** Mesmo método do E14.

**E16 *(yingchuang)***
Na linha mamária cranial, no 3° espaço intercostal.
**Indicação:** Tosse, dificuldade para respirar. Nevralgia intercostal. Beneficia as mamas.
**Método:** Mesmo método do E14.

**E17 *(ruzhong)***
No centro da papila mamária torácica caudal (na cadela) ou no centro da papila mamária torácica (na gata). (A gata possui apenas 1 par de glândulas mamárias torácicas).
**Indicação:** Contraindicação para agulhamento.
**Método:** Contraindicação para agulhamento.

**E18 *(rugen)***
Imediatamente abaixo da papila mamária torácica caudal (na cadela) ou imediatamente abaixo da papila mamária torácica (na gata), no 5° espaço intercostal.
**Indicação:** Beneficia as mamas. Distúrbio da lactação, tosse. Nevralgia intercostal.
**Método:** Mesmo método do E14.

# E

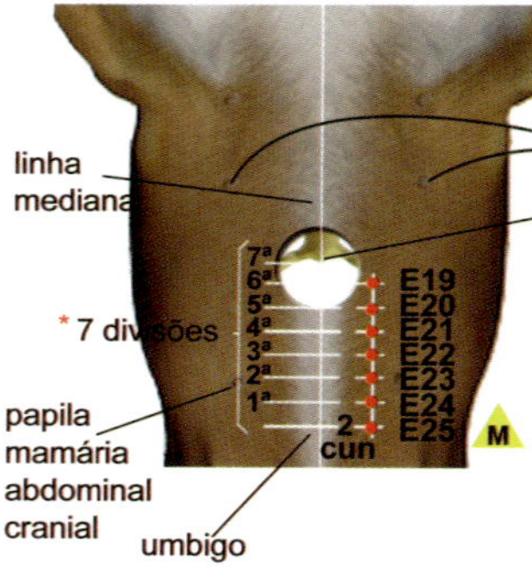


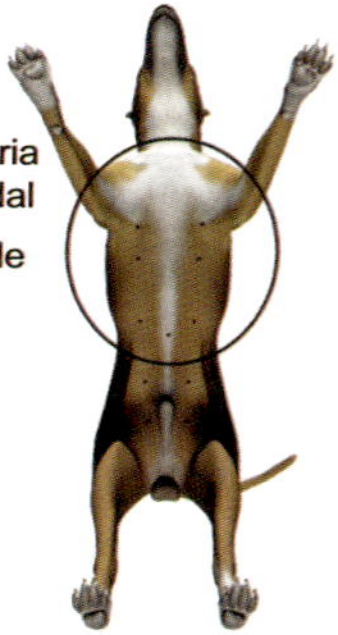

* 7 divisões entre o umbigo e processo xifoide.

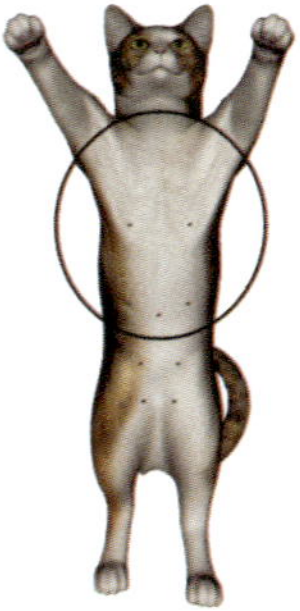

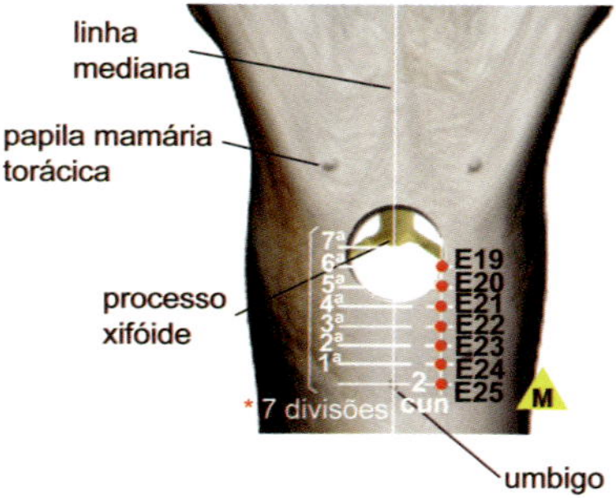


**OBS:** *Localização do umbigo: o umbigo é uma cicatriz que pode ser achatada ou levemente elevada. Localiza-se na linha medioventral, desde um terço até um quarto da distância da cartilagem xifóide até a região escrotal ou vulvar. Os pelos inclinam-se sobre uma grande área ao redor do umbigo, formando um redemoinho.*

# E

**E19** ***(burong)***
Dois cun laterais à linha mediana, na 1ª divisão caudal ao processo xifoide (6ª divisão cranial ao umbigo).
**Indicação:** Vômito decorrente de excesso do Estômago. Tosse, asma, bronquite.
**Método:** Conforme a espécie e a constituição do animal, inserir a agulha de forma inclinada, caudalmente, 0,5 a 1 cm de profundidade.

**E20** ***(chengman)***
Dois cun laterais à linha mediana na 5ª divisão cranial ao umbigo.
**Indicação:** Vômito decorrente de excesso do Estômago, dor abdominal. Tosse, asma, bronquite.
**Método:** Conforme a espécie e a constituição do animal, inserir a agulha de forma inclinada, caudalmente, 0,5 a 1 cm de profundidade.

**E21** ***(liangmen)***
Dois cun laterais à linha mediana, na 4ª divisão cranial ao umbigo.
**Indicação:** Vômito decorrente de excesso do Estômago. Junto com E44: clareia o calor do Estômago. Junto com E34: trata dor aguda epigástrica.
**Método:** Conforme a espécie e a constituição do animal, inserir a agulha de forma inclinada, caudalmente, 0,5 a 1 cm de profundidade.

**E22** ***(guanmen)***
Dois cun laterais à linha mediana, na 3ª divisão cranial ao umbigo.
**Indicação:** Movimenta o Qi no epigástrio e no abdome. Dor abdominal. Regula o intestino e enurese (incontinência urinária).
**Método:** Conforme a espécie e a constituição do animal, inserir a agulha de forma inclinada, caudalmente, 0,5 a 1 cm de profundidade.

# E

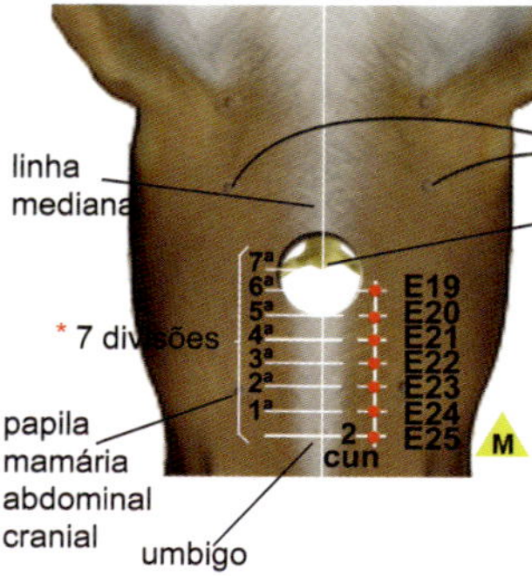


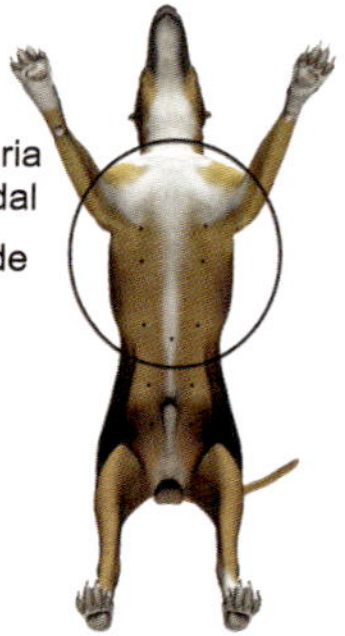

* 7 divisões entre o umbigo e processo xifoide.

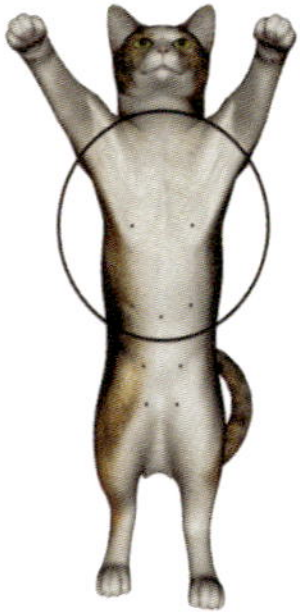

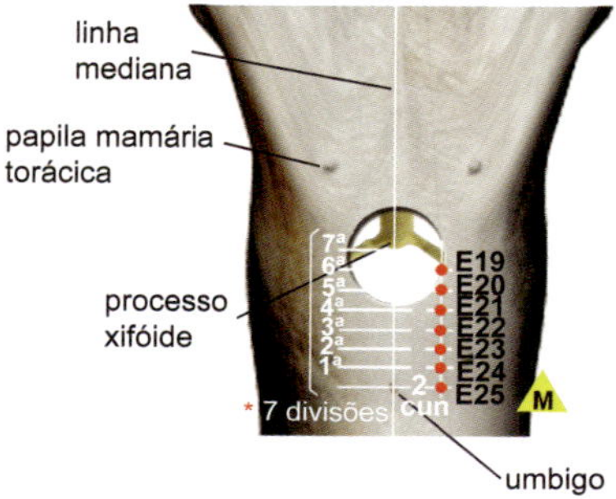


**OBS:** *Localização do umbigo: o umbigo é uma cicatriz que pode ser achatada ou levemente elevada. Localiza-se na linha medioventral, desde um terço até um quarto da distância da cartilagem xifóide até a região escrotal ou vulvar. Os pelos inclinam-se sobre uma grande área ao redor do umbigo, formando um redemoinho.*

**E23 *(taiyi)***
Dois cun laterais à linha mediana, na 2ª divisão cranial ao umbigo.
**Indicação:** Dores em abdome e estômago. Regula o intestino.
**Método:** Conforme a espécie e a constituição do animal, inserir a agulha de forma inclinada, caudalmente, 0,5 a 1 cm de profundidade.

**E24 *(huaroumen)***
Dois cun laterais à linha mediana, na 1ª divisão cranial ao umbigo.
**Indicação:** Regula o Estômago. Vômito, dor no abdome.
**Método:** Conforme a espécie e a constituição do animal, inserir a agulha de forma inclinada, caudalmente, 0,5 a 1 cm de profundidade.

**E25 *(tianshu)*** M
Dois cun laterais à linha mediana, na altura do umbigo.
**Indicação:** Regula o baço, o estômago e o intestino. Remove a umidade. Diarreia (por deficiência do Baço ou pela umidade). Deficiência do Yang do Baço. Junto com VC6 e E37 (moxabustão): tonifica e aquece o Baço e Intestino para o tratamento da diarreia crônica.
**Método:** Conforme a espécie e a constituição do animal, inserir a agulha de forma inclinada, caudalmente, de 0,5 a 1 cm de profundidade.

# E

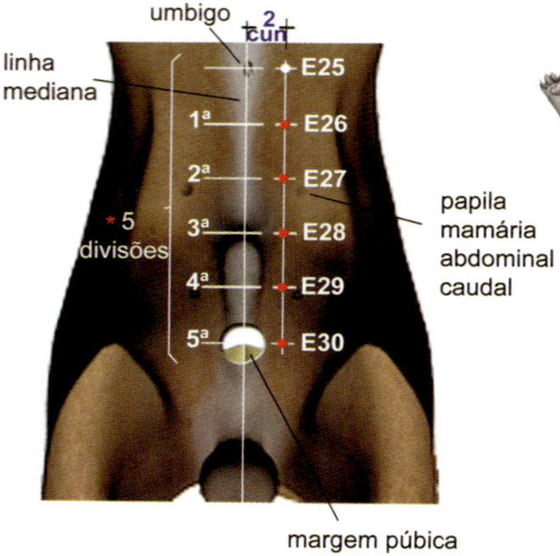


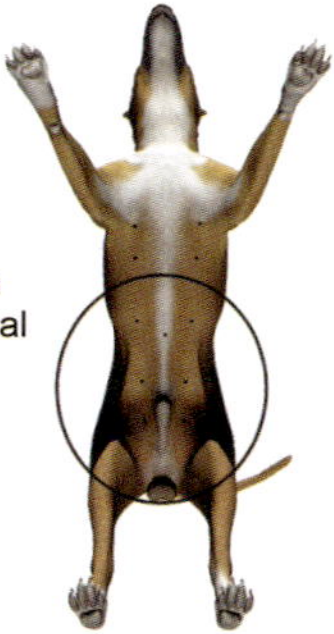

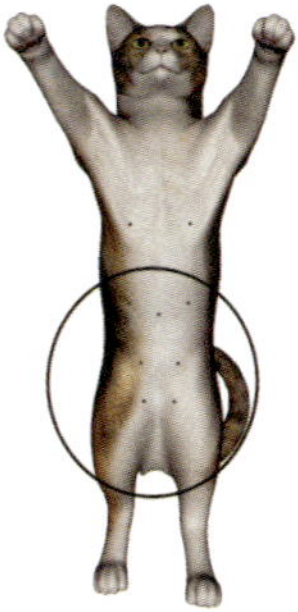

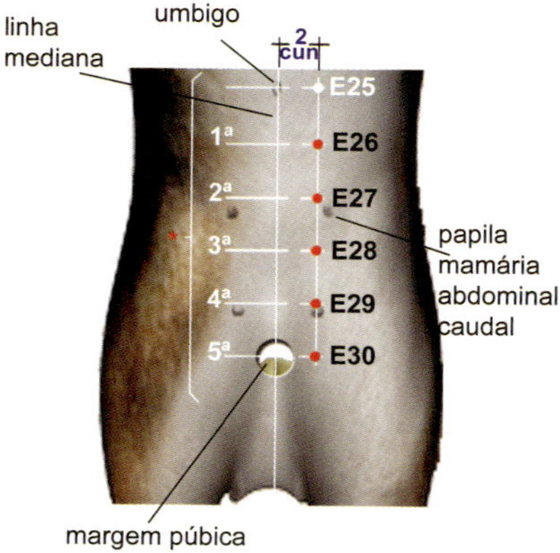


* 5 divisões entre o umbigo e a margem púbica.

**E26 *(wailing)***
Dois cun laterais à linha mediana, na 1ª divisão caudal ao umbigo.
**Indicação:** Dor aguda no abdome. Regula o estômago e o intestino.
**Método:** Conforme a espécie e a constituição do animal, inserir a agulha de forma inclinada, caudalmente de 0,5 a 1 cm de profundidade.

**E27 *(daju)***
Dois cun laterais à linha mediana, na 2ª divisão caudal ao umbigo.
**Indicação:** Regula a umidade. Regula o Qi inferior do abdome. Distúrbio na micção, retenção urinária.
**Método:** Mesmo método do E26.

**E28 *(shuidao)***
Dois cun laterais à linha mediana, na 3ª divisão caudal ao umbigo.
**Indicação:** Retenção urinária por um padrão de excesso. Move o Qi e o sangue na região inferior do abdome. Problema no ovário.
**Método:** Mesmo método do E26.

**E29 *(guilai)***
Dois cun laterais à linha mediana, na 4ª divisão caudal ao umbigo.
**Indicação:** Com moxabustão, trata problemas do trato urogenital. Problemas no sistema urogenital.
**Método:** Mesmo método do E26.

**E30 *(qichong)***
Dois cun laterais à linha mediana, na altura da margem púbica.
**Indicação:** Movimenta o Qi e o sangue na região inferior do abdome. Problemas abdominais e genitais (de natureza de excesso).
**Método:** Mesmo método do E26.

# E

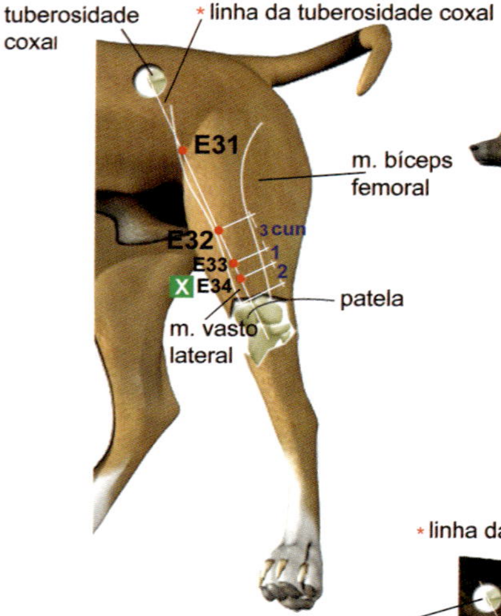

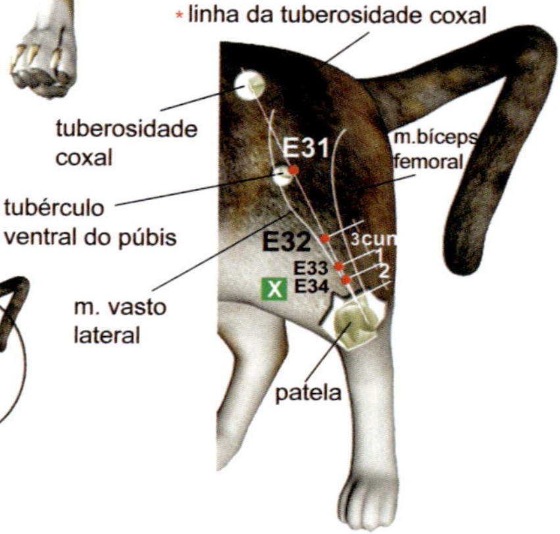

* Uma linha imaginária entre tuberosidade coxal e lateral da patela.

### E31 *(biguan)*

Na linha da tuberosidade coxal (linha entre a tuberosidade coxal e a face lateral da patela), na altura do tubérculo ventral do púbis, no músculo vasto lateral, próximo ao músculo tensor da fáscia lata.
**Indicação:** Problemas em joelho, quadril e membro inferior. Contratura dos músculos da coxa e da perna. Fortalece a perna e facilita o movimento da perna que se arrasta.
**Método:** Conforme a espécie e a constituição do animal, inserir a agulha de forma perpendicular, 1 a 3 cm de profundidade.

### E32 *(futu)*

Na linha da tuberosidade coxal, 6 cun acima da borda superior da patela.
**Indicação:** Parestesia dos membros posteriores, problemas nas articulações do quadril e do joelho. Contratura muscular.
**Método:** Mesmo método do E31.

### E33 *(yinshi)*

Na linha da tuberosidade coxal, 3 cun acima da borda superior da patela.
**Indicação:** Fortalece a perna. Parestesia dos membros posteriores, problemas nas articulações do quadril e do joelho. Contratura muscular.
**Método:** Mesmo método do E31.

### E34 *(liangqiu)* X

Na linha da tuberosidade coxal, 2 cun acima da borda superior da patela, numa depressão entre o músculo reto femoral e o músculo vasto lateral.
**Indicação:** Regula o Qi do Estômago, elimina umidade e vento. Dor aguda do estômago, gastrite, mastite. Problemas na articulação do joelho.
**Método:** Mesmo método do E31.

# E

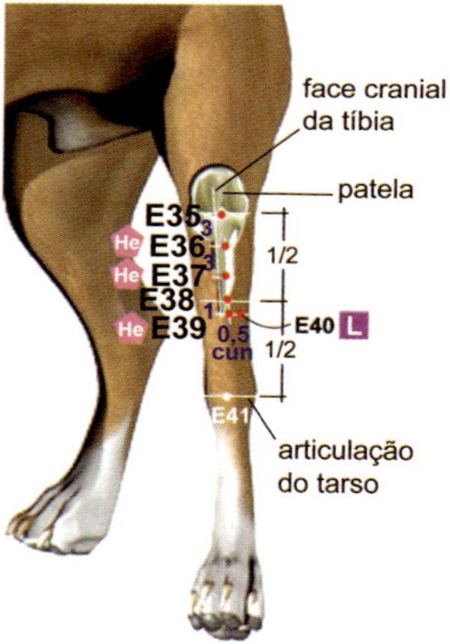
face cranial
da tíbia
patela
E35
3
He E36
3
He E37
E38
1'
He E39
0,5
cun
1/2
1/2
E40 L
E41
articulação
do tarso

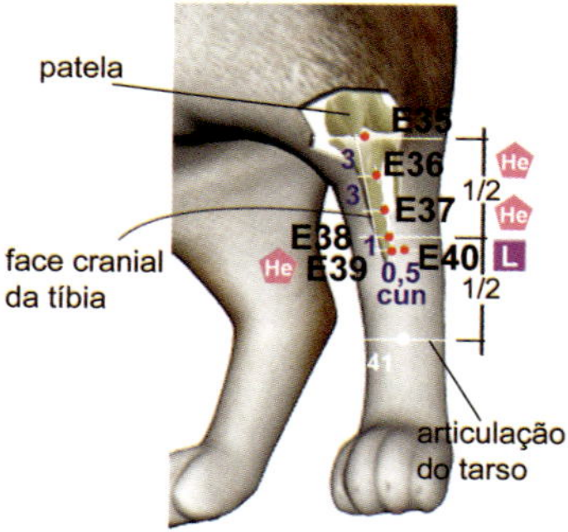
patela
E35
3
E36 He
3
E37 He
1/2
E38
1
He E39
0,5
cun
E40 L
1/2
face cranial
da tíbia
41
articulação
do tarso

**E35 *(dubi)***

Na depressão inferior da patela, próximo ao ligamento patelar (olho do joelho).

**Indicação:** Elimina umidade e frio. Dor e inchaço da articulação do joelho. Dificuldade de flexão e extensão do joelho.

**Método:** Conforme a espécie e a constituição do animal, inserir a agulha de forma perpendicular, 0,5 a 1 cm de profundidade.

**E36 *(zusanli)*** He

Três cun abaixo da patela, 0,5 cun lateral à face cranial da tíbia.

**Indicação:** Fortalece o Qi e o sangue. Aumenta o Yang. Elimina o vento e umidade. Elimina o frio. Diminui edema. Dor epigástrica, vômito, problemas digestivos. Rinite, faringite. Fortalece o corpo.

**Método:** Conforme a espécie e a constituição do animal, inserir a agulha de forma perpendicular, 0,5 a 2 cm de profundidade.

**E37 *(shangjuxu)*** He

Seis cun abaixo da patela, 0,5 cun lateral à face cranial da tíbia.

**Indicação:** Tonifica o sangue. Regula o estômago e os intestinos. Diarreia crônica, fezes amolecidas. Edema na perna e no joelho.

**Método:** Conforme a espécie e a constituição do animal, inserir a agulha de forma perpendicular, 0,5 a 2 cm de profundidade.

# E

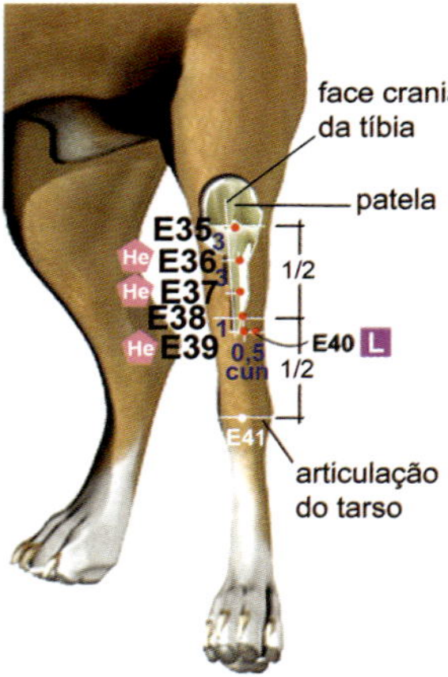

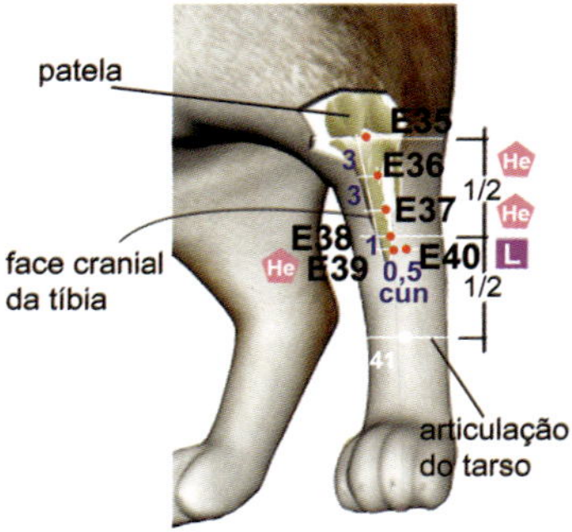


 T Tonificação S Sedação He He M Mu H Hui Y Yuan L Luo X Xi

**E38** ***(tiaokou)***
No meio da distância entre E35 e E41. Meio cun lateral à face cranial da tíbia.
**Indicação:** Elimina vento e umidade. Ponto distal para tratamento do ombro (dor e rigidez). Problemas no membro posterior, inchaço e fraqueza na perna.
**Método:** Conforme a espécie e a constituição do animal, inserir a agulha de forma perpendicular, 0,5 a 2 cm de profundidade.

**E39** ***(xiajuxu)*** He
Um cun abaixo de E38, 0,5 cun lateral à face cranial da tíbia.
**Indicação:** Elimina vento e umidade. Dor na região caudal do abdome, diarreia, flatulência, gastrite. Junto com E36 e E37: trata pernas inquietas.
**Método:** Conforme a espécie e a constituição do animal, inserir a agulha de forma perpendicular até, no máximo, 1 cm de profundidade.

**E40** ***(fenglong)*** L
Meio cun ao lado de E39.
**Indicação:** Elimina o muco. Domina a rebelião do Qi. Tosse, asma. Dores no peito.
**Método:** Conforme a espécie e a constituição do animal, inserir a agulha de forma perpendicular, 0,5 a 2 cm de profundidade.

# E

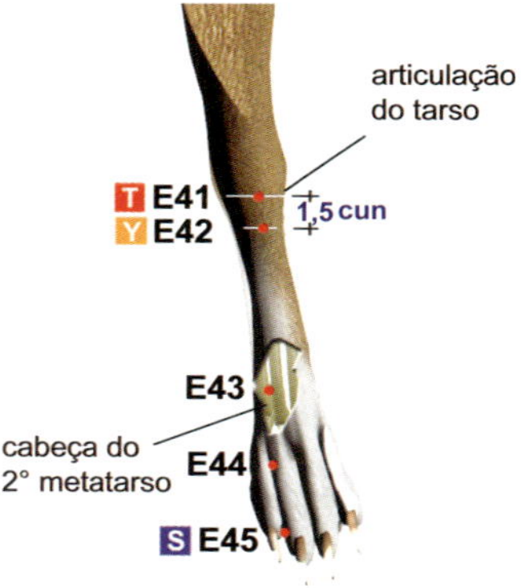

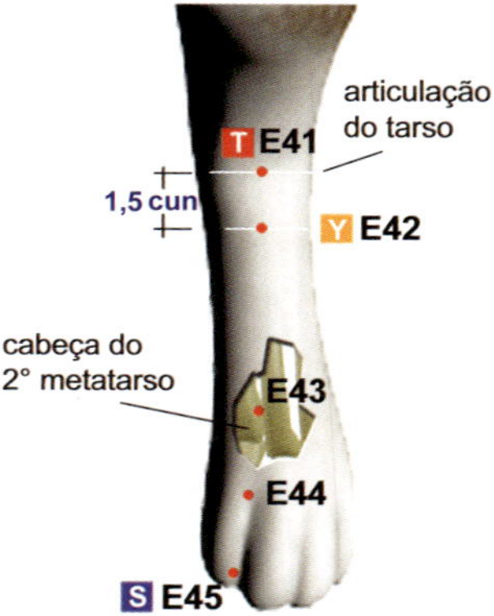




T Tonificação S Sedação He He M Mu H Hui Y Yuan L Luo X Xi

# E

## E41 *(jiexi)* T
Na face cranial da articulação do tarso (articulação do tornozelo), no ponto de cruzamento entre os tendões do músculo tibial cranial e do músculo extensor digital longo.
**Indicação:** Inchaço na face. Constipação, dor abdominal. Dor no tornozelo e no joelho.
**Método:** Conforme a espécie e a constituição do animal, inserir a agulha de forma perpendicular, 0.5 a 1 cm de profundidade.

## E42 *(chongyang)* Y
Um cun e meio abaixo de E41.
**Indicação:** Tonifica o estômago e o baço. Dor de dente, gengivite, inchaço na face. Junto com TA4: tonifica o Aquecedor Médio e elimina o frio das articulações.
**Método:** Mesmo método do E41.

## E43 *(xiangu)*
Entre o 2° e o 3° metatarso, na linha da depressão entre os corpos e as cabeças.
**Indicação:** Trata inflamações de articulações (elimina o vento e o calor das articulações). Edema facial.
**Método:** Mesmo método do E41.

## E44 *(neiting)*
Entre o 2° e o 3° dedo do pé, na prega interdigital.
**Indicação:** Elimina vento da face. Febre. Dor abdominal, diarreia, constipação. Dor na mandíbula. Junto com IG4: elimina o vento da face (paralisia facial, nevralgia do trigêmeo).
**Método:** Mesmo método do E41

## E45 *(lidui)* S
No ângulo ungueal, do lado medial do 2° dedo do pé.
**Indicação:** Tranquiliza o Shen. Inchaço na face, rinite, sinusite, epistaxe (hemorragia nasal), dor de dente.
**Método:** Conforme a espécie e a constituição do animal, inserir a agulha de forma perpendicular até, no máximo, 0,3 cm de profundidade.

T Tonificação S Sedação He He M Mu H Hui Y Yuan L Luo X Xi

# Baço

**Yin**

**Terra**

**9-11 h**

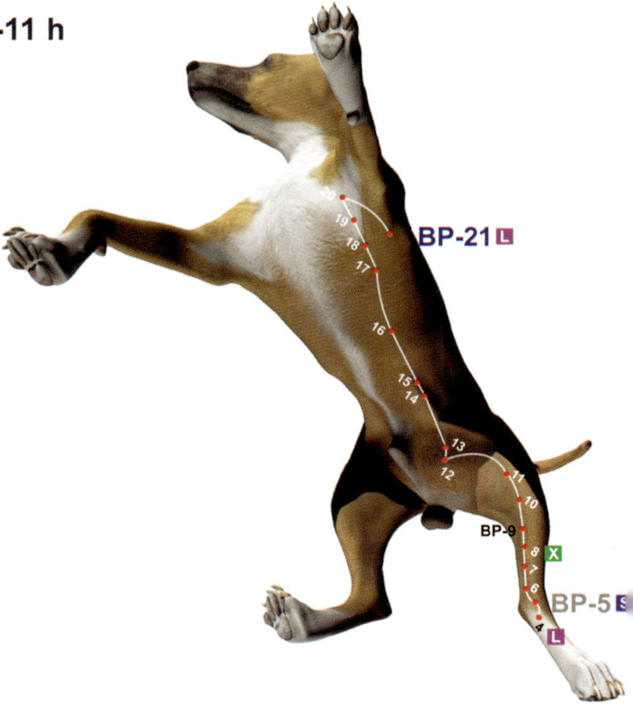




T Tonificação S Sedação He He M Mu H Hui Y Yuan L Luo X Xi

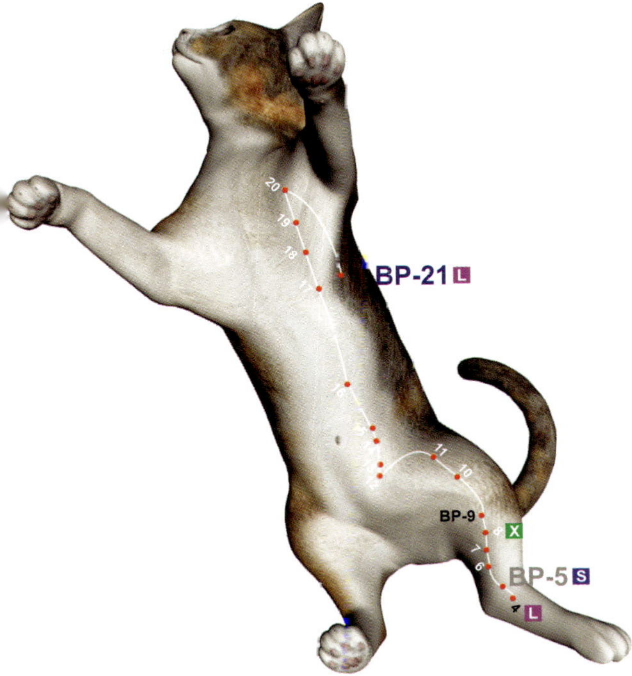


T Tonificação S Sedação He He M Mu H Hui Y Yuan L Luo X Xi

# BP

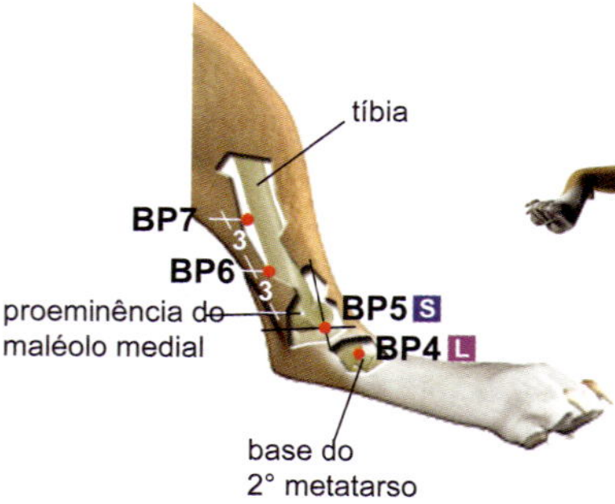

tíbia
BP7
3
BP6
3
proeminência do
maléolo medial
BP5 S
BP4 L
base do
2° metatarso

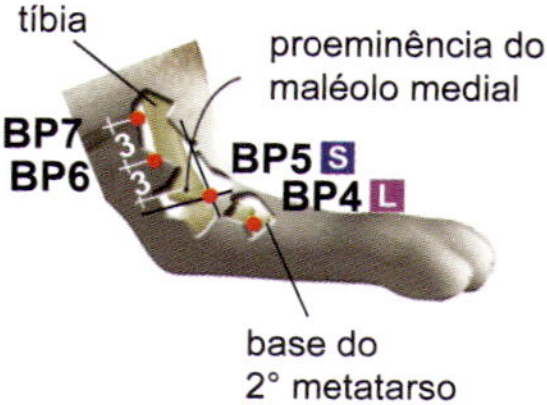

tíbia
proeminência do
maléolo medial
BP7
BP6
3
3
BP5 S
BP4 L
base do
2° metatarso

**BP1 *(yinbai)***
Não há.

**BP2 *(dadu)***
Não há.

**BP3 *(taibai)***
Não há.

**BP4 *(gongsun)*** L
No 2° osso metatársico, na depressão próxima à base do osso, no lado medial.
**Indicação:** Regula o intestino, interrompe o sangramento. Problemas nos membros anteriores.
**Método:** Conforme a espécie e a constituição do animal, inserir a agulha de forma inclinada até, no máximo, 0,3 cm de profundidade.

**BP5 *(shangqiu)*** S
No ponto de cruzamento entre o eixo vertical e o eixo horizontal do maléolo medial da tíbia.
**Indicação:** Fortalece o baço, regula os intestinos, remove a umidade. Beneficia os tendões e as articulações. Cansaço, diarreia, constipação.
**Método:** Conforme a espécie e a constituição do animal, inserir a agulha de forma inclinada até, no máximo, 0,3 cm de profundidade.

# BP

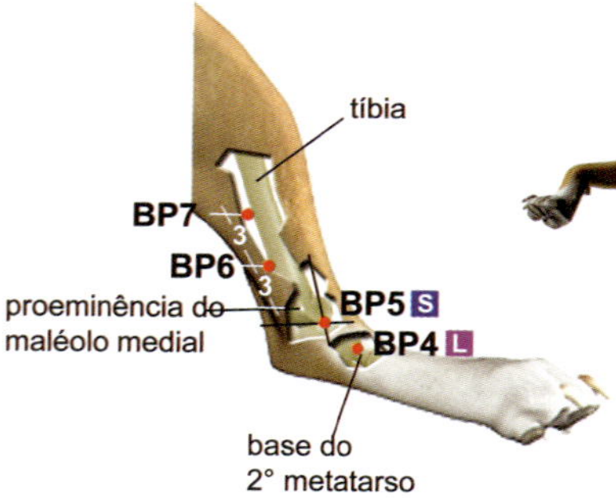

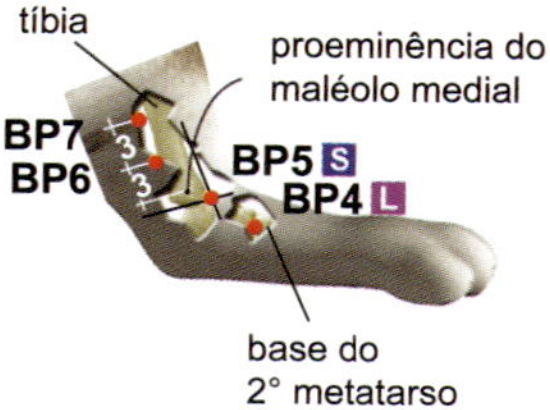




T Tonificação S Sedação He He M Mu H Hui Y Yuan L Luo X Xi

## BP6 *(sanyinjiao)*

Três cun acima da proeminência do maléolo medial da tíbia, na superfície caudomedial 1⁄4 da distância entre o côndilo medial da tíbia e o maléolo medial da tíbia).
**Indicação:** Fortalece o baço e o estômago. Distúrbio do Aquecedor Inferior (sistema urogenital). Problemas gastrintestinais. Edema nos membros anteriores. Dor abdominal, infertilidade, insônia, deficiência da Vesícula Biliar
**Método:** Conforme a espécie e a constituição do animal, inserir a agulha de forma perpendicular até, no máximo, 1 cm de profundidade. Ou pode-se transfixar a pele, saindo com a agulha na face lateral do membro.

*Observação:* Região por onde passam várias artérias, veias e nervos superficiais, bem como tendões musculares facilmente palpáveis.

## BP7 *(lougu)*

Seis cun acima da proeminência do maléolo medial da tíbia, na superfície caudomedial (na metade da distância entre o côndilo medial e o maléolo medial da tíbia).
**Indicação:** Fortalece o baço, elimina a umidade. Distensão abdominal, retenção de urina.
**Método:** Conforme a espécie e a constituição do animal, inserir a agulha de forma perpendicular até, no máximo, 1 cm de profundidade.

*Observação:* Região por onde passam várias artérias, veias e nervos superficiais, bem como tendões musculares facilmente palpáveis. Não se pode aprofundar muito a agulha.

# BP

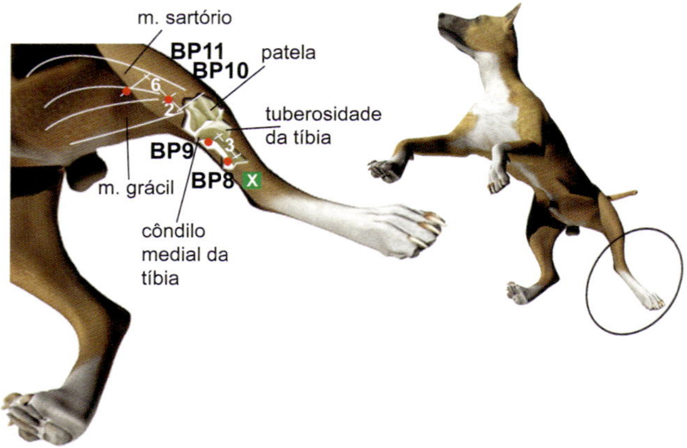
m. sartório
BP11
BP10
patela
6
2
tuberosidade
da tíbia
BP9
3
BP8 X
m. grácil
côndilo
medial da
tíbia

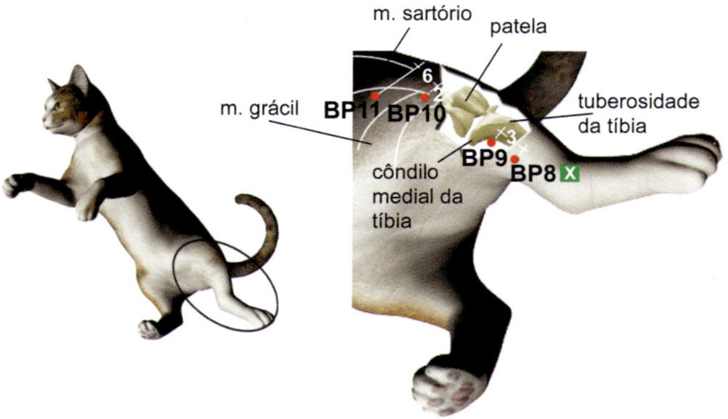
m. sartório
patela
6
2
m. grácil
BP11
BP10
tuberosidade
da tíbia
3
BP9
BP8 X
côndilo
medial da
tíbia

**BP8 *(diji)*** X
Três cun abaixo de BP9 (1/4 proximal da distância entre o côndilo medial e o maléolo medial da tíbia)
**Indicação:** Regula o útero e o sangue. Problemas no sistema urogenital. Interrompe o sangramento intestinal. Diarreias aguda e crônica, distúrbio urinário, edema.
**Método:** Conforme a espécie e a constituição do animal, inserir a agulha de forma perpendicular até, no máximo, 1 cm de profundidade.

*Observação:* Região por onde passam várias artérias, veias e nervos superficiais, bem como tenções musculares facilmente palpáveis. Não se pode aprofundar muito a agulha.

**BP9 *(yinlingquan)***
Na depressão entre o corpo e o côndilo medial da tíbia.
**Indicação:** Umidade no Aquecedor Inferior. Síndrome Bi do joelho com inchaço. Dor abdominal, falta de apetite, diarreia, edema, dificuldade urinária.
**Método:** Mesmo método do BP8.

**BP10 *(xuehai)***
Dois cun acima da patela, na depressão do músculo vasto medial.
**Indicação:** Esfria o sangue nas doenças de pele. Fortalece o sangue e elimina a estase. Interrompe o sangramento. Urticária, erisipelas. Problemas no joelho.
**Método:** Conforme a espécie e a constituição do animal, inserir a agulha de forma perpendicular, 0,5 a 1 cm de profundidade.

**BP11 *(jimen)***
Oito cun acima da patela, na face medial do músculo sartório.
**Indicação:** Regula o Aquecedor Inferior. Elimina umidade. Problemas urinários, inchaço, dor inguinal.
**Método:**Conforme a espécie e a constituição do animal, inserir a agulha de forma perpendicular, 0,5 a 1,5 cm de profundidade.

# BP

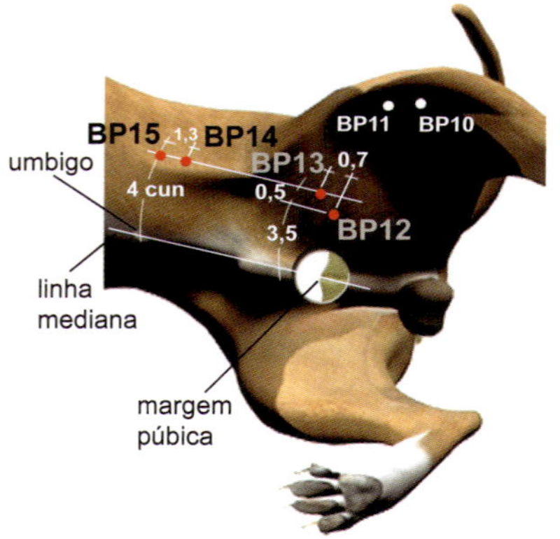

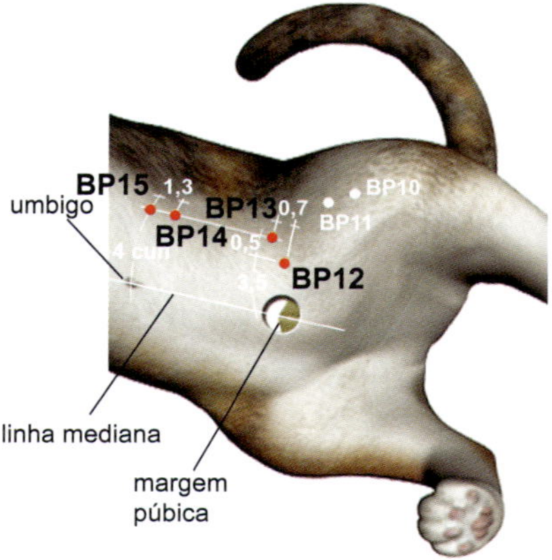


 T Tonificação S Sedação He He M Mu H Hui Y Yuan L Luo X Xi

**BP12 *(chongmen)***
Três cun e meio laterais à linha mediana, na face cranial da margem púbica.
**Indicação:** Move o Qi e fortalece o sangue. Hemorroidas, dificuldade de lactação. Problemas urinários. Endometriose, leucorreia, hérnia inguinal.
**Método:** Conforme a espécie e a constituição do animal, inserir a agulha de forma inclinada, 0,5 a 1,5 cm de profundidade.

**BP13 *(fushe)***
Quatro cun laterais à linha mediana, 0,7 cun craniolateralmente a BP12.
**Indicação:** Mioma, cisto no ovário. Hérnia inguinal, dor abdominal.
**Método:** Conforme a espécie e a constituição do animal, inserir a agulha de forma inclinada, 0,5 a 1,5 cm de profundidade.

**BP14 *(fujie)***
Quatro cun laterais à linha mediana, 1,3 cun abaixo de BP15.
**Indicação:** Regula o Aquecedor Inferior. Dor abdominal, diarreia, tosse devido à ascendência do Qi.
**Método:** Conforme a espécie e a constituição do animal, inserir a agulha de forma inclinada, 0,5 a 1,5 cm de profundidade.

**BP15 *(daheng)***
Quatro cun laterais ao umbigo.
**Indicação:** Fortalece o baço e regula o Qi. Regula o Qi do Intestino. Fraqueza dos membros, cansaço, falta de apetite. Constipação crônica (quando há deficiência do Qi do Baço, resultando em falha na função do intestino grosso de movimentar as fezes).
**Método:** Conforme a espécie e a constituição do animal, inserir a agulha de forma inclinada, 0,5 a 1,5 cm de profundidade.

# BP

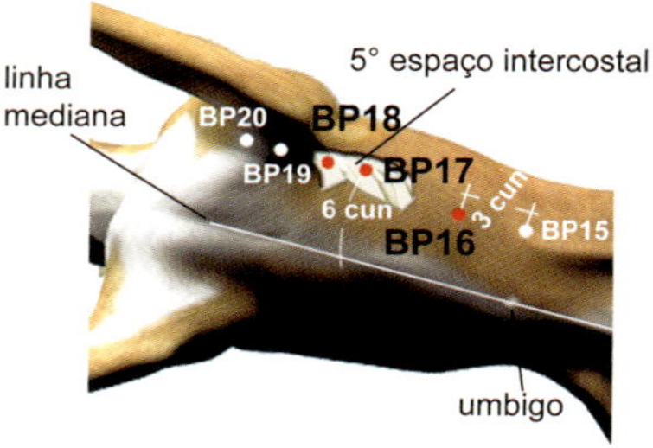

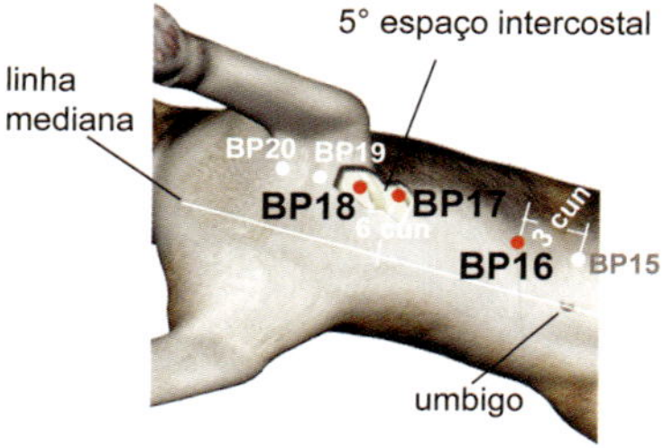




T Tonificação S Sedação He He M Mu H Hui Y Yuan L Luo X Xi

**BP16** ***(fuai)***
Quatro cun laterais à linha mediana, 3 cun acima de BP15.
**Indicação:** Regula o Qi do Intestino. Elimina a umidade. Diarreia, má digestão, constipação.
**Método:** Conforme a espécie e a constituição do animal, inserir a agulha de forma inclinada, 0,5 a 1,5 cm de profundidade.

**BP17** ***(shidou)***
No 5° espaço intercostal, 6 cun laterais à linha mediana, entre o músculo grande dorsal (músculo latíssimo do dorso) e o músculo peitoral profundo.
**Indicação:** Regula o Qi. Pleurite, nevralgia intercostal, má digestão, esofagite, refluxo.
**Método:** Conforme a espécie e a constituição do animal, inserir a agulha de forma inclinada, caudoventralmente, 0,5 a 1,5 cm de profundidade.

**BP18** ***(tianxi)***
No 4° espaço intercostal, 6 cun laterais à linha mediana.
**Indicação:** Nevralgia intercostal, mastite, tosse, falta de ar.
**Método:**Conforme a espécie e a constituição do animal, inserir a agulha de forma inclinada, ventrodorsalmente, lateralizando a agulha, 0,5 a 1,5 cm de profundidade.

# BP

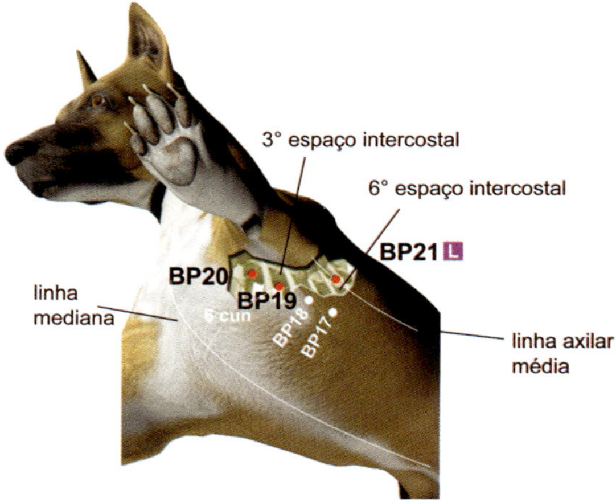

3° espaço intercostal
6° espaço intercostal
BP21 L
BP20
BP19
linha mediana
6 cun
BP18
BP17
linha axilar média


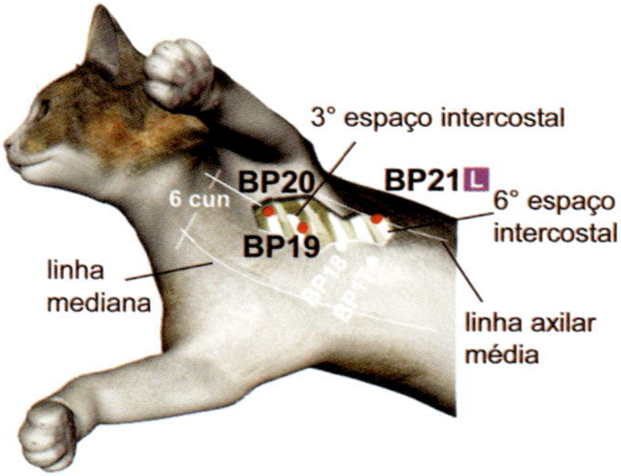

3° espaço intercostal
BP20
BP21 L
6 cun
6° espaço intercostal
BP19
linha mediana
linha axilar média

## BP19 *(xiongxiang)*

No 3°o espaço intercostal, 6 cun laterais à linha mediana.
**Indicação:** Diminui o Qi do Pulmão. Nevralgia intercostal, mastite, tosse, falta de ar.
**Método:** Conforme a espécie e a constituição do animal, inserir a agulha de forma inclinada, ventrodorsalmente, lateralizando a agulha, 0,5 a 1,5 cm de profundidade.

## BP20 *(zhourong)*

No 2° espaço intercostal, 6 cun laterais à linha mediana.
**Indicação:** Diminui o Qi do Pulmão. Nevralgia intercostal, mastite, tosse, falta de ar.
**Método:** Conforme a espécie e a constituição do animal, inserir a agulha de forma inclinada, ventrodorsalmente, lateralizando a agulha, 0,5 a 1,5 cm de profundidade.

## BP21 *(dabao)* L

No 6° espaço intercostal, na linha axilar média, na altura da articulação do ombro (articulação escapuloumeral).
**Indicação:** Grande Canal de Conexão do Baço. Fortalece o sangue. Beneficia os tendões. Regula o Qi. Dor generalizada em todo o corpo, decorrente da estase do sangue. Membros fracos, fraqueza muscular e articular. Tosse, falta de ar, dor na costela.
**Método:** Conforme a espécie e a constituição do animal, inserir a agulha de forma inclinada, dorsoventralmente, 0,5 a 1,5 cm de profundidade.

# Coração

**Yin**

**Fogo**

**11-13 h**

T Tonificação S Sedação He He M Mu H Hui Y Yuan L Luo X Xi

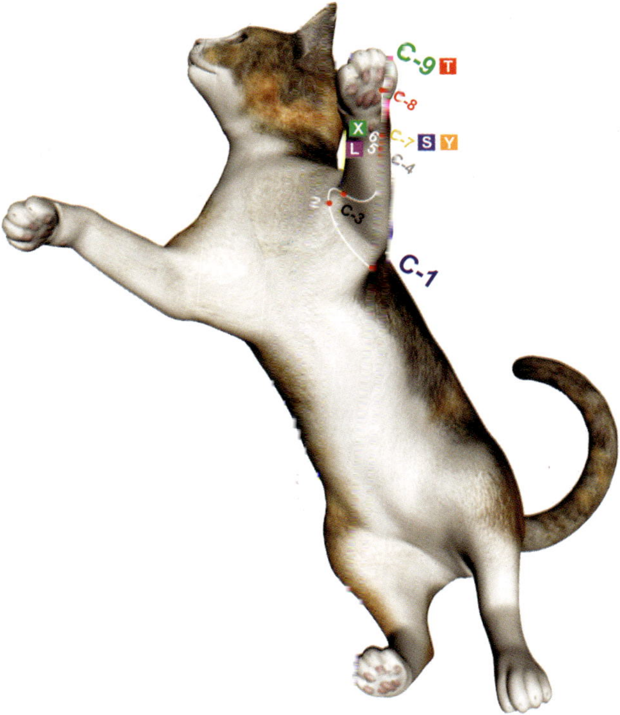


T Tonificação S Sedação He He M M H Hui Y Yuan L Luo X Xi

# C

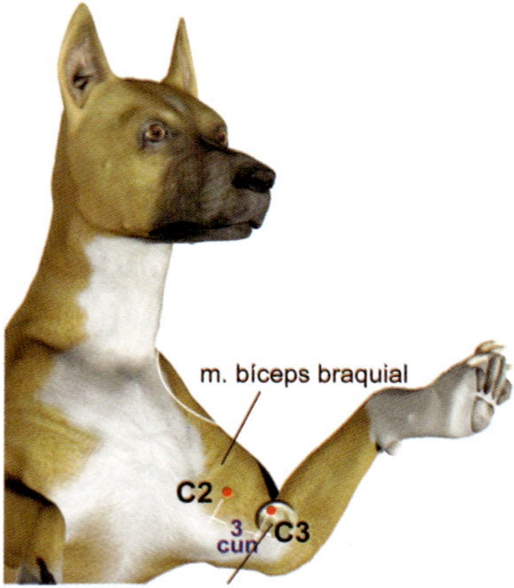
m. bíceps braquial
C2
3
cun
C3
epicôndilo medial do úmero

C1
depressão
axilar

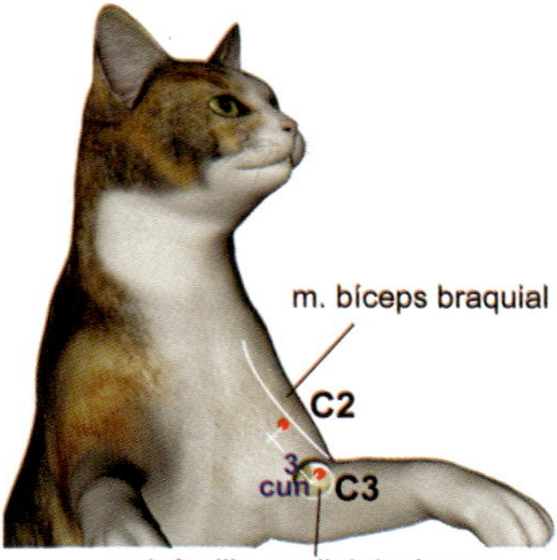
m. bíceps braquial
C2
3
cun
C3
epicôndilo medial do úmero

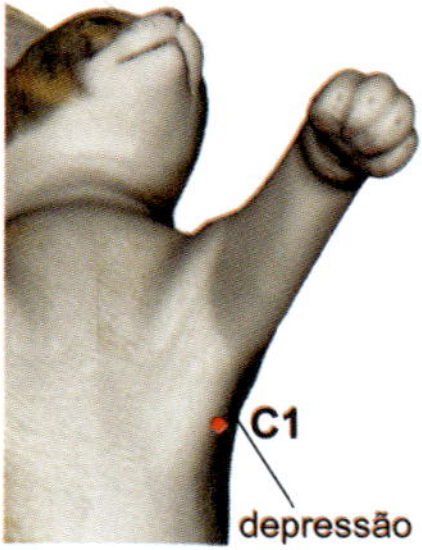
C1
depressão
axilar

**C1** ***(jiquan)***
No centro da axila.
**Indicação:** Nutre o Yin do Coração. Boca seca, insônia, dor na região do coração, nevralgia intercostal.
**Método:** Conforme a espécie e a constituição do animal, inserir a agulha de forma inclinada, 0,5 a 1,5 cm de profundidade.

*Observação:* Cuidado para não aprofundar a agulha e atingir o plexo braquial.

**C2** ***(qingling)***
Três cun acima da dobra do cotovelo (cotovelo flexionado), na borda medial do músculo bíceps braquial.
**Indicação:** Dor e nevralgia na região do ombro ou do braço.
**Método:** Conforme a espécie e a constituição do animal, inserir a agulha de forma perpendicular, 0,5 a 1,5 cm de profundidade.

**C3** ***(shaohai)***
Na extremidade medial da dobra do cotovelo (cotovelo flexionado), próximo ao epicôndilo medial do úmero.
**Indicação:** Filtra o calor do coração. Dores em cotovelo e antebraço.
**Método:** Conforme a espécie e a constituição do animal, inserir a agulha de forma inclinada, 0,5 a 1 cm de profundidade.

# C

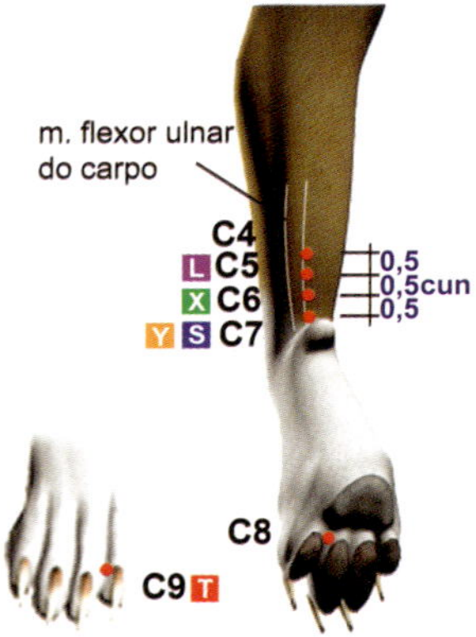


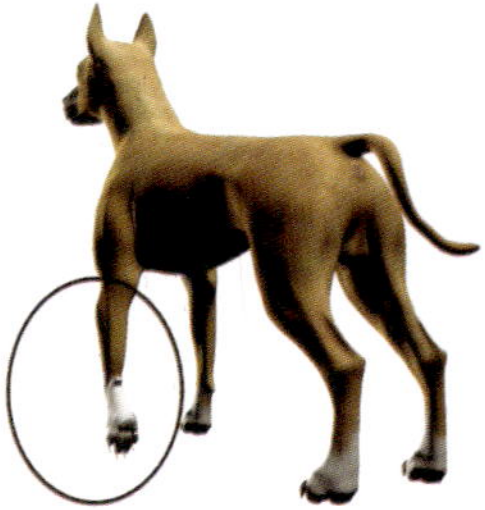

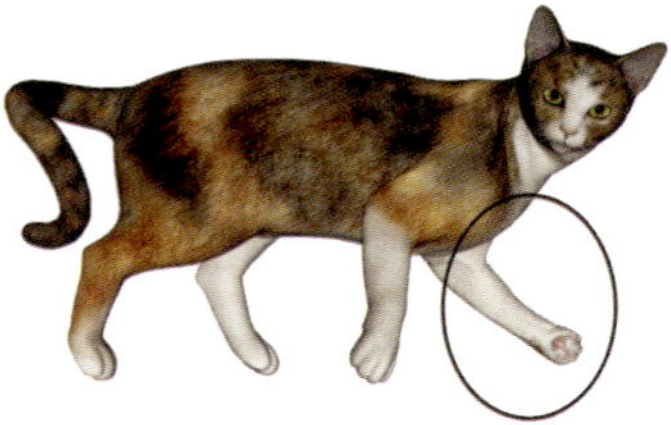

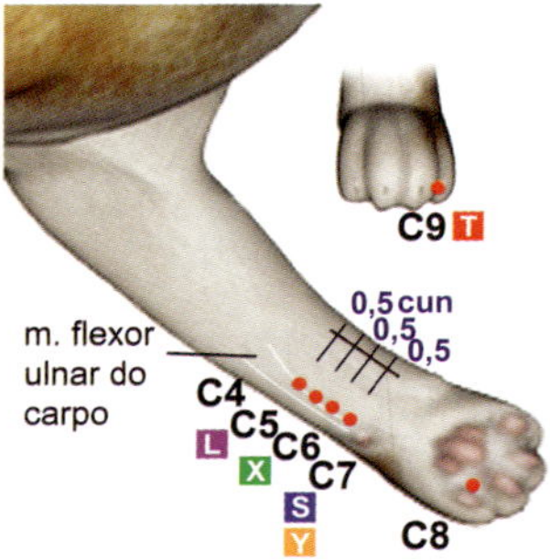


 T Tonificação S Sedação He He M Mu H Hui Y Yuan L Luo X Xi

**C4 *(lingdao)***
Um cun e meio acima da linha da articulação do carpo, paralelo ao tendão do músculo flexor ulnar do carpo.
**Indicação:** Domina a rebelião do Qi. Vômito, tristeza, dor no peito. Dores em cotovelo e antebraço.
**Método:** Conforme a espécie e a constituição do animal, inserir a agulha de forma inclinada, 0,5 a 1 cm de profundidade.

**C5 *(tongli)*** L
Um cun acima da linha da articulação do carpo, paralelo ao tendão do músculo flexor ulnar do carpo.
**Indicação:** Fortalece o Qi do Coração e regula o ritmo cardíaco. Olhos vermelhos. Regula o útero e a bexiga. Dores na articulação do carpo e no antebraço.
**Método:** Conforme a espécie e a constituição do animal, inserir a agulha de forma inclinada, 0,5 a 1 cm de profundidade.

**C6 *(yinxi)*** X
Meio cun acima da linha da articulação do carpo, paralelo ao tendão do músculo flexor ulnar do carpo.
**Indicação:** Fortalece o sangue do Coração (dor torácica). Nutre o Yin do Coração (insônia). Dores na articulação do carpo e no antebraço.
**Método:** Conforme a espécie e a constituição do animal, inserir a agulha de forma inclinada, 0,5 a 1 cm de profundidade.

# C

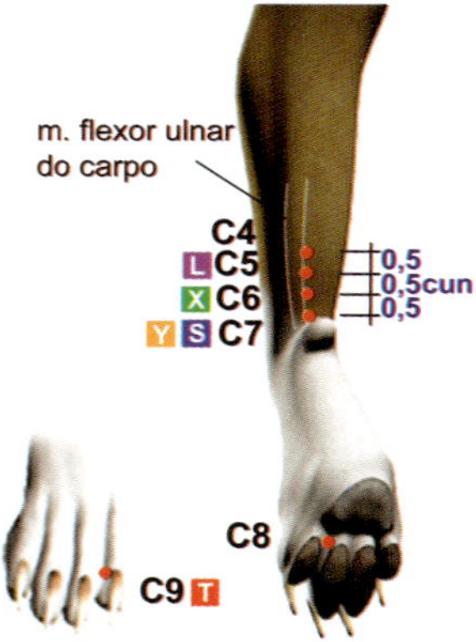
m. flexor ulnar
do carpo
C4
L C5
X C6
Y S C7
0,5
0,5cun
0,5
C8
C9 T

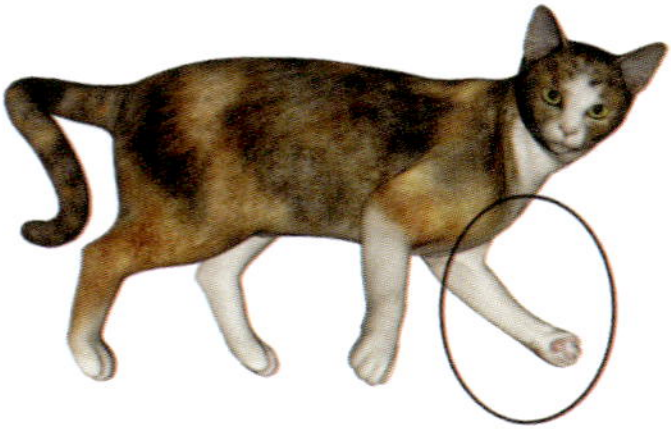

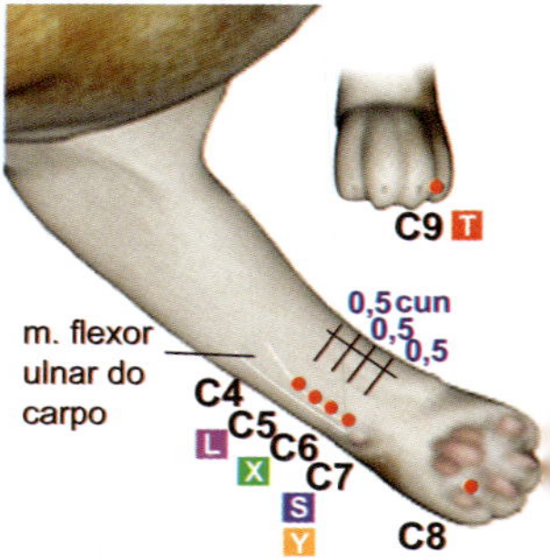
C9 T
0,5cun
0,5
0,5
m. flexor
ulnar do
carpo
C4
C5
C6
C7
L
X
S
Y
C8

## C7 (*shenmen*) S Y

Na linha da articulação do carpo, entre o processo estiloide ulnar e o osso acessório do carpo.
**Indicação:** Nutre o sangue do Coração. Insônia, taquicardia. Dores na articulação do carpo e antebraço.
**Método:** Conforme a espécie e a constituição do animal, inserir a agulha de forma inclinada, 0,5 a 1 cm de profundidade.

## C8 (*shaofu*)

Na face palmar, entre o 4° e o 5° metacarpo, na altura do corpo dos ossos.
**Indicação:** Elimina o calor do Coração. Acalma a mente. Palpitação, problema cardíaco, calor na palma da mão, insônia, dificuldade urinária.
**Método:** Conforme a espécie e a constituição do animal, inserir a agulha de forma inclinada, 0,5 a 1 cm de profundidade.

## C9 (*shaochong*) T

Na face medial do 5° dedo da mão, no ângulo ungueal.
**Indicação:** Elimina o vento interno (reanima a consciência). Dor torácica.
**Método:** Conforme a espécie e a constituição do animal, inserir a agulha de forma inclinada até, no máximo, 0,3 cm de profundidade.

# Intestino Delgado

**Yang**

**Fogo**

**13-15 h**

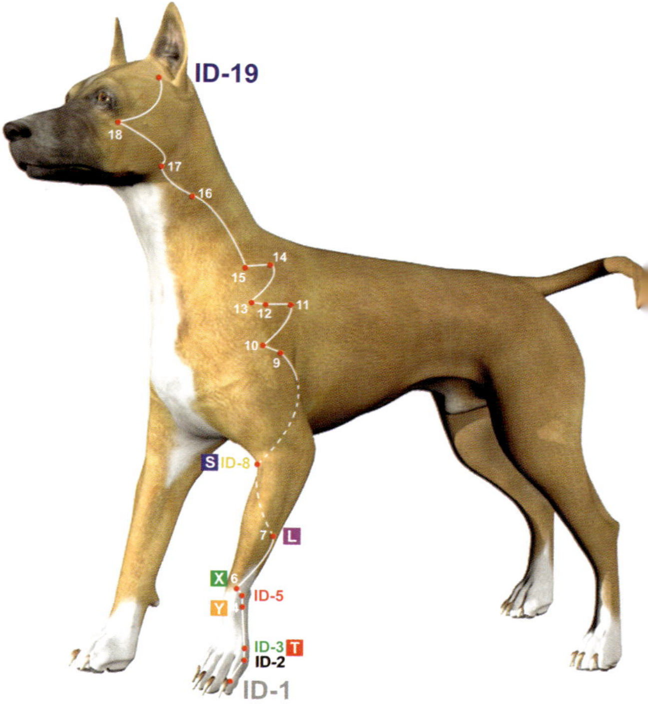




T Tonificação S Sedação He He M Mu H Hui Y Yuan L Luo X Xi

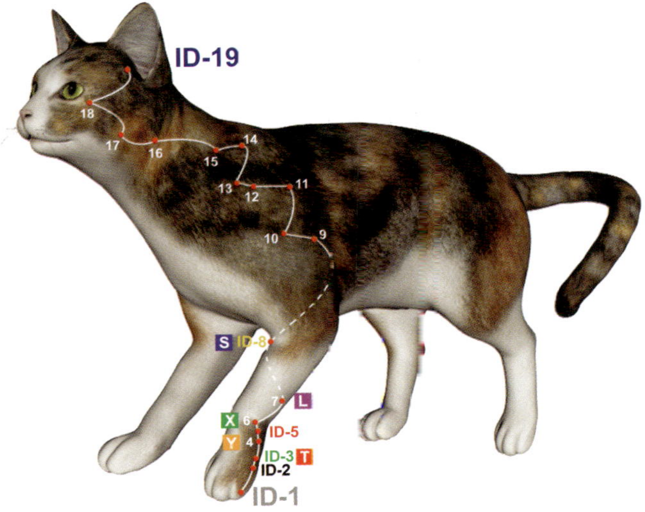


T Tonificação S Sedação He He M Mu H Hu Y Yuan L Luo X Xi

# ID

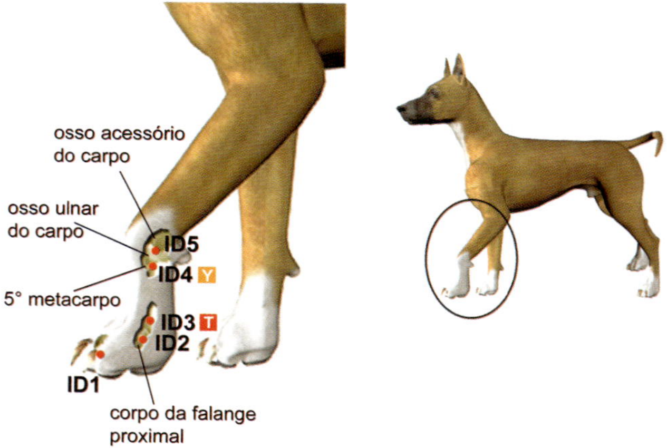


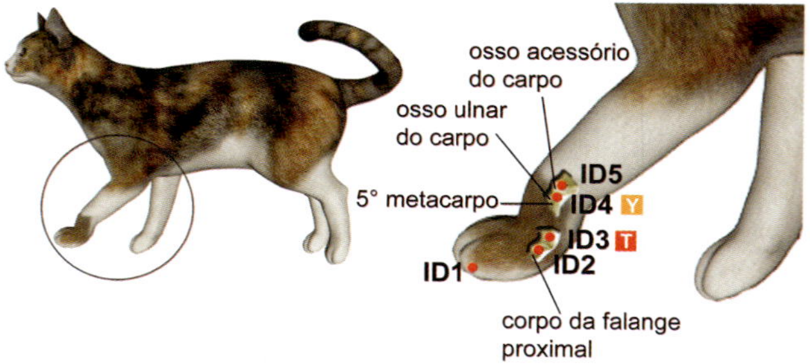




T Tonificação S Sedação He He M Mu H Hui Y Yuan L Luo X Xi

**ID1** ***(shaoze)***

No ângulo ungueal do 5° dedo da mão, na face lateral.

**Indicação:** Elimina vento e calor (rigidez cervical, dor de garganta). Inconsciência, torcicolo, dor no ombro, mastite, falta de leite após o parto.

**Método:** Conforme a espécie e a constituição do animal, inserir a agulha de forma inclinada até, no máximo, 0,3 cm de profundidade.

**ID2** ***(qiangu)***

Na face lateral do 5° dedo da mão, na transição entre o corpo e a base da falange proximal.

**Indicação:** Elimina vento e calor. Febre aguda, otite, inflamação no olho, congestão nasal, rigidez no pescoço, dificuldade para urinar.

**Método:** Conforme a espécie e a constituição do animal, inserir a agulha de forma perpendicular, 0,1 a 0,5 cm de profundidade.

**ID3** ***(houxi)*** **T**

Na face lateral do 5° dedo da mão, na transição entre o corpo e a cabeça do 5° metacarpo.

**Indicação:** Todos os sintomas que afetam o Vaso Governador. Elimina o vento. Epilepsia, cãibra. Torcicolo, dorsalgia, lombalgia. Dores no ouvido e nos olhos. Sangramento nasal.

**Método:** Mesmo método do ID2

**ID4** ***(wangu)*** **Y**

Na face lateral do 5° dedo da mão, entre a base do 5° metacarpo e o osso ulnar do carpo.

**Indicação:** Remove a umidade e o calor. Febre.

**Método:** Conforme a espécie e a constituição do animal, inserir a agulha de forma perpendicular, 0,5 a 1 cm de profundidade.

**ID5** ***(yanggu)***

Na face lateral do 5° dedo da mão na depressão entre o osso ulnar do carpo e o osso acessório do carpo.

**Indicação:** Filtra o calor. Problema no ouvido, dor e inchaço nos olhos.

**Método:** Mesmo método do ID4.

# ID

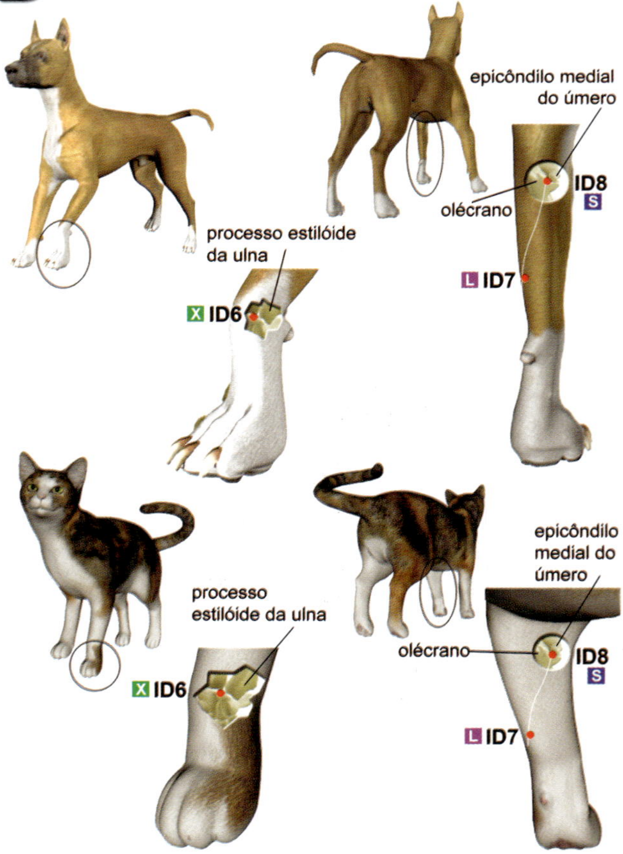
epicôndilo medial do úmero
ID8
S
olécrano
processo estilóide da ulna
L ID7
X ID6
processo estilóide da ulna
X ID6
epicôndilo medial do úmero
olécrano
ID8
S
L ID7

## ID6 *(yanglao)* X

Na linha da articulação do carpo, na depressão formada no lado radial do processo estiloide da ulna, na face medial.
**Indicação:** Filtra o calor. Problemas no ouvido e no olho. Dores em ombro e antebraço. Rigidez cervical, torcicolo agudo, lombalgia.
**Método:** Conforme a espécie e a constituição do animal, inserir a agulha de forma perpendicular, 0,5 a 1 cm de profundidade.

## ID7 *(zhizheng)* L

Cinco cun acima da linha da articulação do carpo, cranialmente ao músculo flexor ulnar do carpo.
**Indicação:** Elimina o vento e o calor. Febre. Rigidez cervical.
**Método:** Conforme a espécie e a constituição do animal, inserir a agulha de forma perpendicular, 0,5 a 1 cm de profundidade.

## ID8 *(xiaohai)* S

Na depressão entre o olécrano da ulna e o epicôndilo medial do úmero.
**Indicação:** Remove a umidade e o calor. Epicondilite medial, dores em braço e escápula.
**Método:** Conforme a espécie e a constituição do animal, inserir a agulha de forma perpendicular, 0,5 a 1 cm de profundidade.

*Observação:* O nervo ulnar passa na região do olécrano da ulna e do epicôndilo medial do úmero, juntamente com a artéria colateral ulnar. Não se pode aprofundar muito a agulha.

# ID

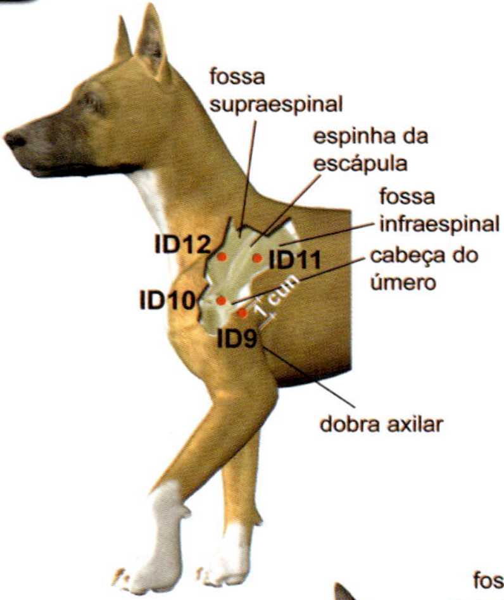
fossa
supraespinal
espinha da
escápula
fossa
infraespinal
ID12
ID11
cabeça do
úmero
ID10
1 cun
ID9
dobra axilar

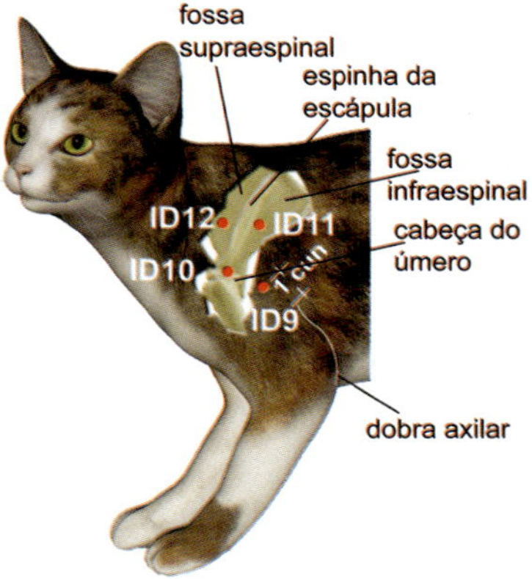
fossa
supraespinal
espinha da
escápula
fossa
infraespinal
ID12
ID11
cabeça do
úmero
ID10
1 cun
ID9
dobra axilar

**ID9 *(jianzhen)***
Um cun na direção da articulação do ombro, a partir da dobra axilar.
**Indicação:** Dificuldade para movimentar o braço, bursite, dor na escápula. Problemas no ouvido, surdez.
**Método:**Conforme a espécie e a constituição do animal, inserir a agulha de forma inclinada, 0,5 a 1,5 cm de profundidade.

**ID10 *(naoshu)***
No músculo deltoide, entre espinha da escápula e a face caudal do colo do úmero.
**Indicação:** Dificuldade para movimentar o braço, bursite, dor em ombro e escápula, surdez.
**Método:** Conforme a espécie e a constituição do animal, inserir a agulha de forma inclinada, 0,5 a 1,5 cm de profundidade.

**ID11 *(tianzong)***
No centro da fossa infraespinal.
**Indicação:** Dificuldade para movimentar o braço, bursite, dor em ombro e escápula. Dor, inchaço e nodulos da mama; distúrbios da lactação.
**Método:** Conforme a espécie e a constituição do animal, inserir a agulha de forma inclinada, 0,5 a 1,5 cm de profundidade.

**ID12 *(bingfeng)***
Na altura do ID11, no centro da fossa supraespinal.
**Indicação:**Dificuldade para movimentar o braço, bursite, dor em ombro e escápula. Rigidez no pescoço.
**Método:** Conforme a espécie e a constituição do animal, inserir a agulha de forma inclinada, 0,5 a 1,5 cm de profundidade.

# ID

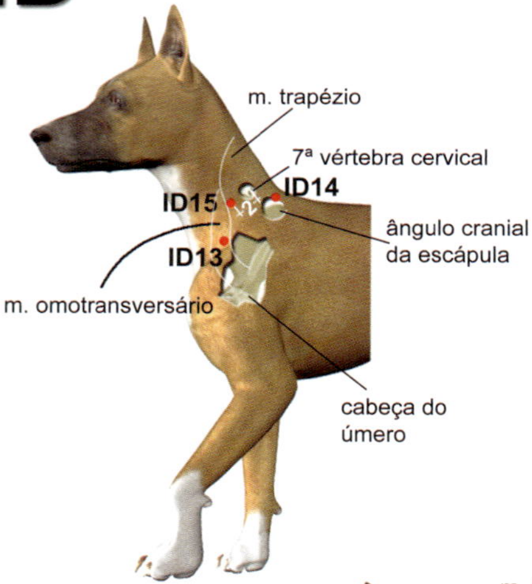
m. trapézio
7ª vértebra cervical
ID15
ID14
ângulo cranial da escápula
ID13
m. omotransversário
cabeça do úmero

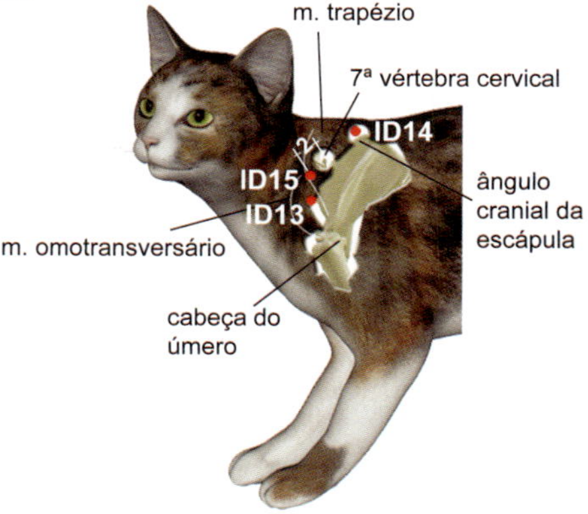
m. trapézio
7ª vértebra cervical
ID14
ID15
ângulo cranial da escápula
ID13
m. omotransversário
cabeça do úmero

**ID13 *(quyuan)***
Próximo à incisura escapular, entre o músculo omotransversário e o músculo trapézio (parte cervical).
**Indicação:** Elimina o vento. Dificuldade para movimentar o braço, bursite, dor em ombro e escápula. Rigidez no pescoço.
**Método:** Conforme a espécie e a constituição do animal, inserir a agulha de forma inclinada, 0,5 a 1,5 cm de profundidade.

**ID14 *(jianwaishu)***
Próximo ao ângulo cranial da escápula, na altura da face caudal do processo espinhoso da 1ª vértebra torácica (T1).
**Indicação:** Elimina o vento. Dificuldade para movimentar o braço, bursite, dor em ombro e escápula. Rigidez no pescoço.
**Método:** Conforme a espécie e a constituição do animal, inserir a agulha de forma inclinada, 0,5 a 1,5 cm de profundidade.

**ID15 *(jianzhongshu)***
Dois cun laterais à face caudal do processo espinhoso da 7ª vértebra cervical (C7).
**Indicação:** Dificuldade para movimentar o braço, bursite, dor em ombro e escápula. Rigidez no pescoço e na vértebra torácica alta.
**Método:** Conforme a espécie e a constituição do animal, inserir a agulha de forma inclinada, 0,5 a 1,5 cm de profundidade.

# ID

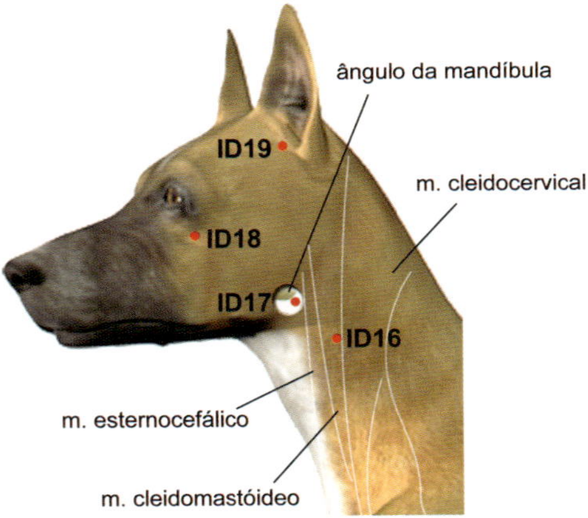

ângulo da mandíbula
ID19
m. cleidocervical
ID18
ID17
ID16
m. esternocefálico
m. cleidomastóideo


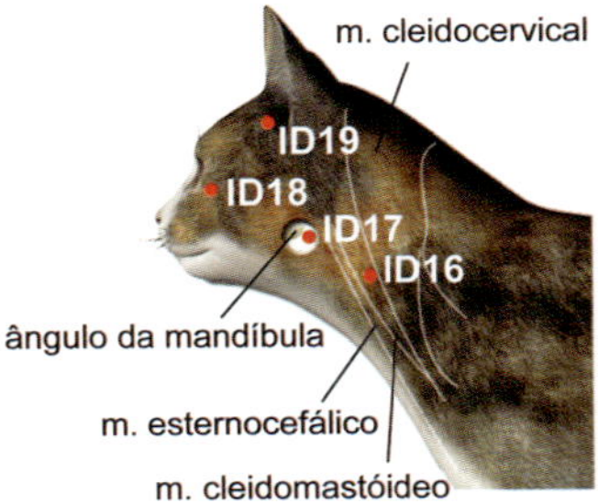

m. cleidocervical
ID19
ID18
ID17
ID16
ângulo da mandíbula
m. esternocefálico
m. cleidomastóideo

## ID16 *(tianchuang)*

Na altura da proeminência laríngea, na face caudal do músculo cleidomastóideo, caudalmente a IG18.

**Indicação:** Elimina o vento e o calor. Regula a ascendência e a descendência do Qi da cabeça. Inflamação na garganta, rouquidão.

**Método:** Conforme a espécie e a constituição do animal, inserir a agulha de forma inclinada, 0,5 a 1,5 cm de profundidade.

## ID17 *(tianrong)*

Entre o músculo esternocefálico e o ângulo da mandíbula.

**Indicação:** Elimina o vento. Falta de ar, tosse, vômito, laringite, dor de garganta. Surdez.

**Método:** Conforme a espécie e a constituição do animal, inserir a agulha de forma inclinada, 0,5 a 1 cm de profundidade.

## ID18 *(quanliao)*

Na comissura palpebral lateral, na face ventral do osso zigomático.

**Indicação:** Elimina o vento, filtra o calor. Paralisia facial, nevralgia do trigêmeo, sinusite, dor de dente.

**Método:** Mesmo método do ID17.

*Observação:* Região com pouquíssimo tecido adiposo e musculatura delgada; região por onde passam nervos cranianos e ramos dos nervos cranianos, além de veias e artérias superficiais. Não se pode aprofundar a agulha.

## ID19 *(tinggong)*

Na depressão rostral à orelha, na altura do trago.

**Indicação:** Beneficia os ouvidos. Junto com TA17, movimenta o Qi do ouvido. Surdez, disfunção da articulação temporomandibular.

**Método:** Mesmo métodos do ID17.

# Bexiga

## Yang

**Água**

**15-17 h**

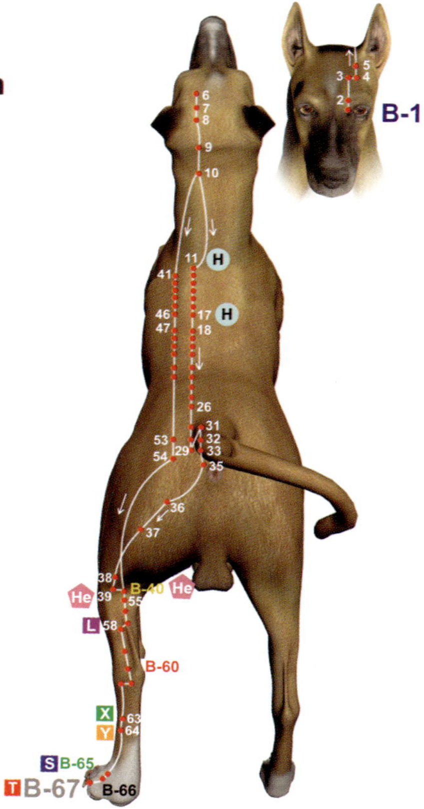




T Tonificação S Sedação He He M Mu H Hui Y Yuan L Luo X Xi

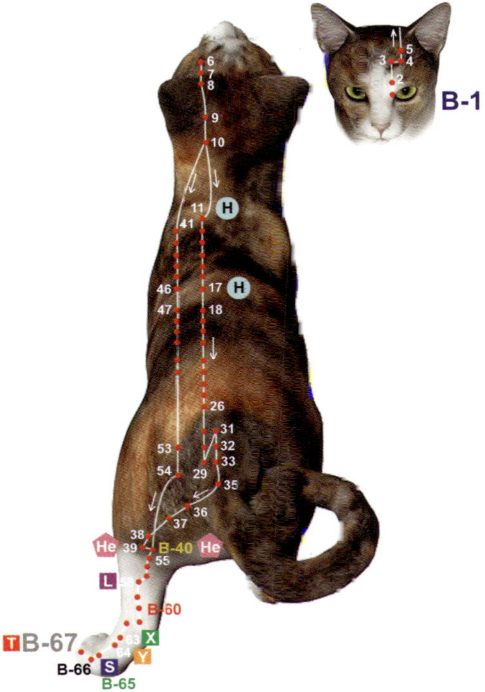


T Tonificação S Sedação He He M Mu H Hui Y Yuan L Luo X Xi

# B

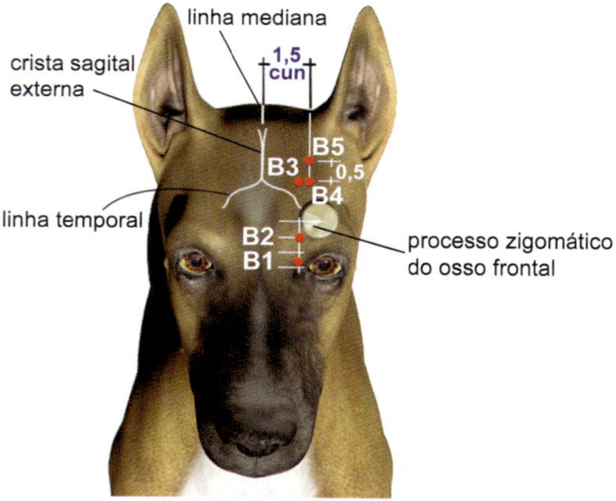

linha mediana
crista sagital externa
1,5 cun
B5
B3
0,5
B4
linha temporal
B2
B1
processo zigomático do osso frontal


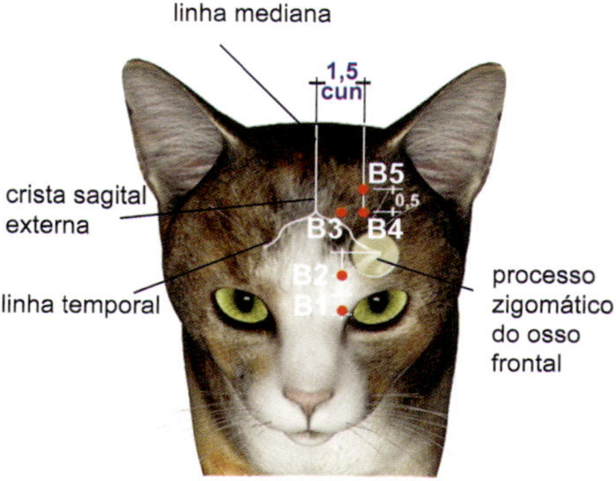

linha mediana
1,5 cun
B5
crista sagital externa
0,5
B3
B4
linha temporal
B2
B1
processo zigomático do osso frontal

**B1 *(jingming)***
Um décimo de cun acima da comissura palpebral medial.
**Indicação:** Elimina o vento e o calor. Doenças oculares (conjuntivite, lacrimação).
**Método:** Conforme a espécie e a constituição do animal, inserir a agulha de forma inclinada até, no máximo, 0,3 cm de profundidade.

**B2 *(zanzhu)***
Acima da comissura palpebral medial – 2/3 da distância entre o processo zigomático do osso frontal e a comissura palpebral medial.
**Indicação:** Elimina o vento e o calor. Doenças oculares, sinusite, rinite, nevralgia do trigêmeo, paralisia facial.
**Método:** Mesmo método do B1

**B3 *(meichong)***
Na direção vertical de B2, na altura do ponto de cruzamento entre a linha temporal e a crista sagital externa.
**Indicação:** Elimina o vento e o calor. Doenças oculares, sinusite, rinite, obstrução nasal.
**Método:** Mesmo método do B1

**B4 *(gucha)***
Na altura do B3, 1,5 cun laterais à linha mediana.
**Indicação:** Elimina o vento e o calor. Rinite, sinusite, dor ocular.
**Método:** Mesmo método do B1

**B5 *(wuchu)***
Meio cun acima de B4, 1,5 cun laterais à linha mediana.
**Indicação:** Elimina o vento. Domina o Qi do Fígado. Dor ocular, sinusite, rinite, epilepsia.
**Método:** Mesmo método do B1

# B

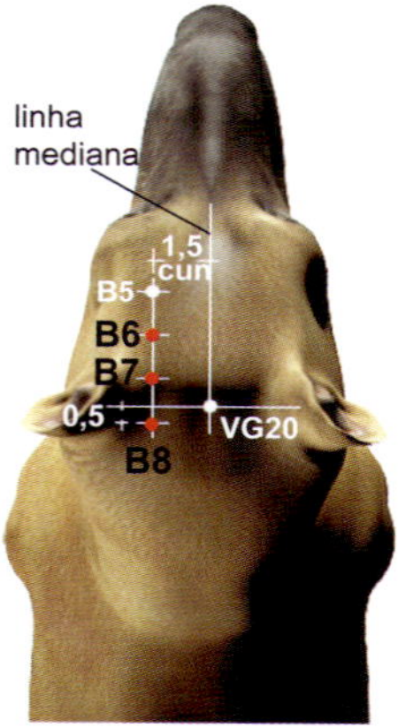
linha
mediana
1,5
cun
B5
B6
B7
0,5
VG20
B8

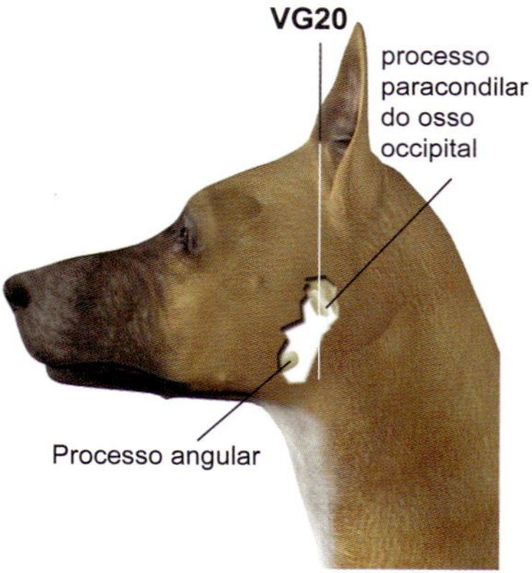
VG20
processo
paracondilar
do osso
occipital
Processo angular

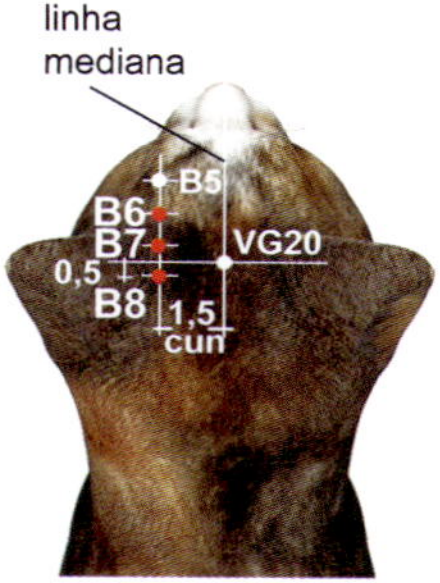
linha
mediana
B5
B6
B7
VG20
0,5
B8
1,5
cun

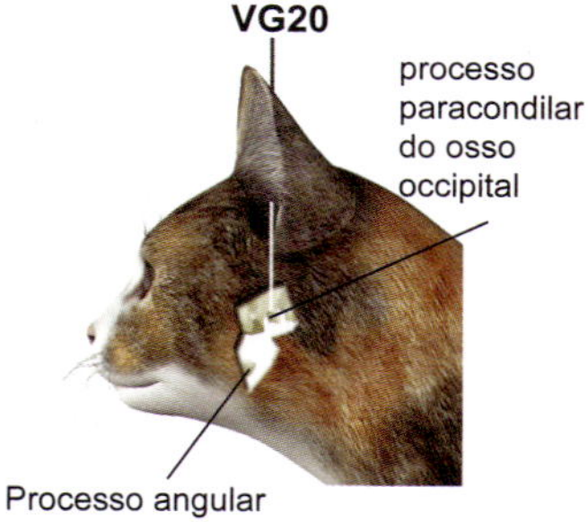
VG20
processo
paracondilar
do osso
occipital
Processo angular

**B6 *(chengguang)***
Um cun e meio laterais à linha mediana, 1/3 da distância entre B5 e B8.
**Indicação:** Elimina o vento. Rinite, sinusite. Problema ocular, distúrbio da visão.
**Método:** Conforme a espécie e a constituição do animal, inserir a agulha de forma inclinada até, no máximo, 0,3 cm de profundidade.

**B7 *(tongtian)***
Um cun e meio laterais à linha mediana, 2/3 da distância entre B5 e B8.
**Indicação:** Elimina o vento. Paralisia facial. Convulsão, inconsciência. Rinite, hemorragia nasal.
**Método:** Conforme a espécie e a constituição do animal, inserir a agulha de forma inclinada até, no máximo, 0,3 cm de profundidade.

**B8 *(luoque)***
Um cun e meio laterais à linha mediana, 0,5 cun abaixo de VG20 (VG20 está no ponto de cruzamento entre a linha mediana e a linha horizontal que liga os processos mastoides).
**Indicação:** Problema no ouvido, paralisia facial, rinite.
**Método:** Conforme a espécie e a constituição do animal, inserir a agulha de forma inclinada até, no máximo, 0,3 cm de profundidade.

# B

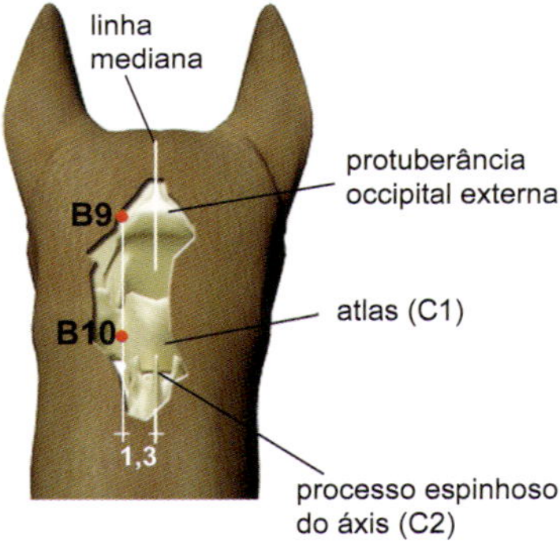
linha
mediana
protuberância
occipital externa
B9
atlas (C1)
B10
1,3
processo espinhoso
do áxis (C2)

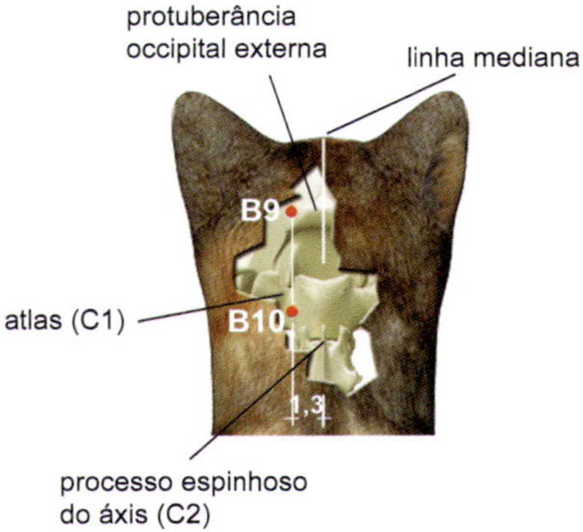
protuberância
occipital externa
linha mediana
B9
atlas (C1)
B10
1,3
processo espinhoso
do áxis (C2)

**B9 *(yuzhen)***
Um cun e três décimos laterais à linha mediana, na altura da protuberância occipital externa.
**Indicação:** Domina a ascendência do Yang do Fígado. Dor e rigidez no pescoço.
**Método:** Conforme a espécie e a constituição do animal, inserir a agulha de forma inclinada até, no máximo, 0,3 cm de profundidade.

**B10 *(tianzhu)***
Um cun e três décimos laterais à linha mediana, na altura do processo espinhoso de C1 (atlas) e C2 (áxis).
**Indicação:** Elimina o vento e domina o Yang do Fígado. Dor e rigidez cervicais. Falta de equilíbrio, membros posteriores moles. Lombalgia aguda.
**Método:** Conforme a espécie e a constituição do animal, inserir a agulha de forma inclinada até, no máximo, 2 cm de profundidade.

# B

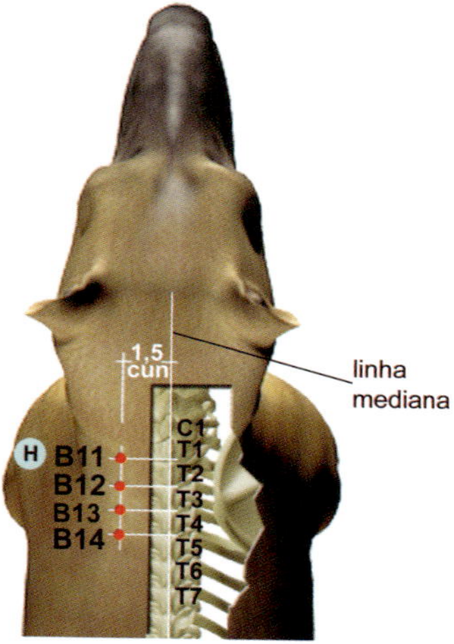

1,5 cun
linha mediana
H
B11
B12
B13
B14
C1
T1
T2
T3
T4
T5
T6
T7


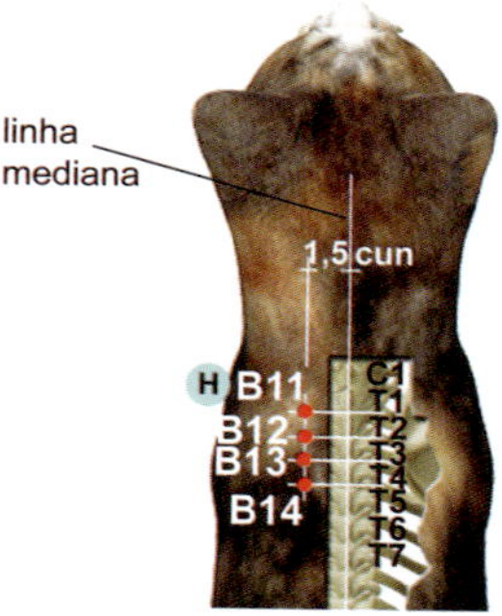

linha mediana
1,5 cun
H
B11
B12
B13
B14
C1
T1
T2
T3
T4
T5
T6
T7

**B11 *(dazhu)*** H
Um cun e meio laterais à linha mediana, na face caudal do processo espinhoso de T1.
**Indicação:** Nutre o sangue. Elimina o vento. Fortalece os ossos. Doenças do sangue, anemia. Rinite alérgica, gripe, resfriado. Doenças dos ossos, rigidez das colunas cervical e torácica.
**Método:** Conforme a espécie e a constituição do animal, inserir a agulha de forma inclinada, 0,5 a 2,5 cm de profundidade.

**B12 *(fengmen)***
Um cun e meio laterais à linha mediana, na face caudal do processo espinhoso da T2.
**Indicação:** Elimina o vento externo. Regula o Qi nutritivo e o Qi defensivo (tendência para ficar resfriado, secreção nasal). Obstrução nasal, espirro, rinite, sinusite.
**Método:** Mesmo método do B11.

**B13 *(feishu)***
Um cun e meio laterais à linha mediana, na face caudal do processo espinhoso da T3.
**Indicação:** Elimina o vento. Diminui a descendência do Qi do Pulmão (tosse, dificuldade para respirar, falta de ar). Nutre o Yin do Pulmão (febre). Calafrio, resfriado. Doenças pulmonares.
**Método:** Mesmo método do B11

**B14 *(jueyinshu)***
Um cun e meio laterais à linha mediana, na face caudal do processo espinhoso de T4.
**Indicação:** Regula o coração. Doenças cardíacas. Dor no peito, arritmia, palpitação, agitação. Tosse, soluço.
**Método:** Mesmo método do B11.

# B

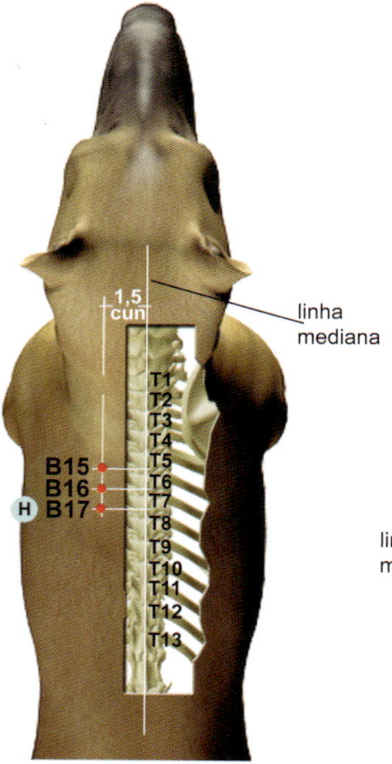


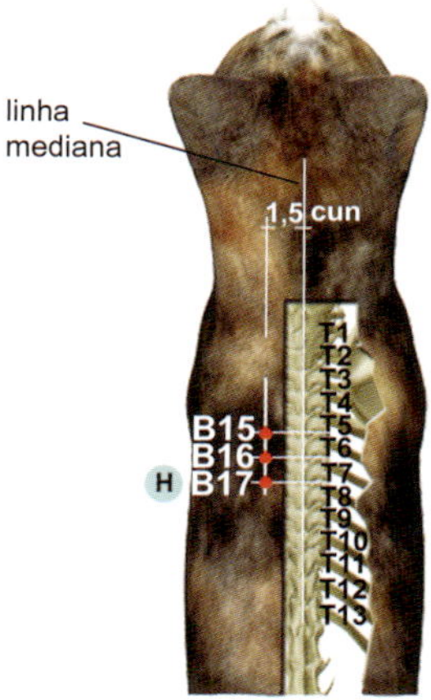




T Tonificação S Sedação He He M Mu H Hui Y Yuan L Luo X Xi

**B15 *(xinshu)***
Um cun e meio laterais à linha mediana, na face caudal do processo espinhoso de T5.
**Indicação:** Nutre o coração. Regula o Qi do Coração. Doenças cardíacas. Palpitação, arritmia. Acalma. Insônia.
**Método:** Conforme a espécie e a constituição do animal, inserir a agulha de forma inclinada, 0,5 a 2,5 cm de profundidade.

**B16 *(dushu)***
Um cun e meio laterais à linha mediana, na face caudal do processo espinhoso de T6.
**Indicação:** Dor na região torácica, arritmia, dor abdominal.
**Método:** Conforme a espécie e a constituição do animal, inserir a agulha de forma inclinada, 0,5 a 2,5 cm de profundidade.

**B17 *(geshu)*** H
Um cun e meio laterais à linha mediana, na face caudal do processo espinhoso de T9.
**Indicação:** Interrompe o sangramento. Remove a estase de sangue (junto com B18, remove a estase de sangue do Fígado e, junto com B15, do Coração). Esfria o sangue (tosse com sangue, vômito de sangue, hemorragia nasal). Nutre o sangue (junto com o beishu, nutre o órgão correspondente). Domina o Qi em contrafluxo do Estômago (vômito, má digestão). Distúrbio do diafragma.
**Método:** Conforme a espécie e a constituição do animal, inserir a agulha de forma inclinada, 0,5 a 2,5 cm de profundidade.

# B

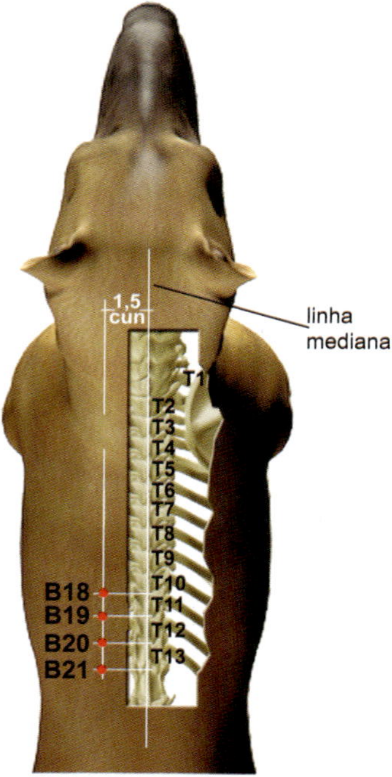


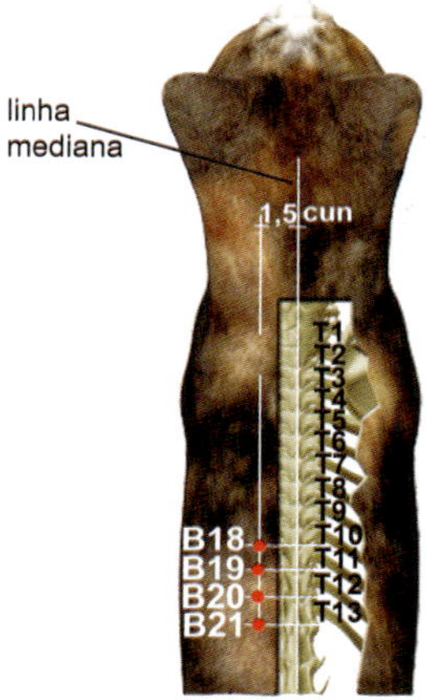




T Tonificação S Sedação He He M Mu H Hui Y Yuan L Luo X Xi

**B18 *(ganshu)***
Um cun e meio laterais à linha mediana, na face caudal do processo espinhoso de T10.
**Indicação:** Movimenta o Qi do Fígado, revigora o sangue do Fígado, elimina o vento do Fígado. Problema de visão, cãibras musculares, contratura de tendão. Rigidez no pescoço.
**Método:** Conforme a espécie e a constituição do animal, inserir a agulha de forma inclinada, 0,5 a 2,5 cm de profundidade.

**B19 *(danshu)***
Um cun e meio laterais à linha mediana, na face caudal do processo espinhoso de T11.
**Indicação:** Resolve umidade-calor do Fígado e da Vesícula Biliar. Tonifica a deficiência. Vômito, soluço.
**Método:** Mesmo método do B18

**B20 *(pishu)***
Um cun e meio laterais à linha mediana, na face caudal do processo espinhoso da T12.
**Indicação:** Tonifica o baço (estimula a ascendência do Qi) e o estômago. Falta de apetite, cansaço, problemas gastrintestinais. Edema, inchaço. Nutre o sangue (anemia).
**Método:** Mesmo método do B18

**B21 *(weishu)***
Um cun e meio laterais à linha mediana, na face caudal do processo espinhoso de T13.
**Indicação:** Tonifica o Qi do Estômago (estimula a descendência do Qi) e do Baço. Resolve a umidade. Domina a ascendência do Qi do Estômago (vômito, problemas gastrintestinais). Falta de apetite, cansaço, edema.
**Método:** Mesmo método do B18

# B

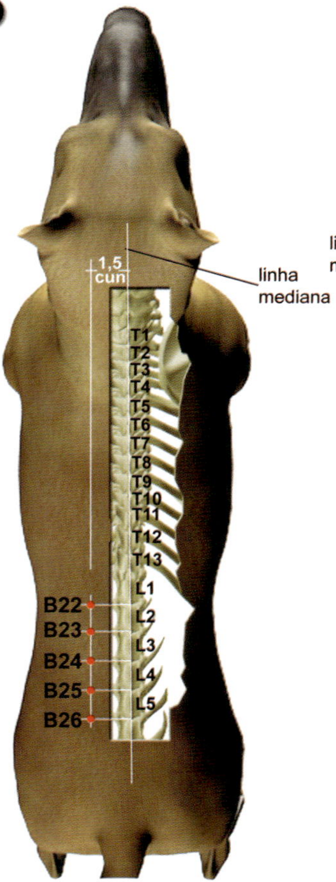


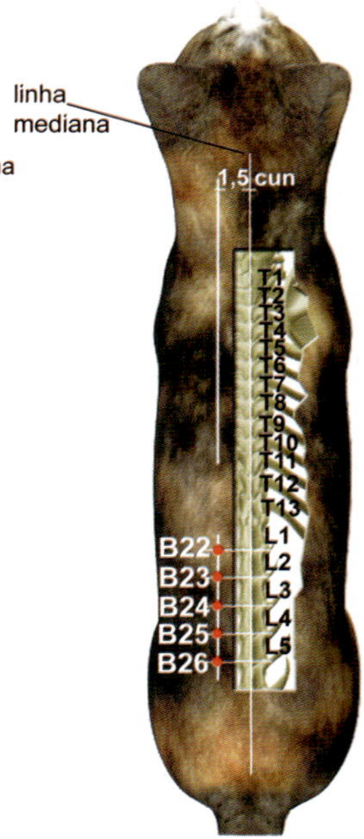




T Tonificação S Sedação He He M Mu H Hui Y Yuan L Luo X Xi

**B22 *(sanjiaoshu)***
Um cun e meio laterais à linha mediana, na face caudal do processo espinhoso de L1.
**Indicação:** Regula o Aquecedor Inferior. Revigora o sangue. Problemas gastrintestinais, retenção urinaria, sangue na urina, edema.
**Método:** Conforme a espécie e a constituição do animal, inserir a agulha de forma inclinada, 0,5 a 2,5 cm de profundidade.

**B23 *(shenshu)***
Um cun e meio laterais à linha mediana, na face caudal do processo espinhoso de L2.
**Indicação:** Tonifica o rim. Problema no ouvido, surdez. Osteoporose, artrite. Visão turva, cansaço. Infertilidade. Lombalgia.
**Método:** Mesmo método do B22.

**B24 *(qihaishu)***
Um cun e meio laterais à linha mediana, na face caudal do processo espinhoso de L3.
**Indicação:** Lombalgia, hemorroidas, sangue nas fezes.
**Método:** Mesmo método do B22.

**B25 *(dachangshu)***
Um cun e meio laterais à linha mediana, na face caudal do processo espinhoso de L4.
**Indicação:** Regula o intestino grosso. Diarreia, constipação, sangue nas fezes, dor abdominal. Lombalgia.
**Método:** Mesmo método do B22.

**B26 *(guanyuanshu)***
Um cun e meio laterais à linha mediana, na face caudal do processo espinhoso de L5.
**Indicação:** Lombalgia. Diarreia, dor abdominal, dificuldade para urinar.
**Método:** Mesmo método do B22.

# B

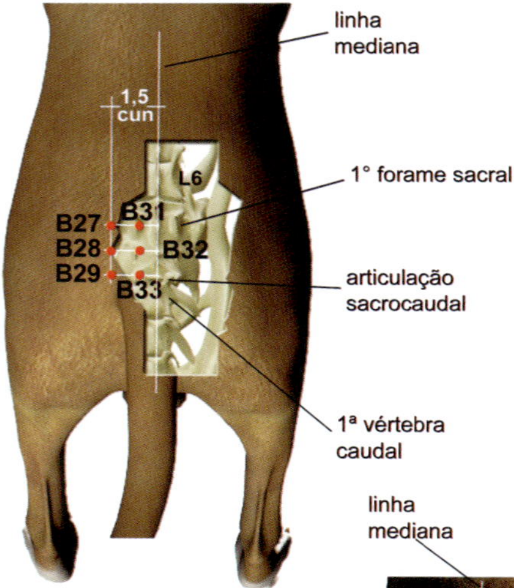


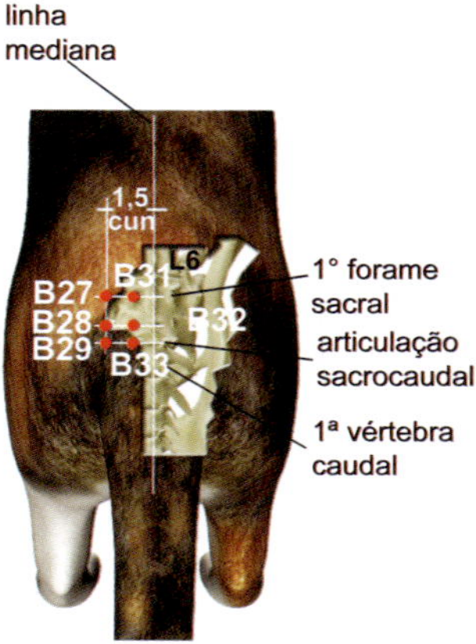


 T Tonificação S Sedação He He M Mu H Hui Y Yuan L Luo X Xi

# B

**B27 *(xiaochangshu)***
Um cun e meio laterais à linha mediana, na altura do 1° forame sacral.
**Indicação:** Regula o intestino delgado. Diarreia, constipação, dor abdominal, retenção de urina.
**Método:** Conforme a espécie e a constituição do animal, inserir a agulha de forma perpendicular, 0,5 a 2,5 cm de profundidade.

**B28 *(pangguangshu)***
Um cun e meio laterais à linha mediana, na altura do 2° forame sacral.
**Indicação:** Regula a bexiga. Distúrbios urinários (junto com B23 e BP9: expele as pedras do rim).
**Método:** Conforme a espécie e a constituição do animal, inserir a agulha de forma perpendicular, 0,5 a 2,5 cm de profundidade.

**B29 *(zhonglushu)***
Um cun e meio laterais à linha mediana, na altura da articulação da 1ª vértebra caudal com o osso sacral.
**Indicação:** Lombalgia, disenteria, diarreia
**Método:** Conforme a espécie e a constituição do animal, inserir a agulha de forma perpendicular, 0,5 a 2,5 cm de profundidade.

**B30 *(baihuanshu)***
Não há.

**B31 *(shangliao)***
No 1° forame sacral.
**Indicação:** Beneficia micção e defecação. Dor lombossacral.
**Método:** Conforme a espécie e a constituição do animal, inserir a agulha de forma perpendicular, 0,5 a 2,5 cm de profundidade.

# B

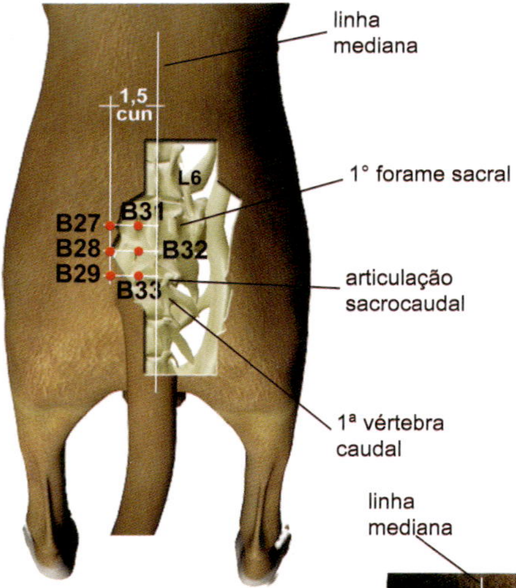
linha
mediana
1,5
cun
L6
1° forame sacral
B31
B27
B28
B32
B29
B33
articulação
sacrocaudal
1ª vértebra
caudal

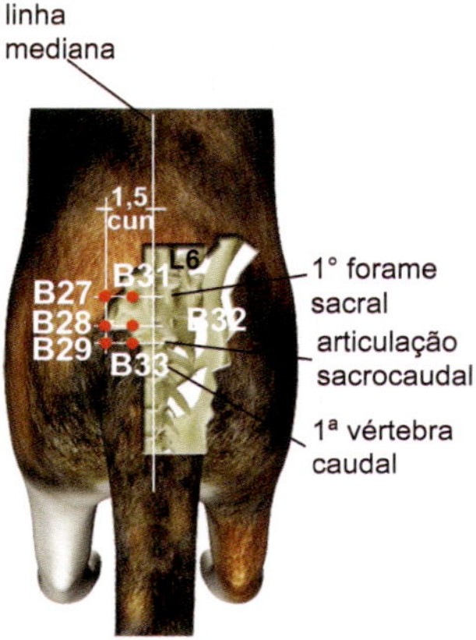
linha
mediana
1,5
cun
L6
B31
1° forame
sacral
B27
B28
B32
B29
articulação
sacrocaudal
B33
1ª vértebra
caudal

**B32 *(ciliao)***
No 2° forame sacral.
**Indicação:** Infertilidade. Beneficia micção e defecação. Dor lombossacral.
**Método:** Conforme a espécie e a constituição do animal, inserir a agulha de forma perpendicular, 0,5 a 2,5 cm de profundidade.

**B33 *(zhongliao)***
Abaixo de B32, na altura da articulação da 1ª vértebra caudal com o osso sacro.
**Indicação:** Beneficia micção e defecação. Dor lombossacral.
**Método:** Conforme a espécie e a constituição do animal, inserir a agulha de forma perpendicular, 0,5 a 2,5 cm de profundidade.

**B34 *(xialiao)***
Não há.

# B

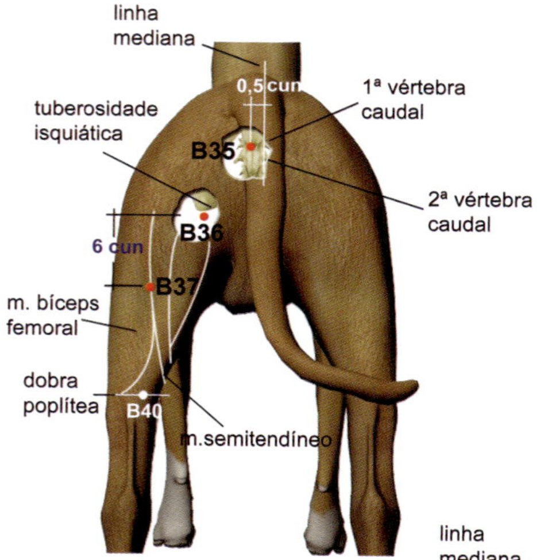


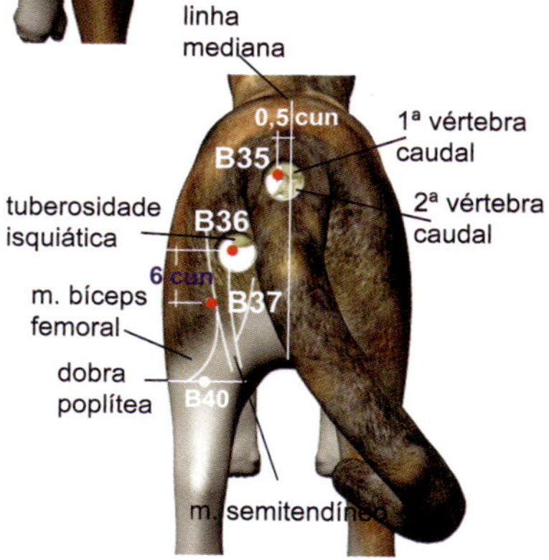




**T** Tonificação **S** Sedação **He** He **M** Mu **H** Hui **Y** Yuan **L** Luo **X** Xi

**B35 *(huiyang)***
Meio cun lateral à linha mediana, na altura da articulação entre a 1ª e a 2ª vértebra caudal, próximo ao ligamento sacrotuberal (no cão). O gato não possui ligamento sacrotuberal.
**Indicação:** Beneficia micção e defecação. Retenção urinária. Doenças escrotais.
**Método:** Conforme a espécie e a constituição do animal, inserir a agulha de forma perpendicular, 0,5 a 3 cm de profundidade.

**B36 *(chengfu)***
Imediatamente abaixo da tuberosidade isquiática.
**Indicação:** Ciatalgia (dor atrás da coxa), lombalgia, dor sacral. Hemorroidas. Doenças escrotais.
**Método:** Conforme a espécie e a constituição do animal, inserir a agulha de forma perpendicular, 0,5 a 3 cm de profundidade.

**B37 *(yinmen)***
Seis cun abaixo de B36, entre os músculos bíceps femoral e semitendíneo.
**Indicação:** Ciatalgia (dor atrás da coxa), lombalgia.
**Método:** Conforme a espécie e a constituição do animal, inserir a agulha de forma perpendicular, 0,5 a 3 cm de profundidade.

# B

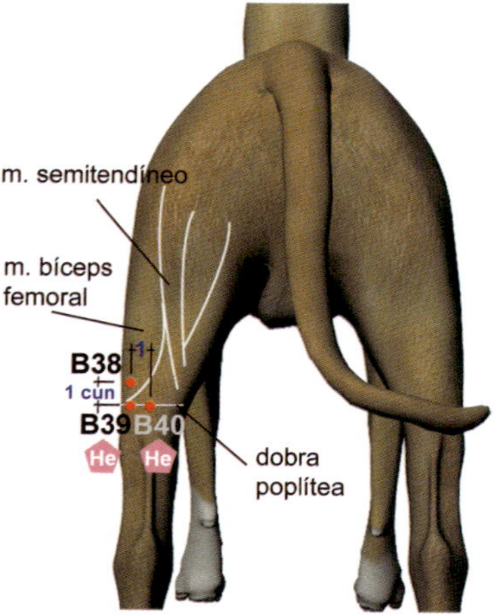


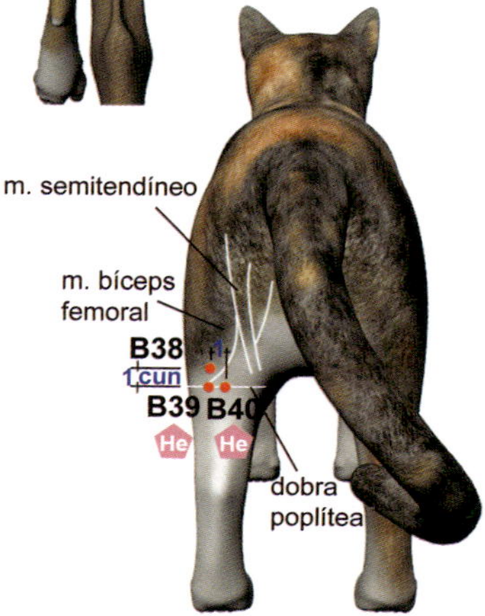



T Tonificação S Sedação He He M Mu H Hui Y Yuan L Luo X Xi

**B38 *(fuxi)***
Um cun acima da dobra poplítea, na face medial do músculo bíceps femoral.
**Indicação:** Dores em coxa e joelho. Distúrbio intestinal.
**Método:** Conforme a espécie e a constituição do animal, inserir a agulha de forma perpendicular, 0,5 a 3 cm de profundidade.

**B39 *(weiyang)*** He
Um cun lateral a B40, no centro da dobra poplítea, na face medial do tendão do músculo bíceps femoral.
**Indicação:** Regula o Aquecedor Inferior. Retenção urinária, incontinência urinária, edema.
**Método:** Conforme a espécie e a constituição do animal, inserir a agulha de forma perpendicular, 0,5 a 3 cm de profundidade.

**B40 *(weizhong)*** He
No centro da dobra poplítea, entre o epicôndilo medial e o epicôndilo lateral do joelho.
**Indicação:** Elimina o calor de verão (febre, erupção cutânea, insolação, vômito, diarreia). Esfria o sangue (doenças da pele, alergia, furúnculo). Lombalgia, ciatalgia, dor no joelho.
**Método:** Conforme a espécie e a constituição do animal, inserir a agulha de forma perpendicular, 0,5 a 3 cm de profundidade.

# B

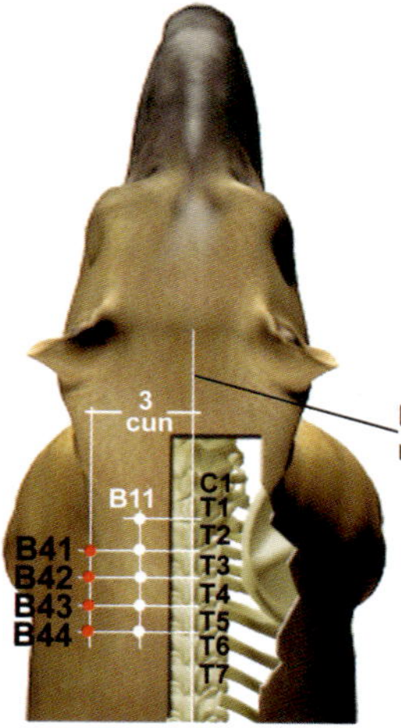

3
cun
linha
mediana
B11
C1
T1
T2
T3
T4
T5
T6
T7
B41
B42
B43
B44


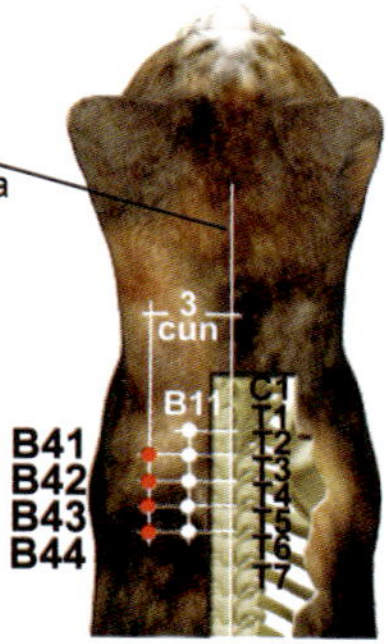

linha
mediana
3
cun
B11
C1
T1
T2
T3
T4
T5
T6
T7
B41
B42
B43
B44

**B41** ***(fufen)***
Três cun laterais à linha mediana, na altura da face caudal do processo espinhoso de T2.
**Indicação:** Dor e rigidez em ombro e nuca, dorsalgia.
**Método:** Conforme a espécie e a constituição do animal, inserir a agulha de forma inclinada, 1 a 2 cm de profundidade.

**B42** ***(pohu)***
Três cun laterais à linha mediana, na altura da face caudal do processo espinhoso de T3.
**Indicação:** Dor e rigidez na área da escápula. Tristeza. Tosse, falta de ar.
**Método:** Conforme a espécie e a constituição do animal, inserir a agulha de forma inclinada, 1 a 2 cm de profundidade.

**B43** ***(gaohuang)***
Três cun laterais à linha mediana, na altura da face caudal do processo espinhoso de T4.
**Indicação:** Tonifica o Qi do corpo. Nutre a essência. Muitas doenças crônicas com debilidade. Tosse seca, dificuldade para respirar. Insônia, tontura, fraqueza.
**Método:** Conforme a espécie e a constituição do animal, inserir a agulha de forma inclinada, 0,5 a 2 cm de profundidade.

**B44** ***(shentang)***
Três cun laterais à linha mediana, na altura da face caudal do processo espinhoso de T5.
**Indicação:** Insônia. Estimula a inteligência. Sensação de pressão no tórax.
**Método:** Conforme a espécie e a constituição do animal, inserir a agulha de forma inclinada, 1,5 a 2 cm de profundidade.

# B

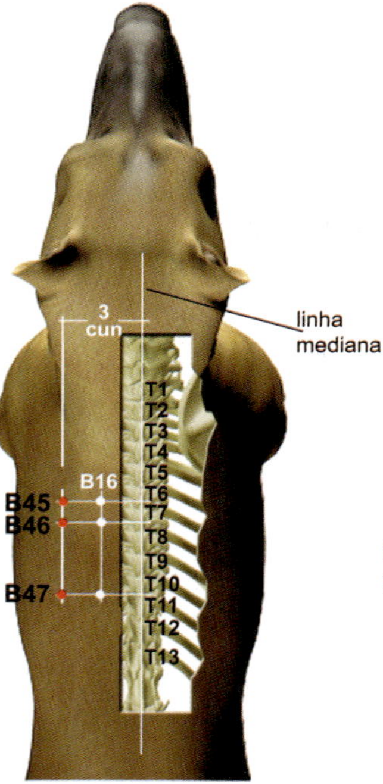

linha
mediana
3
cun
T1
T2
T3
T4
T5
T6
T7
T8
T9
T10
T11
T12
T13
B16
B45
B46
B47


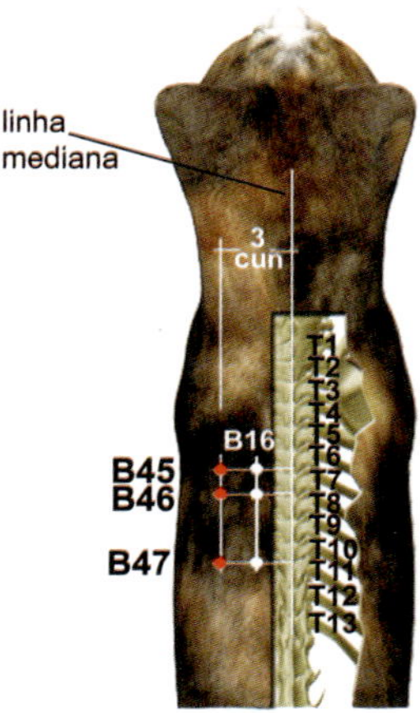

linha
mediana
3
cun
T1
T2
T3
T4
T5
T6
T7
T8
T9
T10
T11
T12
T13
B16
B45
B46
B47

**B45** ***(yixi)***

Três cun laterais à linha mediana, na altura da face caudal do processo espinhoso de T6.

**Indicação:** Dor no corpo, tosse, dor nas costas.

**Método:** Conforme a espécie e a constituição do animal, inserir a agulha de forma inclinada, 0,5 a 2 cm de profundidade.

**B46** ***(geguan)***

Três cun laterais à linha mediana, na altura da face caudal do processo espinhoso de T7.

**Indicação:** Regula o Aquecedor Médio. Soluço, pleurite, dor nas costas.

**Método:** Conforme a espécie e a constituição do animal, inserir a agulha de forma inclinada, 0,5 a 2 cm de profundidade.

**B47** ***(hunmen)***

Três cun laterais à linha mediana, na altura da face caudal do processo espinhoso de T10.

**Indicação:** Regula o Qi do Fígado. Fortalece os tendões. Hepatite. Diarreia.

**Método:** Conforme a espécie e a constituição do animal, inserir a agulha de forma inclinada, 0,5 a 2 cm de profundidade.

# B

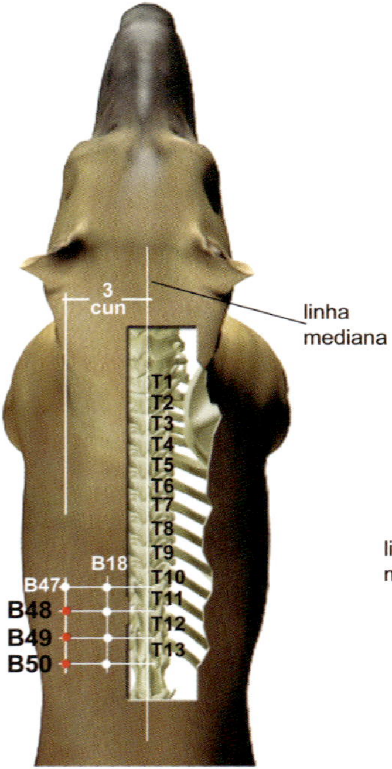


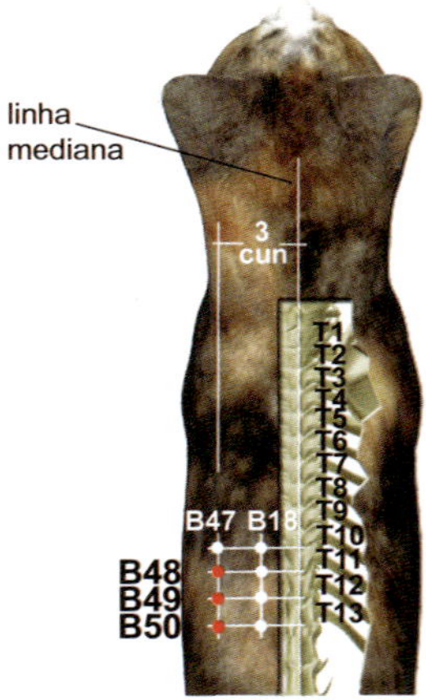




T Tonificação S Sedação He He M Mu H Hui Y Yuan L Luo X Xi

# B

### B48 *(yanggang)*

Três cun laterais à linha mediana, na altura da face caudal do processo espinhoso de T11.

**Indicação:** Regula a Vesícula Biliar. Colecistite. Problemas gastrintestinais. Toracolombalgia.

**Método:** Conforme a espécie e a constituição do animal, inserir a agulha de forma inclinada, 0,5 a 2 cm de profundidade.

### B49 *(yishe)*

Três cun laterais à linha mediana, na altura da face caudal do processo espinhoso de T12.

**Indicação:** Elimina a umidade e o calor. Hepatite. Flatulência, vômito.

**Método:** Conforme a espécie e a constituição do animal, inserir a agulha de forma inclinada, 0,5 a 2 cm de profundidade.

### B50 *(weicang)*

Três cun laterais à linha mediana, na altura da face caudal do processo espinhoso de T13.

**Indicação:** Regula o Aquecedor Médio. Má digestão, vômito, distensão abdominal.

**Método:** Conforme a espécie e a constituição do animal, inserir a agulha de forma inclinada, 0,5 a 2 cm de profundidade.

B

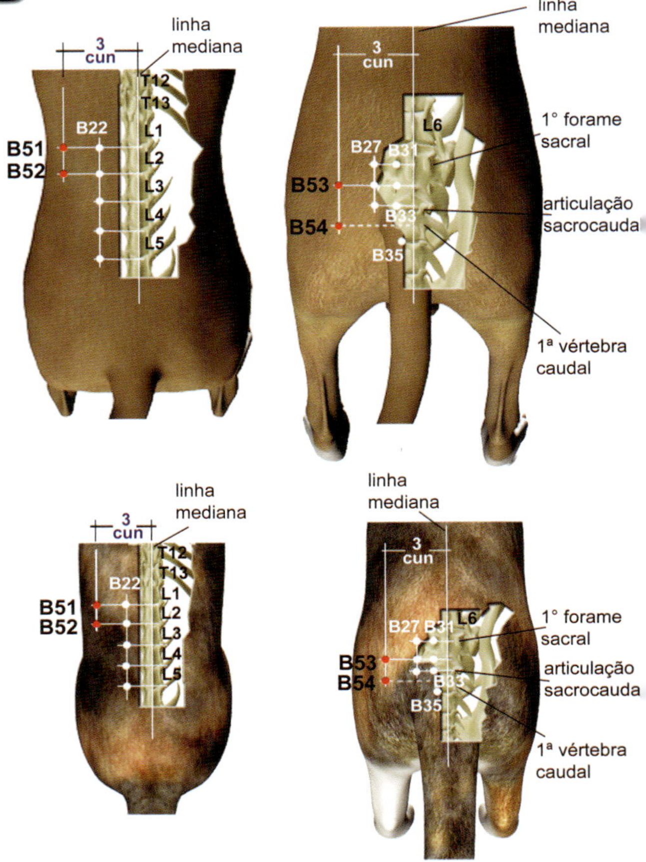
3
cun
linha
mediana
T12
T13
B22
L1
B51
B52
L2
L3
L4
L5
3
cun
linha
mediana
L6
B27
B31
1° forame
sacral
B53
articulação
sacrocauda
B33
B54
B35
1ª vértebra
caudal
3
cun
linha
mediana
T12
T13
B22
L1
B51
B52
L2
L3
L4
L5
linha
mediana
3
cun
L6
B27
B31
1° forame
sacral
B53
articulação
sacrocauda
B54
B33
B35
1ª vértebra
caudal

**B51 *(huangmen)***
Três cun laterais à linha mediana, na altura da face caudal do processo espinhoso de L1.
**Indicação:** Beneficia as mamas. Dor nas mamas, nódulo na mama. Lombalgia.
**Método:** Conforme a espécie e a constituição do animal, inserir a agulha de forma inclinada, 0,5 a 2 cm de profundidade.

**B52 *(zhishi)***
Três cun laterais à linha mediana, na altura da face caudal do processo espinhoso de L2.
**Indicação:** Tonifica o rim e a essência. Lombalgia, ciatalgia. Tontura, infertilidade. Problemas para urinar. Depressão, tristeza.
**Método:** Conforme a espécie e a constituição do animal, inserir a agulha de forma inclinada, 0,5 a 2 cm de profundidade.

**B53 *(baohuang)***
Três cun laterais à linha mediana, na altura do 2° forame sacral.
**Indicação:** Lombalgia, dor sacral, retenção urinária, edema, hipertrofia da próstata.
**Método:** Conforme a espécie e a constituição do animal, inserir a agulha de forma perpendicular, 0,5 a 3 cm de profundidade.

**B54 *(zhibian)***
Três cun laterais à linha mediana, na altura entre B33 e B35.
**Indicação:** Lombalgia, hipertrofia da próstata, hemorroidas.
**Método:** Conforme a espécie e a constituição do animal, inserir a agulha de forma perpendicular, 0,5 a 2,5 cm de profundidade.

# B

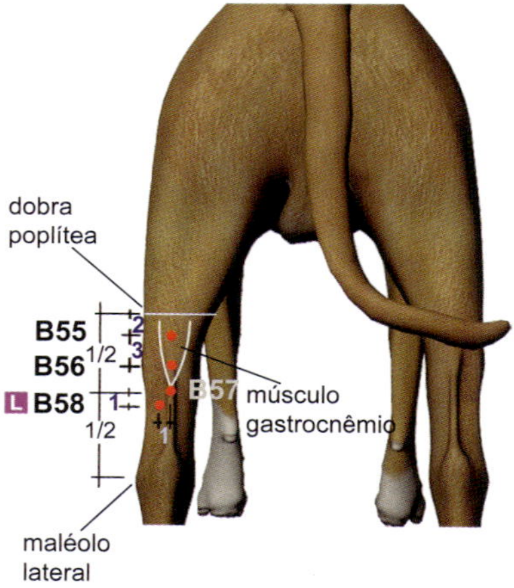
dobra
poplítea
B55
B56
1/2
2
3
L B58
1
1/2
1
B57
músculo
gastrocnêmio
maléolo
lateral

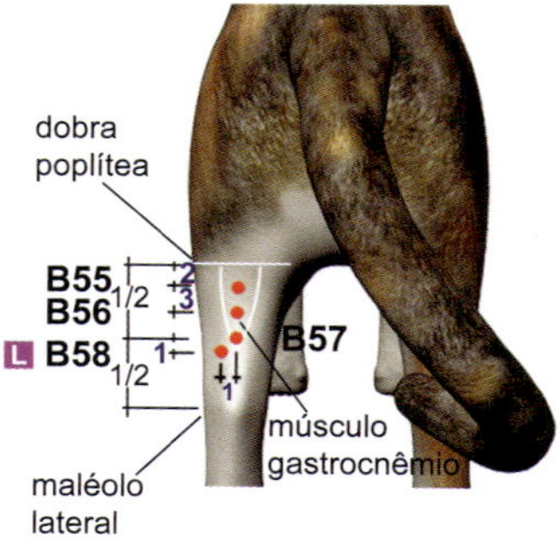
dobra
poplítea
B55
B56
1/2
2
3
L B58
1
1/2
1
B57
músculo
gastrocnêmio
maléolo
lateral

# B

## B55 *(heyang)*

Dois cun abaixo da dobra poplítea, entre os dois ventres musculares do gastrocnêmio.

**Indicação:** Lombalgia, dor na perna.

**Método:** Conforme a espécie e a constituição do animal, inserir a agulha de forma perpendicular até, no máximo, 1,5 cm de profundidade.

## B56 *(chengjin)*

Cinco cun abaixo da dobra poplítea, entre os dois ventres musculares do gastrocnêmio.

**Indicação:** Relaxa os músculos. Ciatalgia, cãibra na perna, hemorroidas.

**Método:** Conforme a espécie e a constituição do animal, inserir a agulha de forma perpendicular até, no máximo, 1 cm de profundidade.

## B57 *(chengshan)*

Oito cun abaixo da dobra poplítea (localizado verticalmente em relação ao ponto B56), na metade da distância entre a dobra poplítea e a proeminência do maléolo lateral.

**Indicação:** Relaxa os músculos. Ciatalgia, cãibra na perna, hemorroida.

**Método:** Conforme a espécie e a constituição do animal, inserir a agulha de forma perpendicular até, no máximo, 1 cm de profundidade.

## B58 *(feiyang)* L

Um cun abaixo e 1 cun lateral a B57.

**Indicação:** Lombalgia, ciatalgia. Tontura, cervicalgia, hemorroidas.

**Método:** Conforme a espécie e a constituição do animal, inserir a agulha de forma perpendicular até, no máximo, 0,5 cm de profundidade.

# B

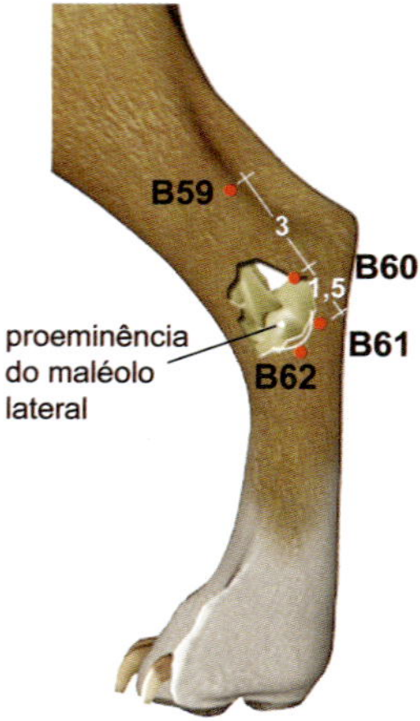
B59
3
B60
1,5
B61
proeminência do maléolo lateral
B62

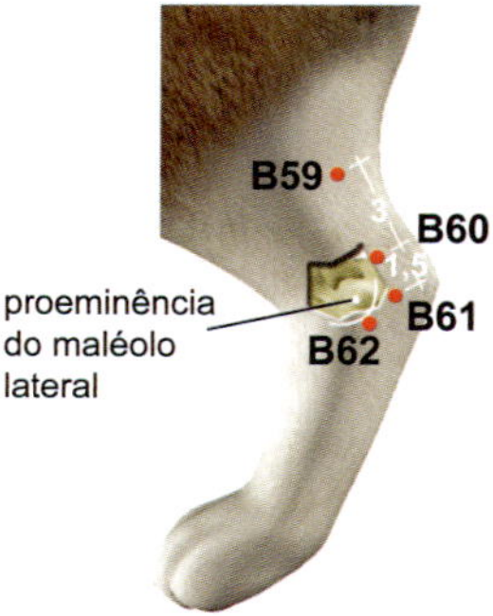
B59
3
B60
1,5
B61
proeminência do maléolo lateral
B62

# B

**B59** ***(fuyang)***

Três cun acima da linha da proeminência do maléolo lateral, numa depressão entre o músculo flexor digital longo e o tendão do calcâneo.

**Indicação:** Lombalgia, ciatalgia, fraqueza na perna. Insônia.

**Método:** Conforme a espécie e a constituição do animal, inserir a agulha de forma perpendicular até, no máximo, 0,5 cm de profundidade.

**B60** ***(kunlun)***

Na linha da proeminência do maléolo lateral, numa depressão entre o maléolo lateral e o tendão do calcâneo.

**Indicação:** Elimina o vento interno, domina o Qi da cabeça. Revigora o sangue. Tontura, dor nos olhos. Ciatalgia, lombalgia, dorsalgia, cervicalgia, torcicolo. Parto difícil.

**Método:** Mesmo método do B59.

**B61** ***(pucan)***

Um cun e meio abaixo de B60.

**Indicação:** Dorsalgia, cãibra.

**Método:** Conforme a espécie e a constituição do animal, inserir a agulha de forma inclinada até, no máximo, 0,5 cm de profundidade.

**B62** ***(shenmai)***

Na depressão imediatamente abaixo do maléolo lateral.

**Indicação:** Elimina o vento interno e o externo. Domina o Qi da cabeça. Dor nos olhos, tontura. Insônia, sonolência. Resfriado com febre. Cervicalgia, dorsalgia, lombalgia.

**Método:** Mesmo método do B61.

# B

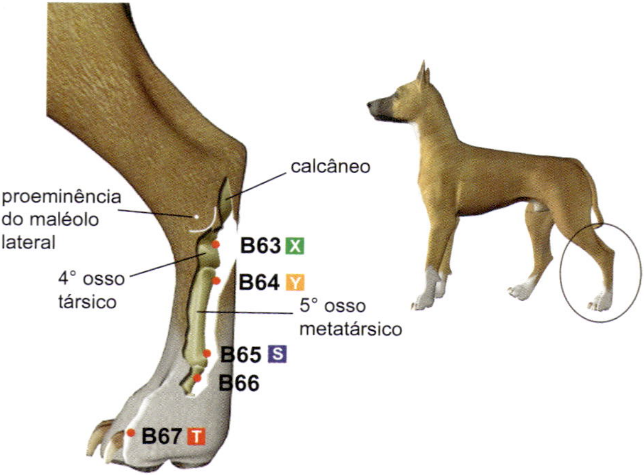


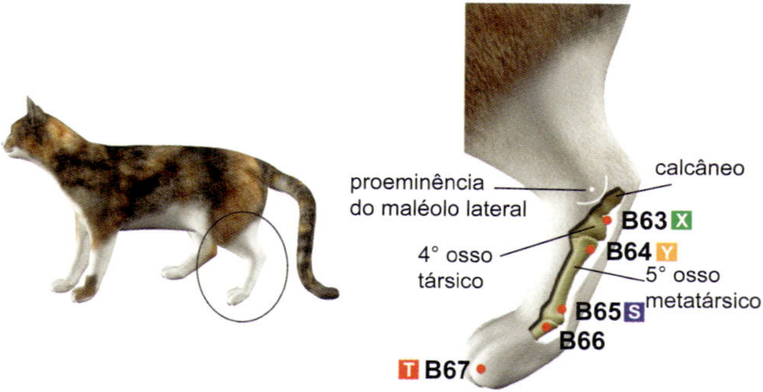



T Tonificação S Sedação He He M Mu H Hui Y Yuan L Luo X Xi

**B63 *(jinmen)*** X
Na face lateral do pé, entre o 4° osso társico e o osso calcâneo.
Indicação: Elimina dor ao longo do Canal da Bexiga. Lombalgia, dores em joelho e perna.
Método: Conforme a espécie e a constituição do animal, inserir a agulha de forma inclinada até, no máximo, 0,5 cm de profundidade.

**B64 *(jinggu)*** Y
Na face lateral do pé, na base do 5° osso metatársico.
Indicação: Elimina o vento interno. Domina o Qi da cabeça. Tontura, dor no olho, rinite.
Método: Mesmo método do B63.

**B65 *(shugu)*** S
Na face lateral do pé, próximo à cabeça do 5° osso metatársico.
Indicação: Elimina o vento externo. Esfria o calor. Dor e rigidez cervicais, tontura. Febre, diarreia.
Método: Mesmo método do B63.

**B66 *(zutonggu)***
Na face lateral do pé, entre a base e o corpo da falange proximal do 5° dedo.
Indicação: Tontura, sangramento nasal, conjuntivite. Dor ao urinar.
Método: Mesmo método do B63

**B67 *(zhiyin)*** T
Na face lateral do ângulo ungueal do 5° dedo do pé.
Indicação: Elimina o vento interno e externo. Dor na região occipital, dor no pescoço. Conjuntivite, rinite, dor de garganta, dor no ouvido. Promove o trabalho de parto
Método: Conforme a espécie e a constituição do animal, inserir a agulha de forma inclinada até, no máximo, 0,3 cm de profundidade.

# Rim

## Yin

## Água

## 17-19 h

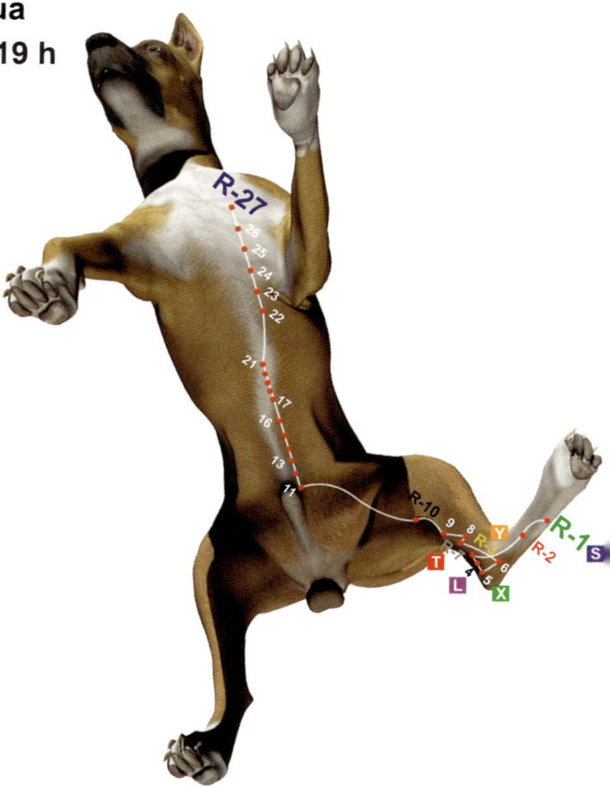




T Tonificação S Sedação He He M Mu H Hui Y Yuan L Luo X Xi

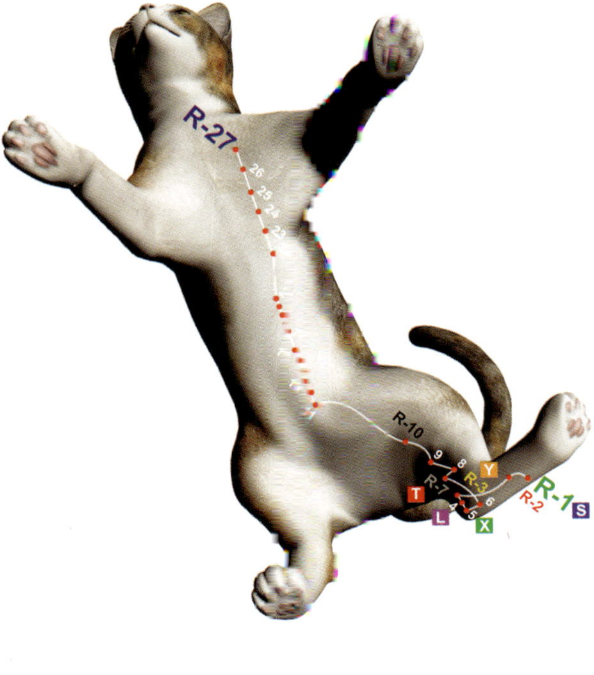


T Tonificação S Sedação He He M Mu H Hui Y Yuan L Luo X Xi

# R

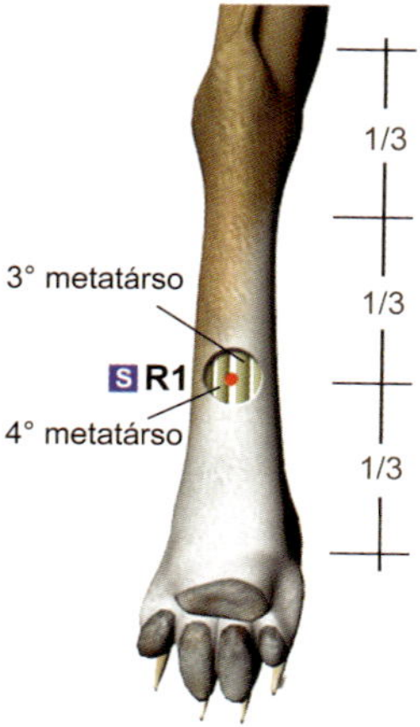

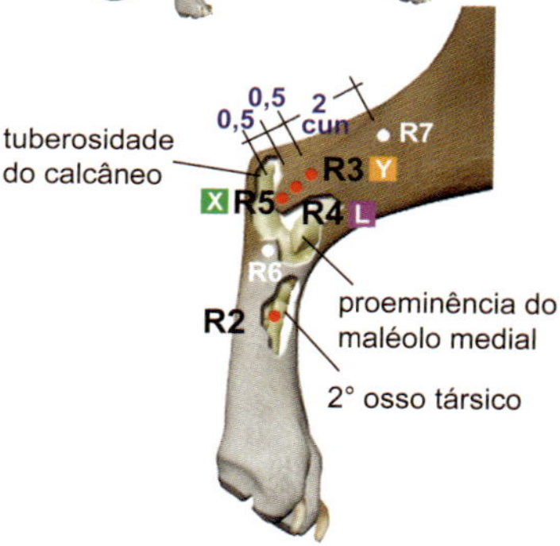


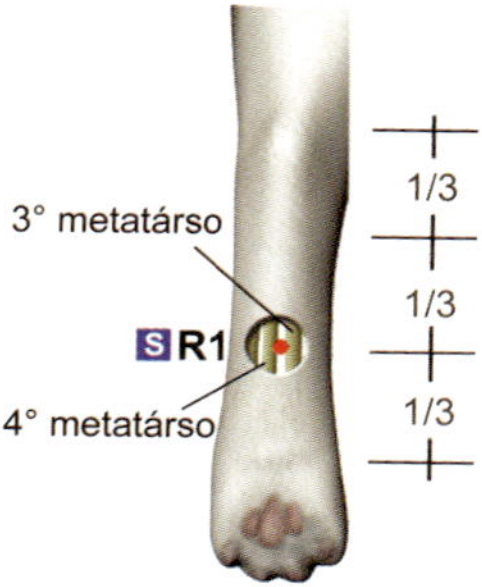


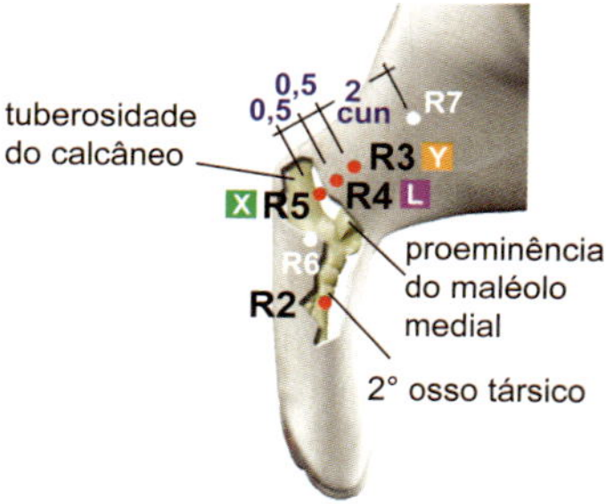


 T **Tonificação** S **Sedação** He **He** M **Mu** H **Hui** Y **Yuan** L **Luo** X **Xi**

# R

**R1 *(yongquan)*** S
Na face plantar, no terço distal, entre o 3° e o 4° metatarso.
**Indicação:** Elimina o vento interno. Reduz o Qi do corpo quando em excesso. Domina a ascendência do Qi do Fígado para a cabeça. Ressuscitação. Acalma a mente.
**Método:** Conforme a espécie e a constituição do animal, inserir a agulha de forma inclinada até, no máximo, 0,5 cm de profundidade.

**R2 *(rangu)***
Na face caudomedial do 2° osso társico.
**Indicação:** Filtra o calor por deficiência do Rim. Sudorese noturna. Prolapso uterino, infertilidade.
**Método:** Mesmo método do R1

**R3 *(taixi)*** Y
Numa depressão entre o maléolo medial e o tendão do calcâneo.
**Indicação:** Tonifica o rim (moxabustão: tonifica o Yang do Rim). Lombalgia, fraqueza, dor no joelho, infertilidade, audição fraca, tontura, insônia.
**Método:** Mesmo método do R1

**R4 *(dazhong)*** L
Meio cun abaixo de R3, cranialmente ao tendão do calcâneo.
**Indicação:** Fortalece o rim. Palpitação, agitação. Dificuldade para urinar, falta de ar, tosse, asma.
**Método:** Mesmo método do R1.

**R5 *(shuiquan)*** X
Um cun abaixo de R3, na depressão entre a tuberosidade do calcâneo e o tendão do calcâneo.
**Indicação:** Regula micção. Dificuldade para urinar. Dor e inflamação no calcanhar.
**Método:** Mesmo método do R1.

# R

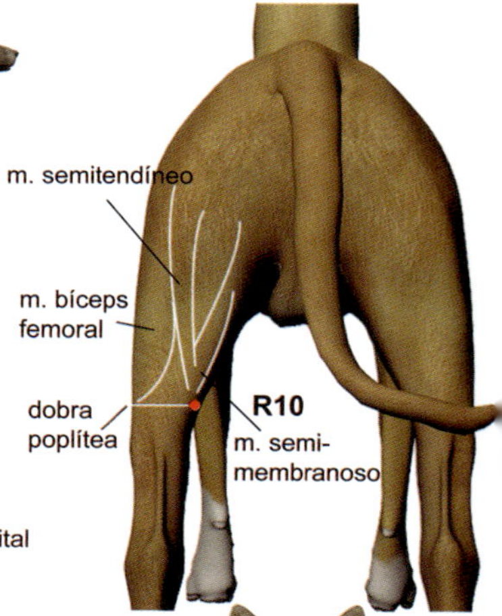


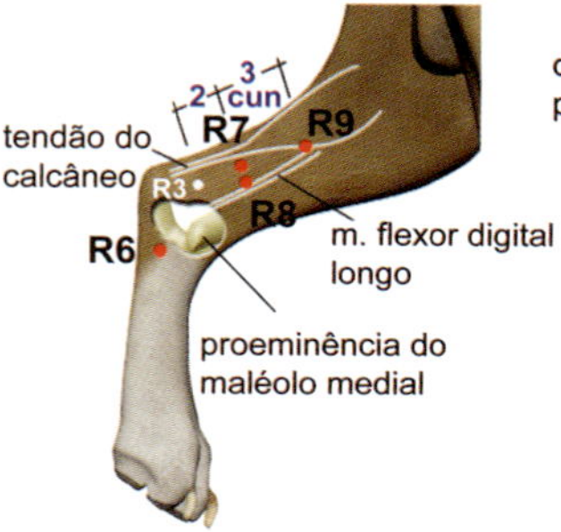


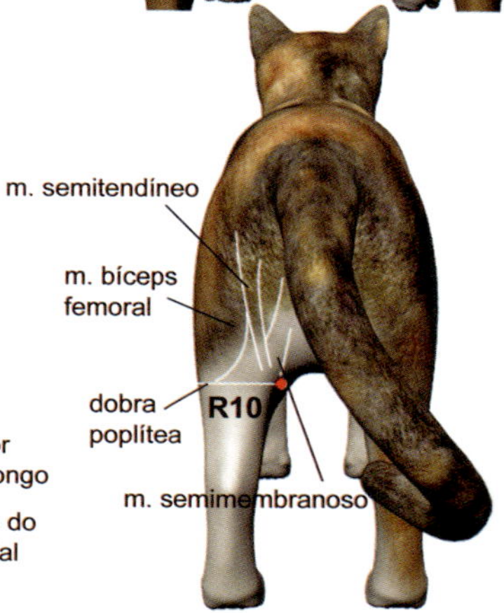


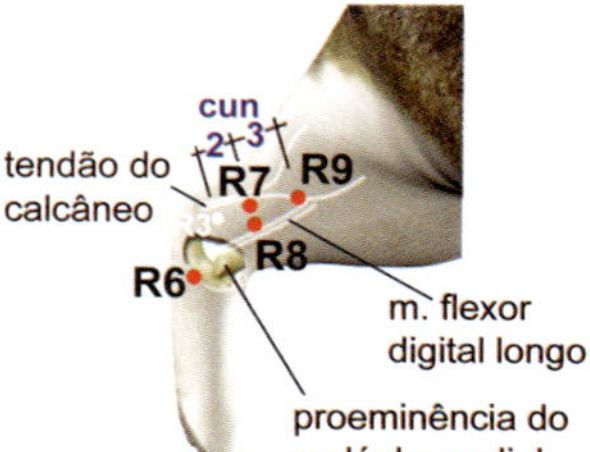


 T Tonificação S Sedação He He M Mu H Hui Y Yuan L Luo X Xi

R

## R6 *(zhaohai)*

Um cun abaixo da proeminência do maléolo medial.

**Indicação:** Nutre o Yin do Rim. Acalma. Medo, insônia. Prolapso uterino. Cãibra. Olhos secos.

**Método:** Conforme a espécie e a constituição do animal, inserir a agulha de forma inclinada até, no máximo, 0,5 cm de profundidade.

## R7 *(fuliu)*

Dois cun acima da proeminência do maléolo medial, na face medial do tendão do calcâneo.

**Indicação:** Tonifica o rim, elimina a umidade. Doenças urológicas, doenças intestinais (junto com IG4: elimina vento-frio externo). Edema, diarreia, lombalgia.

**Método:** Conforme a espécie e a constituição do animal, inserir a agulha de forma inclinada até, no máximo, 1 cm de profundidade.

## R8 *(jiaoxin)*

Meio cun cranial a R7.

**Indicação:** Elimina a umidade. Dor abdominal.

**Método:** Mesmo método do R7.

## R9 *(zhubin)*

Cinco cun acima da proeminência do maléolo medial, entre o tendão do gastrocnêmio e o músculo flexor digital longo.

**Indicação:** Tonifica o Yin do Rim. Acalma, palpitação, insônia.

**Método:** Mesmo método do R7.

## R10 *(yingu)*

Na face medial da dobra poplítea, entre os tendões dos músculos semitendinoso e semimembranoso.

**Indicação:** Tonifica o Yin do Rim. Elimina a umidade do Aquecedor Inferior (problemas urinários).

**Método:** Conforme a espécie e a constituição do animal, inserir a agulha de forma perpendicular até, no máximo, 2 cm de profundidade.

# R

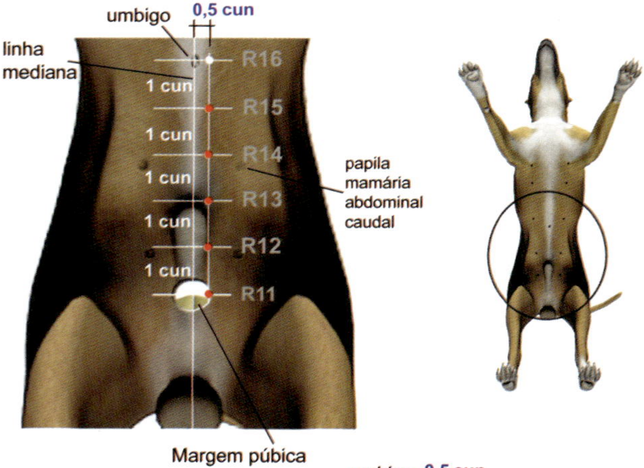


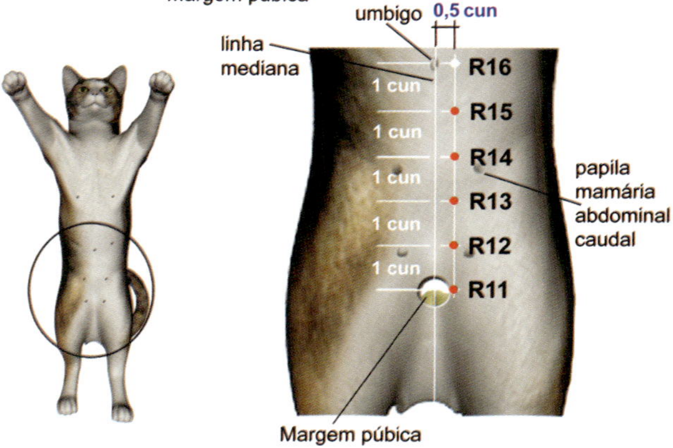




T Tonificação S Sedação He He M Mu H Hui Y Yuan L Luo X Xi

## R11 *(henggu)*

Na altura da borda cranial da margem púbica, 0,5 cun lateralmente à linha mediana.

**Indicação:** Elimina a umidade (problemas urinários). Movimenta o Qi e o sangue no Aquecedor Inferior (dor genital, dor abdominal).

**Método:** Conforme a espécie e a constituição do animal, inserir a agulha de forma inclinada até, no máximo, 1 cm de profundidade.

## R12 *(dahe)*

Um cun acima da borda cranial da margem púbica, 0,5 cun lateralmente à linha mediana.

**Indicação:** Tonifica o Rim e a essência. Fortalece o útero. Infertilidade, prolapso uterino, corrimento vaginal. Problema do ouvido, surdez.

**Método:** Conforme a espécie e a constituição do animal, inserir a agulha de forma inclinada até, no máximo, 1 cm de profundidade.

## R13 *(qixue)*

Dois cun acima da borda cranial da margem púbica, 0,5 cun lateralmente à linha mediana.

**Indicação:** Tonifica o Rim e a essência. Fortalece o útero, infertilidade, corrimento vaginal. Problemas urinários. Problemas no ouvido, surdez.

**Método:** Conforme a espécie e a constituição do animal, inserir a agulha de forma inclinada até, no máximo, 1 cm de profundidade.

# R

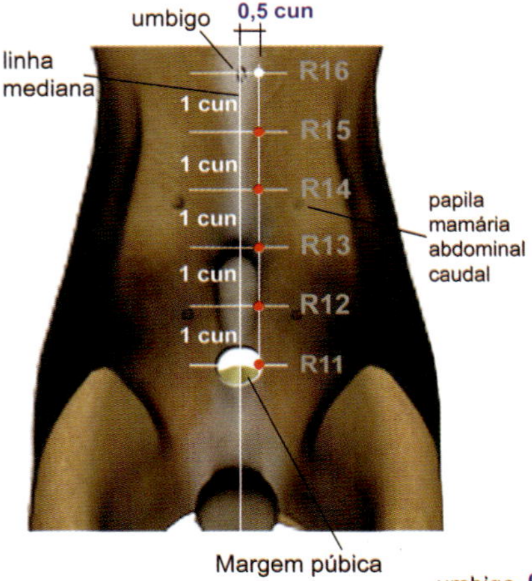
umbigo
0,5 cun
linha mediana
R16
1 cun
R15
1 cun
R14
1 cun
R13
1 cun
R12
1 cun
R11
papila mamária abdominal caudal
Margem púbica

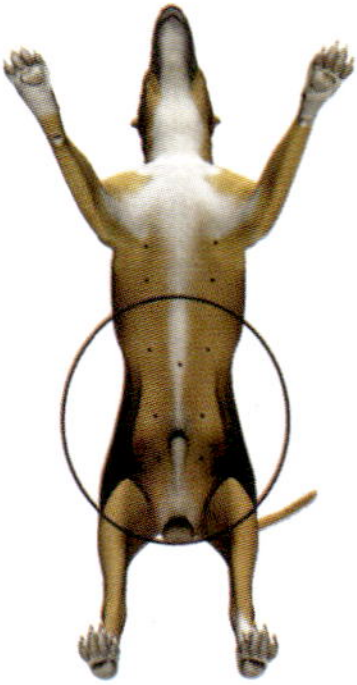

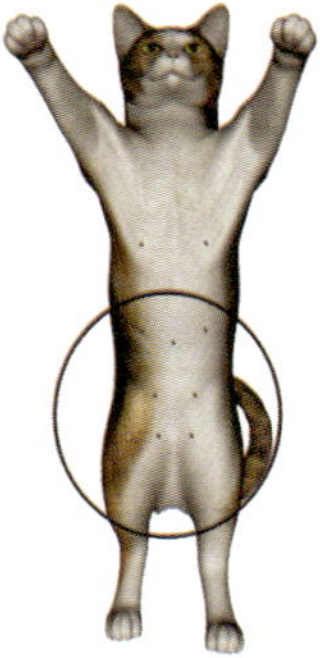

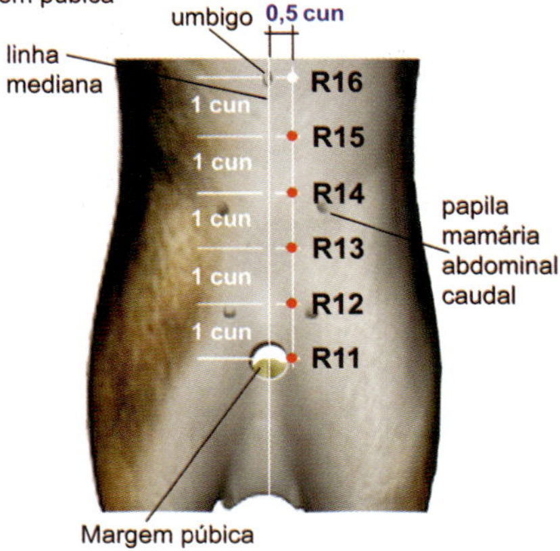
umbigo
0,5 cun
linha mediana
R16
1 cun
R15
1 cun
R14
1 cun
R13
1 cun
R12
1 cun
R11
papila mamária abdominal caudal
Margem púbica

## R14 *(siman)*

Três cun acima da borda cranial da margem púbica, 0,5 cun lateralmente à linha mediana.

**Indicação:** Movimenta o Qi e fortalece o sangue no Aquecedor Inferior. Infertilidade, corrimento vaginal. Problemas urinários, edema.

**Método:** Conforme a espécie e a constituição do animal, inserir a agulha de forma inclinada até, no máximo, 1 cm de profundidade.

## R15 *(zhongzhu)*

Um cun abaixo do umbigo, 0,5 cun lateralmente à linha mediana.

**Indicação:** Regula o Aquecedor Inferior. Dor de barriga, constipação, fezes secas, diarreia.

**Método:** Conforme a espécie e a constituição do animal, inserir a agulha de forma inclinada até, no máximo, 1 cm de profundidade.

## R16 *(huangshu)*

Meio cun lateral ao umbigo.

**Indicação:** Tonifica o rim. Movimenta o Qi e o sangue no abdome. Dor abdominal, constipação, diarreia, vômito. Problema do ouvido, surdez. Fraqueza.

**Método:** Conforme a espécie e a constituição do animal, inserir a agulha de forma inclinada até, no máximo, 1 cm de profundidade.

# R

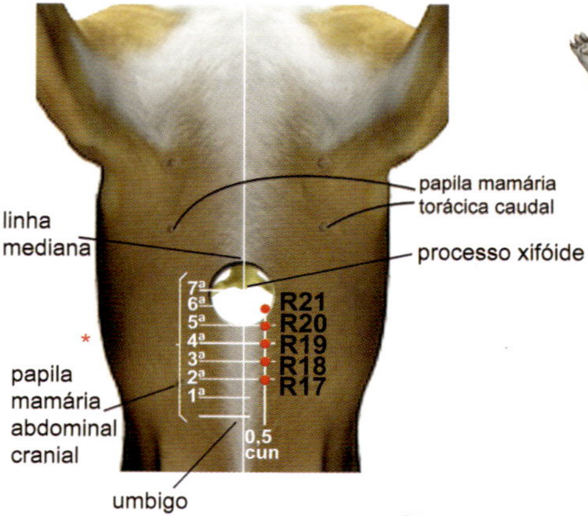


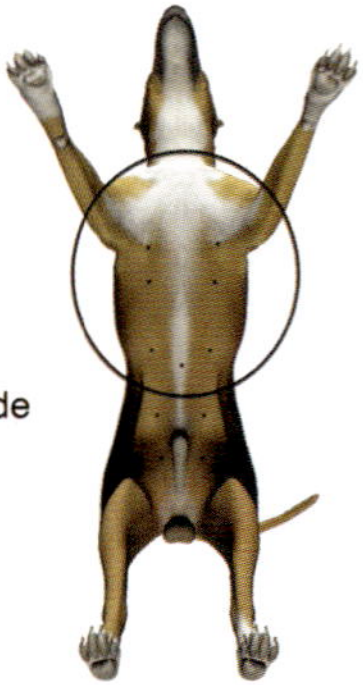

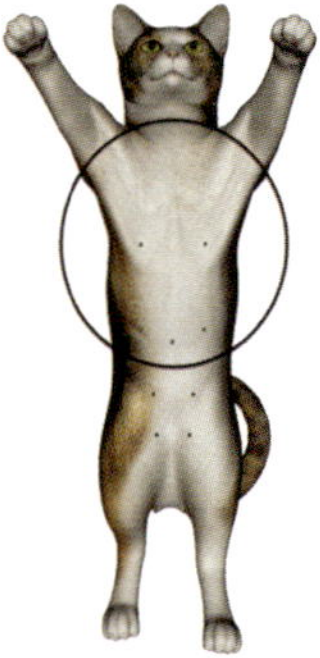

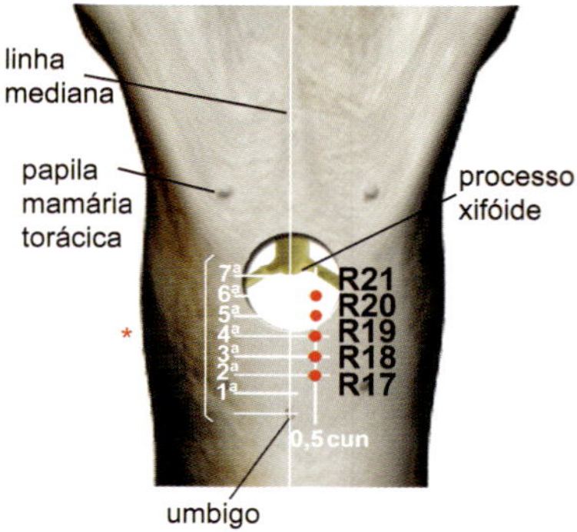


* 7 divisões entre o umbigo e processo xifoide.

**R17** ***(shangqu)***
Na 2ª divisão cranial ao umbigo e 0,5 cun lateralmente à linha mediana.
**Indicação:** Regula intestino grosso, estômago e baço. Constipação, diarreia, vômito, dor abdominal
**Método:** Conforme a espécie e a constituição do animal, inserir a agulha de forma inclinada até, no máximo, 1 cm de profundidade.

**R18** ***(shiguan)***
Na 3ª divisão cranial ao umbigo e 0,5 cun lateralmente à linha mediana.
**Indicação:** Regula intestino grosso, estômago e baço. Constipação, diarreia, vômito, dor abdominal.
**Método:** Mesmo método do R17.

**R19** ***(yindu)***
Na 4ª divisão cranial ao umbigo e 0,5 cun lateralmente à linha mediana.
**Indicação:** Regula intestino grosso, estômago e baço. Constipação, diarreia, vômito, dor abdominal.
**Método:** Mesmo método do R17.

**R20** ***(futonggu)***
Na 5ª divisão cranial ao umbigo e 0,5 cun lateralmente à linha mediana
**Indicação:** Regula intestino grosso, estômago e baço. Constipação, diarreia, vômito, dor abdominal.
**Método:** Mesmo método do R17.

**R21** ***(youmen)***
Na 6ª divisão cranial ao umbigo (ou 2 cun abaixo do processo xifoide) e 0,5 cun lateralmente à linha mediana.
**Indicação:** Harmoniza o Estômago. Vômito, diarreia. Beneficia as mamas.
**Método:** Mesmo método do R17.

# R

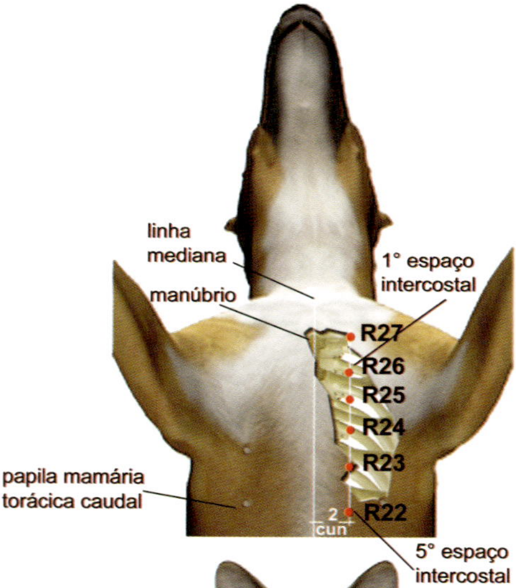

linha mediana
manúbrio
1° espaço intercostal
R27
R26
R25
R24
R23
R22
2 cun
papila mamária torácica caudal
5° espaço intercostal


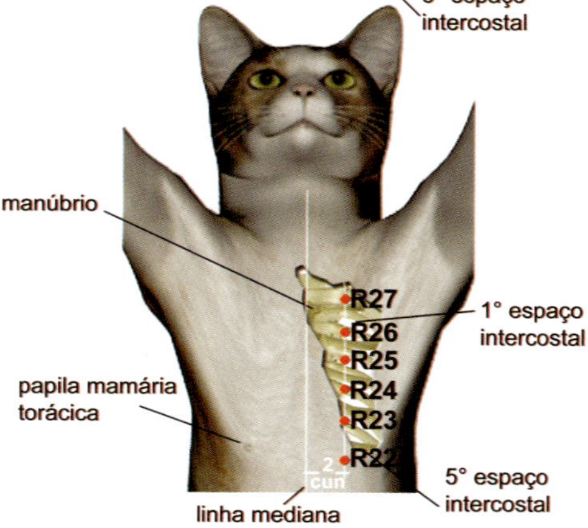

manúbrio
R27
R26
R25
R24
R23
R22
1° espaço intercostal
papila mamária torácica
2 cun
5° espaço intercostal
linha mediana

**R22** ***(bulang)***

No 5° espaço intercostal, 2 cun lateralmente à linha mediana.

**Indicação:** Regula o Qi do Pulmão. Tosse, falta de ar, vômito, dor nas mamas.

**Método:** Conforme a espécie e a constituição do animal, inserir a agulha de forma inclinada até, no máximo, 1 cm de profundidade.

**R23** ***(shenfeng)***

No 4° espaço intercostal, 2 cun lateralmente à linha mediana.

**Indicação:** Harmoniza Rim e Pulmão (promove a descendência do Qi do Pulmão). Dificuldade para respirar, tosse. Domina a rebelião do Qi do Estômago (vômito).

**Método:** Conforme a espécie e a constituição do animal, inserir a agulha de forma inclinada até, no máximo, 1 cm de profundidade.

**R24** ***(lingxu)***

No 3° espaço intercostal, 2 cun lateralmente à linha mediana.

**Indicação:** Harmoniza Rim e Pulmão (promove a descendência do Qi do Pulmão). Dificuldade para respirar, tosse. Domina a rebelião do Qi do Estômago (vômito).

**Método:** Conforme a espécie e a constituição do animal, inserir a agulha de forma inclinada até, no máximo, 1 cm de profundidade.

# R

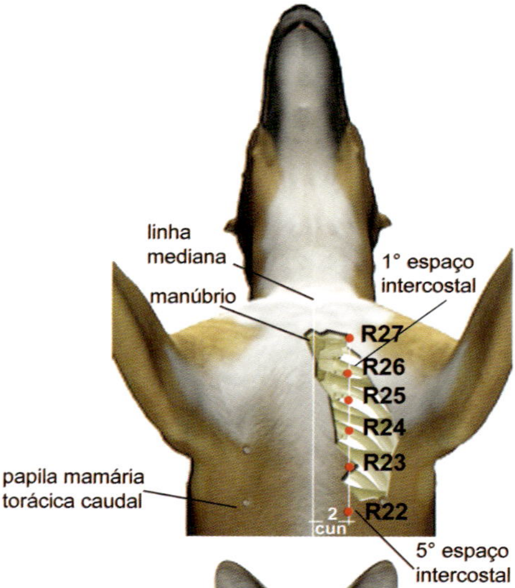
linha
mediana
manúbrio
1° espaço
intercostal
R27
R26
R25
R24
R23
R22
papila mamária
torácica caudal
2
cun
5° espaço
intercostal

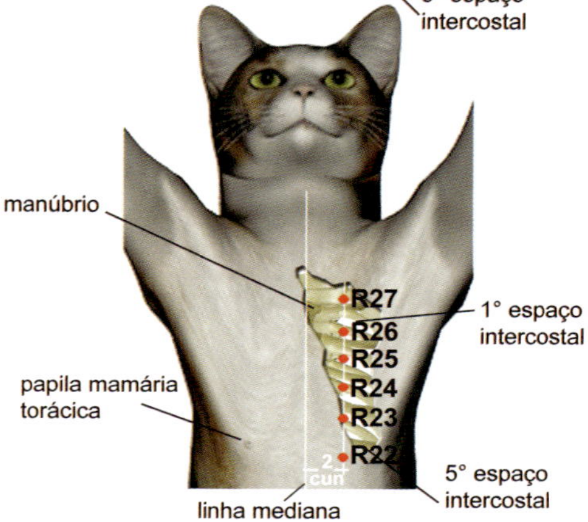
manúbrio
R27
R26
R25
R24
R23
R22
1° espaço
intercostal
papila mamária
torácica
2
cun
5° espaço
intercostal
linha mediana

**R25** ***(shencang)***
No 2° espaço intercostal, 2 cun lateralmente à linha mediana.
**Indicação:** Harmoniza Rim e Pulmão (promove a descendência do Qi do Pulmão). Dificuldade para respirar, tosse. Domina a rebelião do Qi do Estômago (vômito).
**Método:** Conforme a espécie e a constituição do animal, inserir a agulha de forma inclinada até, no máximo, 1 cm de profundidade.

**R26** ***(yuzhong)***
No 1° espaço intercostal, 2 cun lateralmente à linha mediana.
**Indicação:** Harmoniza Rim e Pulmão (promove a descendência do Qi do Pulmão). Dificuldade para respirar, tosse. Domina a rebelião do Qi do Estômago (vômito).
**Método:** Conforme a espécie e a constituição do animal, inserir a agulha de forma inclinada até, no máximo, 1 cm de profundidade.

**R27** ***(shufu)***
Na altura do manúbrio do esterno, na depressão da veia jugular externa, 2 cun lateralmente à linha mediana.
**Indicação:** Harmoniza Rim e Pulmão (promove a descendência do Qi do Pulmão). Dificuldade para respirar, tosse. Domina a rebelião do Qi do Estômago (vômito).
**Método:** Conforme a espécie e a constituição do animal, inserir a agulha de forma inclinada até, no máximo, 1 cm de profundidade.

# Pericárdio

**Yin**

**Fogo**

**19-21 h**

T Tonificação S Sedação He He M Mu H Hui Y Yuan L Luo X Xi

T
PC-9
L
PC-8
X
PC-7
S
Y
PC-5
PC-1

# PC

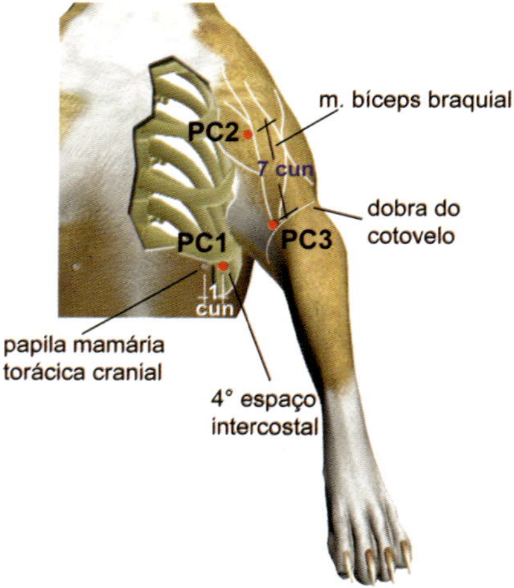


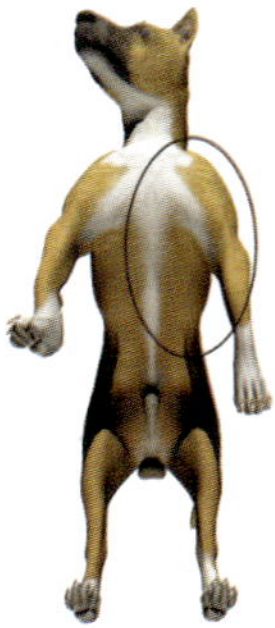

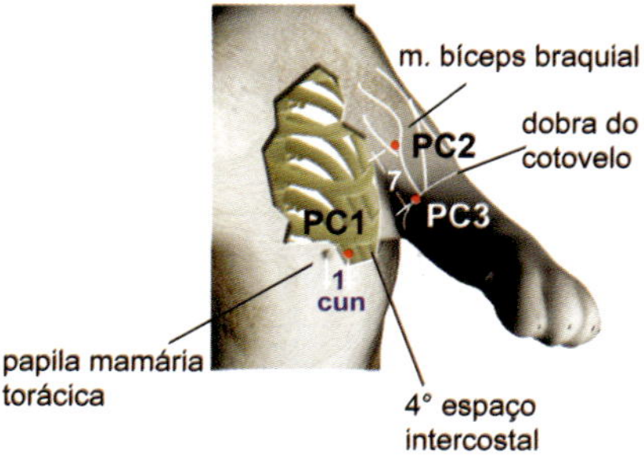




T Tonificação S Sedação He He M Mu H Hui Y Yuan L Luo X Xi

## PC1 *(tianchi)*

No 4° espaço intercostal, 1 cun lateral à papila mamária torácica cranial (cadela) ou papila mamária torácica (gata).
**Indicação:** Tosse, dor torácica, dor nas mamas.
**Método:** Conforme a espécie e a constituição do animal, inserir a agulha de forma inclinada lateralmente até, no máximo, 1 cm de profundidade.

## PC2 *(tianquan)*

Sete cun acima da dobra do cotovelo (localizar a dobra flexionando o cotovelo), entre as duas cabeças do músculo bíceps braquial.
**Indicação:** Dor no peito, palpitação, doença coronária, soluço, dor no braço.
**Método:** Conforme a espécie e a constituição do animal, inserir a agulha de forma inclinada até, no máximo, 1 cm de profundidade.

## PC3 *(quze)*

Na dobra do cotovelo, na face medial do músculo bíceps.
**Indicação:** Elimina o vento interno. Movimenta o Qi e o sangue. Resfria o sangue (doenças da pele). Vômito. Febre. Palpitação, dor no peito, agitação.
**Método:** Conforme a espécie e a constituição do animal, inserir a agulha de forma inclinada até, no máximo, 1 cm de profundidade.

# PC

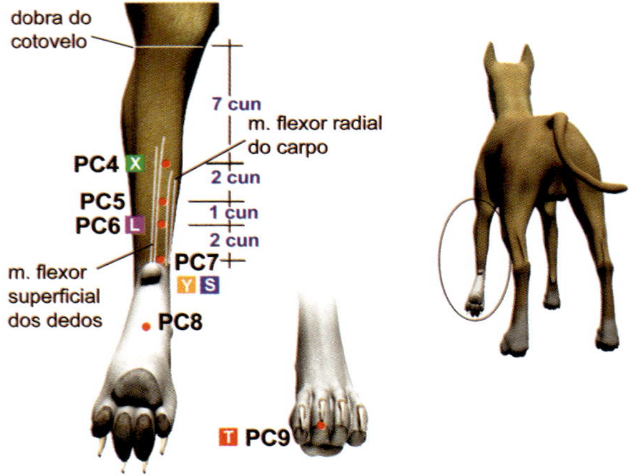


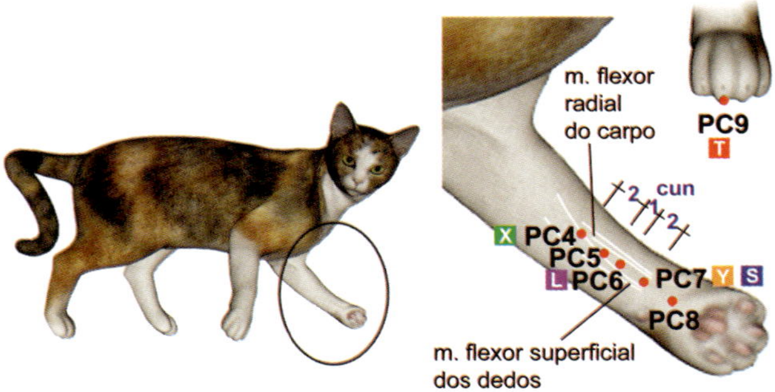


 T Tonificação S Sedação He He M Mu H Hui Y Yuan L Luo X Xi

**PC4 *(ximen)*** X

Cinco cun acima da linha da articulação do carpo, na face caudal, entre os tendões dos músculos flexores superficial dos dedos e radial do carpo.

**Indicação:** Revigora e esfria o sangue. Interrompe a dor aguda do canal. Regula o batimento cardíaco (arritmia e palpitação). Ansiedade, insônia, depressão. Doenças da pele.

**Método:** Conforme a espécie e a constituição do animal, inserir a agulha de forma perpendicular até, no máximo, 0,5 cm de profundidade.

**PC5 *(jianshi)***

Três cun acima da linha da articulação do carpo, na face caudal, entre os tendões dos músculos flexores superficial dos dedos e radial do carpo.

**Indicação:** Domina a rebelião do Qi do Estômago (vômito). Palpitação, agitação.

**Método:** Conforme a espécie e a constituição do animal, inserir a agulha de forma perpendicular até, no máximo, 0,5 cm de profundidade.

**PC6 *(neiguan)*** L

Dois cun acima da linha da articulação do carpo, na face caudal, entre os tendões dos músculos flexores superficial dos dedos e radial do carpo.

**Indicação:** Move o Qi e o sangue no tórax. Acalma a mente. Agitação, palpitação, depressão, tristeza. Vômito. Rigidez no pescoço. Inflamação do carpo.

**Método:** Conforme a espécie e a constituição do animal, inserir a agulha de forma perpendicular até, no máximo, 1 cm de profundidade.

# PC

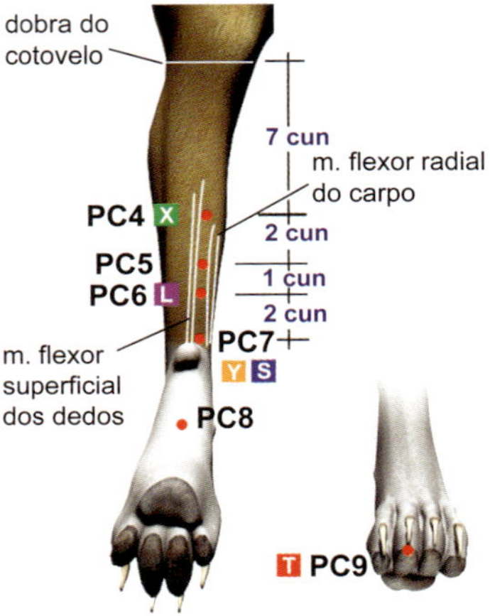


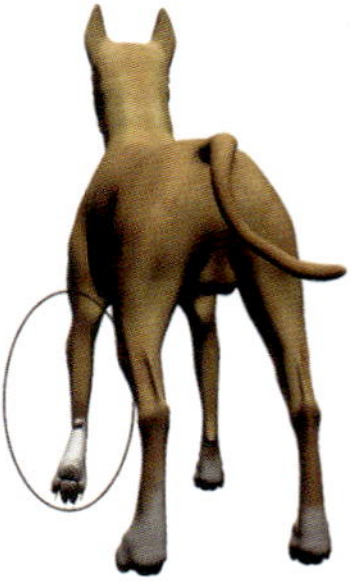

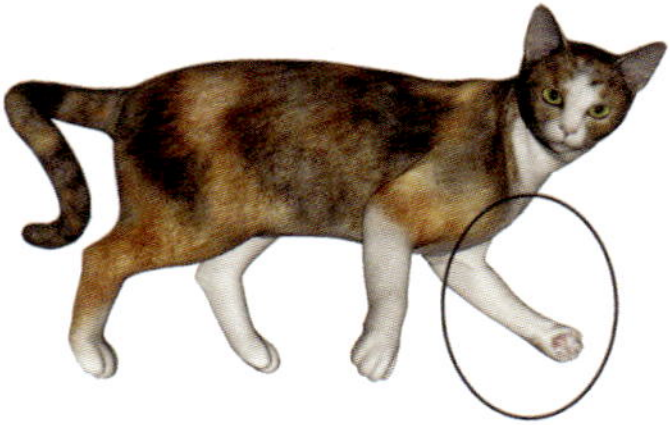

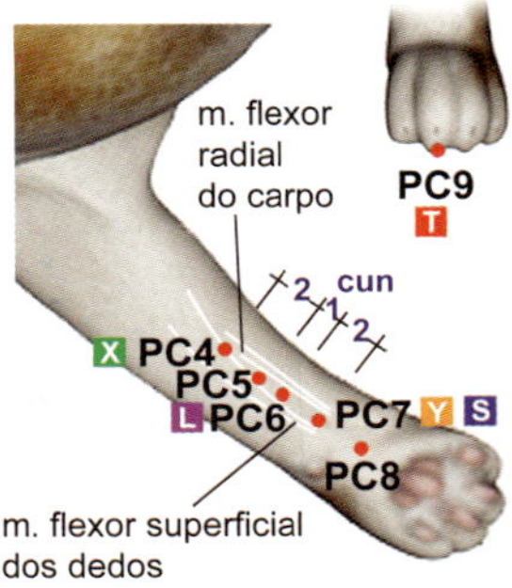




T Tonificação S Sedação He He M Mu H Hui Y Yuan L Luo X Xi

**PC7 *(daling)*** S Y
No centro da linha da articulação do carpo, na face caudal, entre os tendões dos músculos flexores superficial dos dedos e radial do carpo.
**Indicação:** Acalma a mente. Agitação, depressão. Vômito. Inflamação do carpo.
**Método:** Conforme a espécie e a constituição do animal, inserir a agulha de forma perpendicular até, no máximo, 0,5 cm de profundidade.

**PC8 *(laogong)***
Na face palmar, entre o 2° e o 3° osso metacárpico, no centro.
**Indicação:** Resfria o fogo do Coração. Esfria o sangue. Dor no peito, afta na língua, insônia, agitação, febre.
**Método:** Conforme a espécie e a constituição do animal, inserir a agulha de forma perpendicular até, no máximo, 0,5 cm de profundidade.

**PC9 *(zhongchong)*** T
Entre a garra e o coxim no centro do 3° dedo da mão.
**Indicação:** Elimina o vento externo. Filtra o calor. Febre, ressuscitação, agitação, palpitação, insônia, acidente vascular encefálico.
**Método:** Conforme a espécie e a constituição do animal, inserir a agulha de forma perpendicular até, no máximo, 0,3 cm de profundidade.

# Triplo Aquecedor

Yang

Fogo

21-23 h

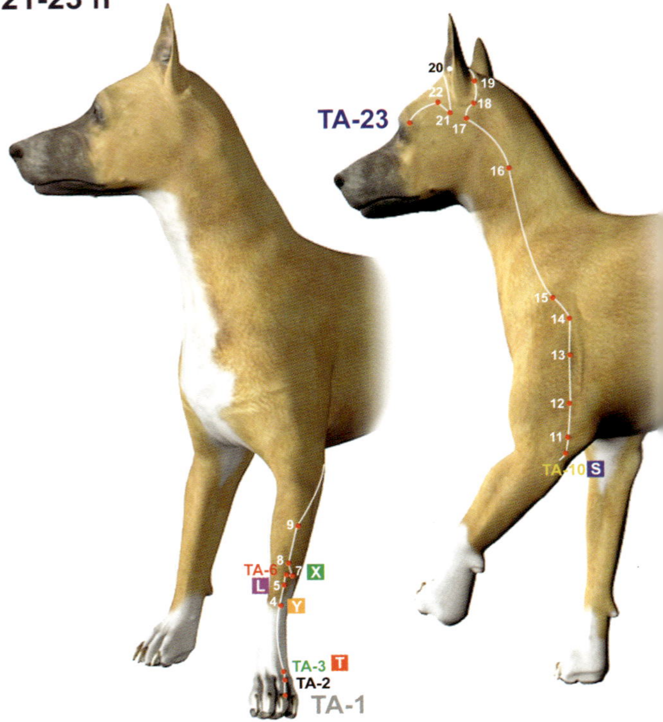




T Tonificação S Sedação He He M Mu H Hui Y Yuan L Luo X Xi

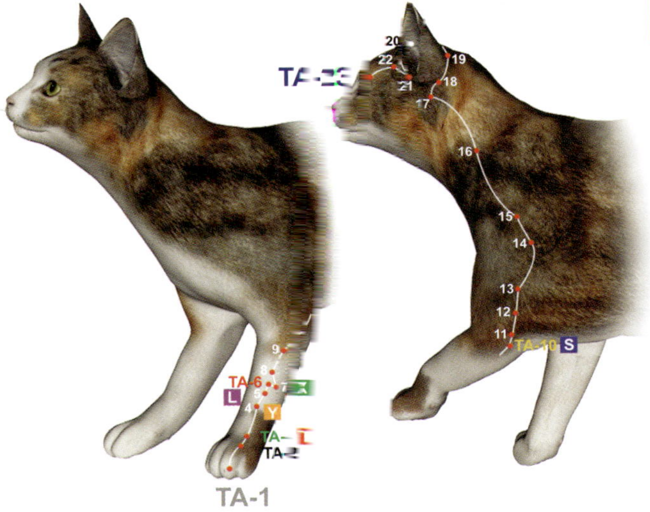


T Tonificação S Sedação He Mu H Hui Y Yuan L Luo X Xi

# TA

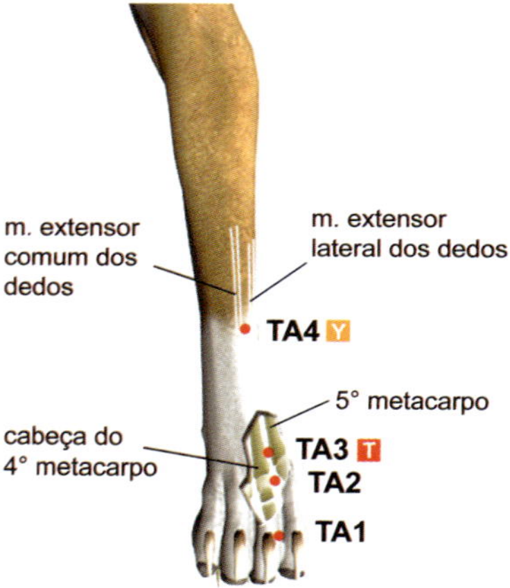

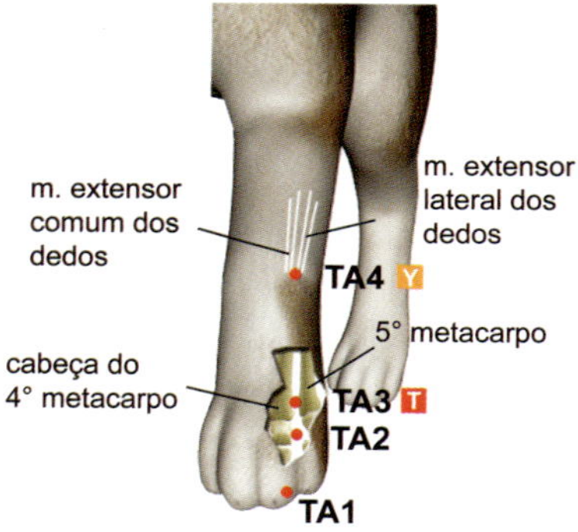


 T Tonificação S Sedação He He M Mu H Hui Y Yuan L Luo X Xi

# TA

**TA1 *(guanchong)***
No ângulo ungueal do 4° dedo da mão, face lateral.
**Indicação:** Elimina o vento externo. Elimina o calor. Febre. Problemas e dor no ouvido. Dor cervical, em cotovelo e ombro.
**Método:** Conforme a espécie e a constituição do animal, inserir a agulha de forma inclinada até, no máximo, 0,3 cm de profundidade.

**TA2 *(yenmen)***
Na face dorsal da mão, entre o 4° e o 5° dedo, no sulco interdigital.
**Indicação:** Problemas de ouvido, dor na garganta, dor de dente, sangramento na gengiva.
**Método:** Conforme a espécie e a constituição do animal, inserir a agulha de forma perpendicular até, no máximo, 0,5 cm de profundidade.

**TA3 *(zhongzhu)*** T
Na face dorsal da mão, próximo às cabeças dos 4° e 5° metacarpos.
**Indicação:** Doenças do ouvido. Depressão.
**Método:** Mesmo método do TA2.

**TA4 *(yangchi)*** Y
Na face dorsal da mão, na depressão central da articulação do carpo entre os tendões do músculo extensor lateral dos dedos e o tendão do músculo extensor comum dos dedos.
**Indicação:** Tonifica o Qi original em todas as doenças crônicas. Dor em braço e ombro. Dificuldade urinária, edema.
**Método:** Mesmo método do TA2

# TA

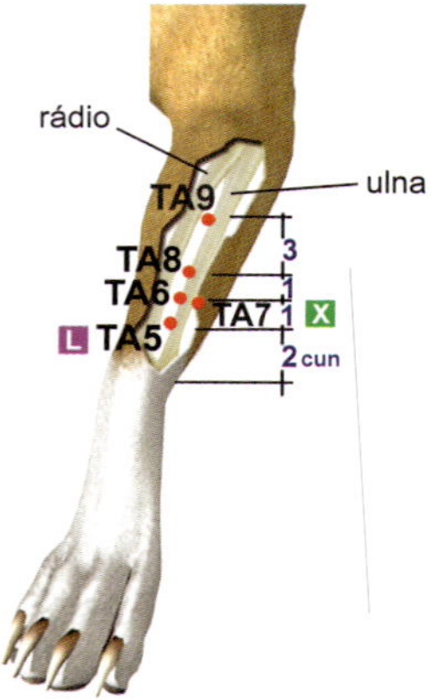

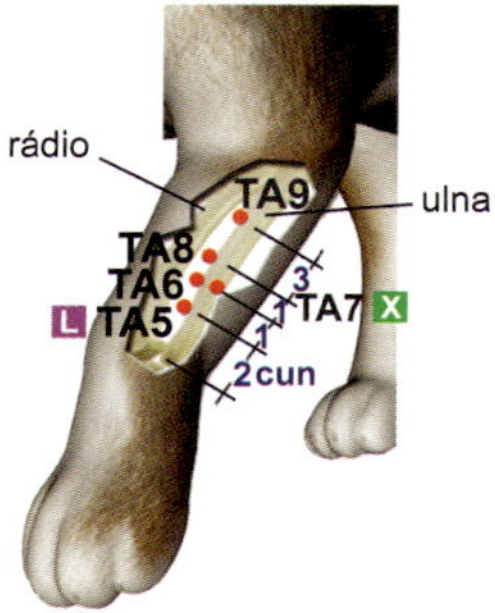


 T Tonificação S Sedação He He M Mu H Hui Y Yuan L Luo X Xi

**TA5** ***(waiguan)*** L

Dois cun acima da linha da articulação do carpo entre o rádio e a ulna.

**Indicação:** Elimina vento-calor. Analgésica para membro anterior. Resfriado, doenças do ouvido, com os olhos

**Método:** Conforme a espécie e a constituição do animal, inserir a agulha de forma perpendicular até no máximo, 1,5 cm de profundidade.

**TA6** ***(zhigou)***

Três cun acima da linha da articulação do carpo entre o rádio e a ulna.

**Indicação:** Dor na lateral das costelas (dor no tórax. Constipação, dor abdominal. Doenças da pele (erupções, urticária).

**Método:** Mesmo método do TA5

**TA7** ***(huizong)*** X

Três cun acima da linha da articulação do carpo, 0,5 cun lateral a TA6.

**Indicação:** Dor nos braços, ouvido

**Método:** Mesmo método do TA5

**TA8** ***(sanyangluo)***

Quatro cun acima da linha da articulação do carpo entre o rádio e a ulna.

**Indicação:** Perda súbita de voz. Perda de audição. Dor no membro anterior.

**Método:** Mesmo método do TA5

**TA9** ***(sidu)***

Sete cun acima da linha da articulação do carpo, entre o rádio e a ulna.

**Indicação:** Dor em antebraço e dentes, faringite, rouquidão, problemas auditivos.

**Método:** Mesmo método do TA5

# TA

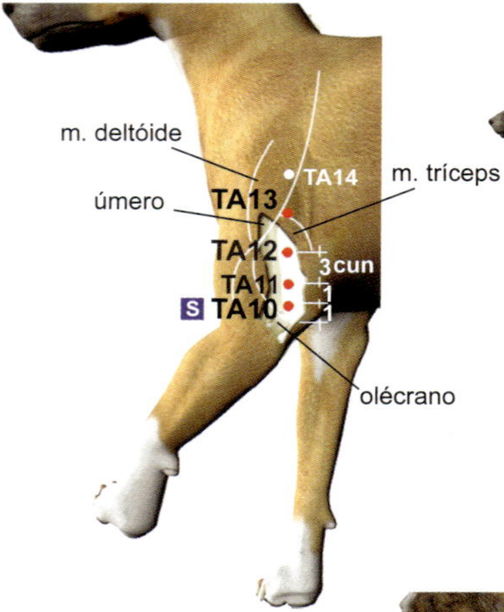


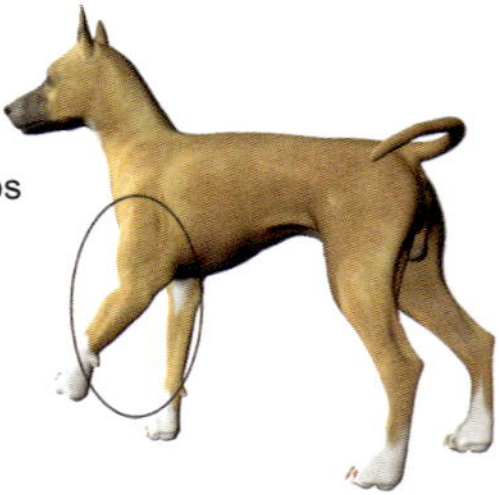

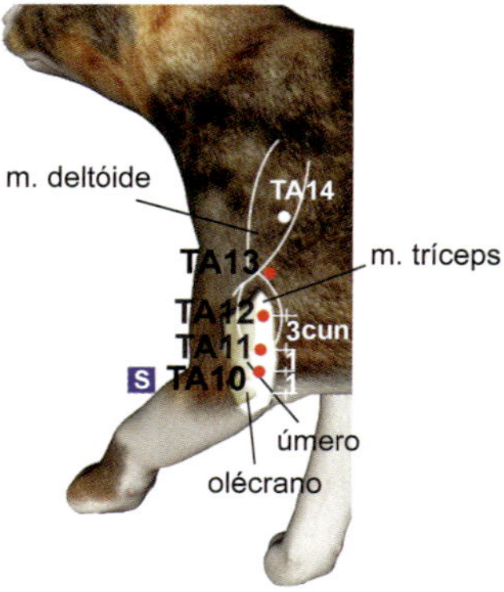




T Tonificação S Sedação He He M Mu H Hui Y Yuan L Luo X Xi

**TA10 *(tianjing)*** S
Na depressão, 1 cun acima do olécrano (ulna), com o cotovelo flexionado.
**Indicação:** Relaxa os tendões e alivia rigidez do cotovelo. Dor na nuca na têmpora. Inchaço de linfonodo.
**Método:** Conforme a espécie e a constituição do animal, inserir a agulha de forma perpendicular até, no máximo, 1,5 cm de profundidade.

**TA11 *(qinglengquan)***
Um cun acima de TA10 (2 cun acima do olécrano).
**Indicação:** Dor no membro anterior.
**Método:** Conforme a espécie e a constituição do animal, inserir a agulha de forma perpendicular até, no máximo, 1,5 cm de profundidade.

**TA12 *(xialuo)***
Cinco cun acima do olécrano (na metade da distância entre TA11 e TA13).
**Indicação:** Dor em nuca, dente e membro anterior.
**Método:** Conforme a espécie e a constituição do animal, inserir a agulha de forma perpendicular até, no máximo, 1,5 cm de profundidade.

**TA13 *(naohui)***
Na face lateral do braço, na porção distal do deltoide, próximo à cabeça longa e à cabeça lateral do músculo tríceps braquial.
**Indicação:** Dor em ombro, braço e escápula. Hipertrofia da glândula tireoide.
**Método:** Conforme a espécie e a constituição do animal, inserir a agulha de forma perpendicular até, no máximo, 3 cm de profundidade.

# TA

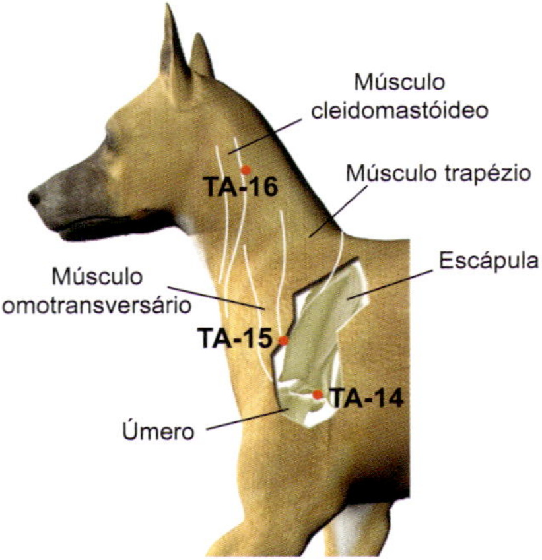

Músculo cleidomastóideo
Músculo trapézio
TA-16
Escápula
Músculo omotransversário
TA-15
TA-14
Úmero


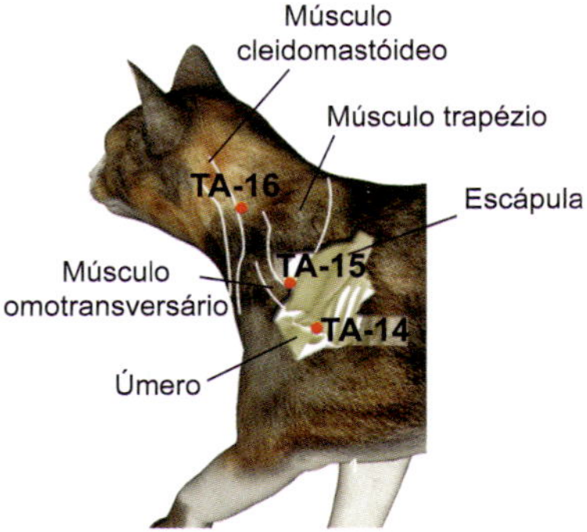

Músculo cleidomastóideo
Músculo trapézio
TA-16
Escápula
TA-15
Músculo omotransversário
TA-14
Úmero

**TA14 *(jianliao)***
Próximo à articulação do ombro, na depressão entre o tubérculo maior do úmero e o acrômio.
**Indicação:** Dor em ombro, braço e escápula; bursite.
**Método:** Conforme a espécie e a constituição do animal, inserir a agulha de forma perpendicular até, no máximo, 1,5 cm de profundidade.

**TA15 *(tianliao)***
Próximo à incisura escapular, entre o músculo omotransverso e o músculo trapézio (porção cervical). Na metade da distância entre ID13 e VB21.
**Indicação:** Dor em ombro e braço, rigidez na nuca.
**Método:** Conforme a espécie e a constituição do animal, inserir a agulha de forma perpendicular até, no máximo, 1,5 cm de profundidade.

**TA16 *(tianyou)***
Na extremidade caudal do músculo cleidomastóideo, na altura de C2 e C3.
**Indicação:** Regula ascendência e descendência do Qi à cabeça. Dor no lado temporal, dor na nuca, tontura. Surdez, excesso de lacrimejamento.
**Método:** Conforme a espécie e a constituição do animal, inserir a agulha de forma perpendicular até, no máximo, 2 cm de profundidade.

# TA

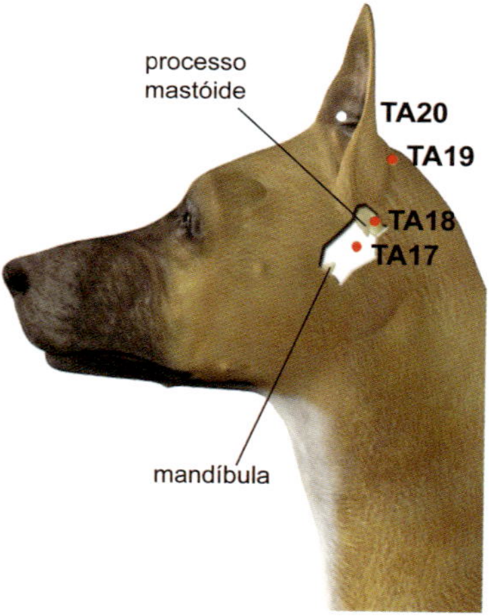
processo
mastóide
TA20
TA19
TA18
TA17
mandíbula

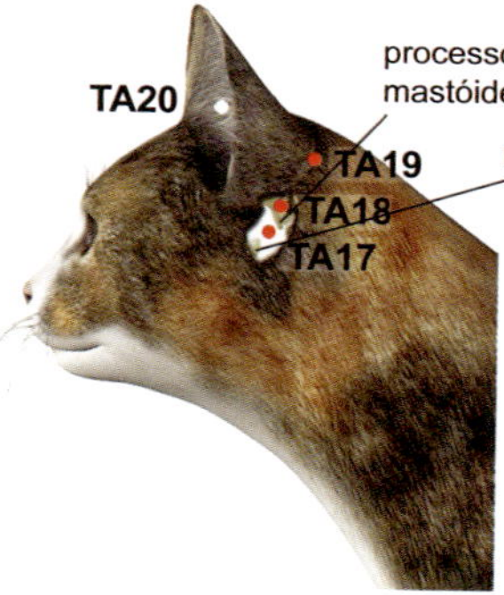
processo
mastóide
TA20
TA19
mandíbula
TA18
TA17

# TA

**TA17 *(yifeng)***
Na depressão entre a mandíbula e o processo mastoide, abaixo do meato acústico externo.
**Indicação:** Elimina o vento. Problemas do ouvido. Disfunção da articulação temporomandibular (ATM), paralisia facial.
**Método:** Conforme a espécie e a constituição do animal, inserir a agulha de forma perpendicular até, no máximo, 2 cm de profundidade.

**TA18 *(chimai)***
Na depressão entre o meato acústico externo e o processo mastoide.
**Indicação:** Paresia facial. Problemas do ouvido.
**Método:** Conforme a espécie e a constituição do animal, inserir a agulha de forma inclinada até, no máximo, 1 cm de profundidade.

**TA19 *(luxi)***
Na depressão caudal à orelha, na altura do trago da orelha.
**Indicação:** Paresia facial. Problemas do ouvido.
**Método:** Conforme a espécie e a constituição do animal, inserir a agulha de forma inclinada até, no máximo, 1 cm de profundidade.

**TA20 *(jiaosun)***
Na altura da ponta da orelha, no músculo temporal, na parte dorsal da concha da orelha.
**Indicação:** Problemas do ouvido, conjuntivite, dor de dente, gengivite.
**Método:** Conforme a espécie e a constituição do animal, inserir a agulha de forma inclinada até, no máximo, 1 cm de profundidade..

# TA

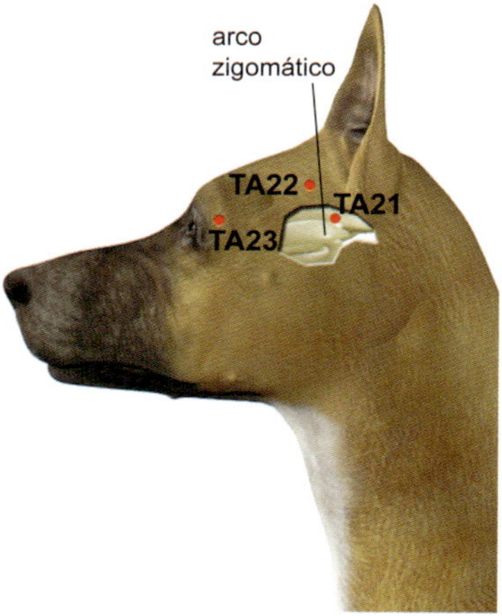
arco
zigomático
TA22
TA21
TA23

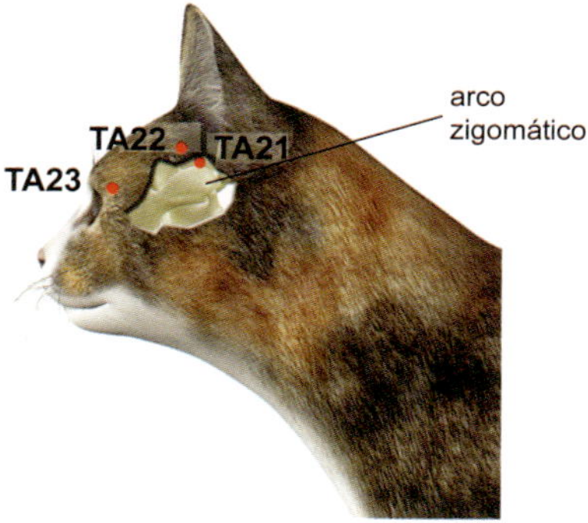
arco
zigomático
TA22
TA21
TA23

**TA21** ***(ermen)***
Rostral à orelha, na frente do trago da orelha.
**Indicação:** Elimina o vento. Problemas do ouvido. Disfunção da ATM, paralisia facial.
**Método:** Conforme a espécie e a constituição do animal, inserir a agulha de forma inclinada até, no máximo 1 cm de profundidade.

**TA22** ***(erheliao)***
Acima do arco zigomático, na altura da articulação temporomandibular.
**Indicação:** Elimina o vento. Dor no ouvido, dor de dente, disfunção da ATM.
**Método:** Conforme a espécie e a constituição do animal, inserir a agulha de forma inclinada até, no máximo, 1 cm de profundidade.

**TA23** ***(sizhukong)***
Próximo à comissura palpebral lateral do olho, acima do arco zigomático.
**Indicação:** Elimina o vento externo. Tontura, paresia facial.
**Método:** Conforme a espécie e a constituição do animal, inserir a agulha de forma inclinada até, no máximo, 1 cm de profundidade.

# Vesícula Biliar

**Yang**

**Madeira**

**23-1 h**

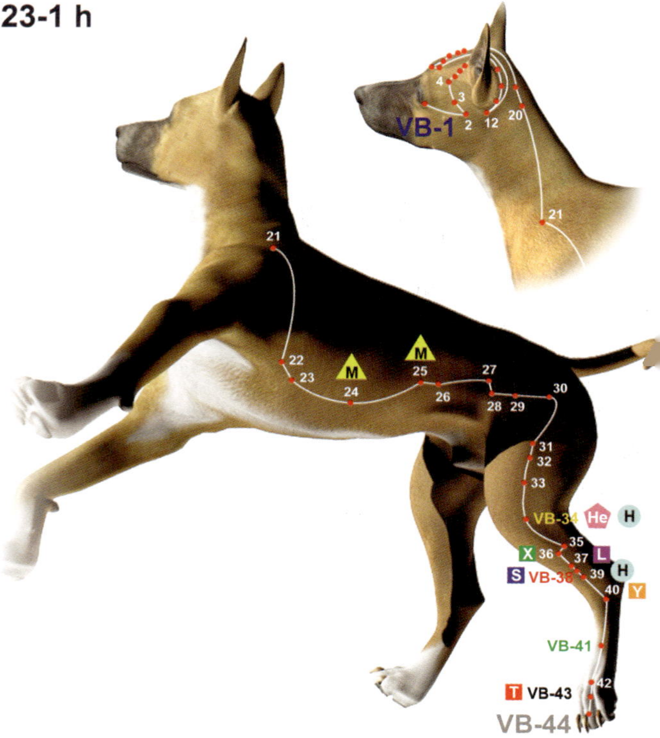




T Tonificação S Sedação He He M Mu H Hui Y Yuan L Luo X Xi

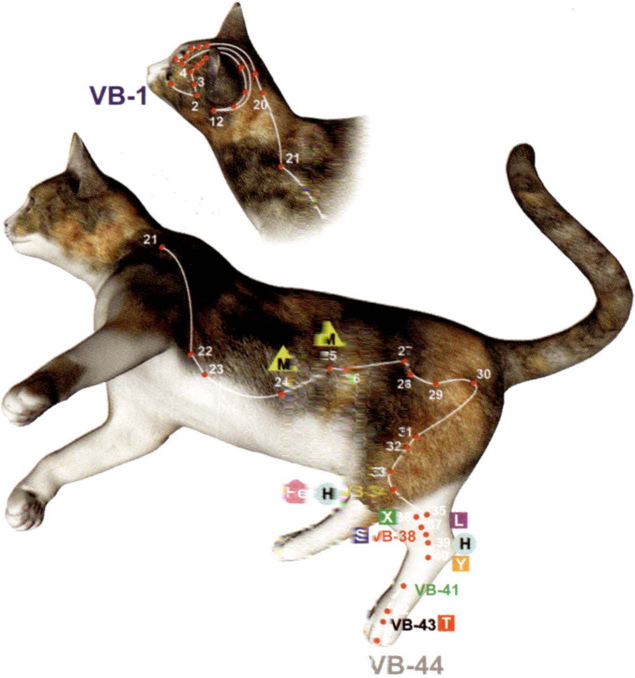


T Tonificação S Sedação He H Hui Y Yuan L Luo X Xi

# VB

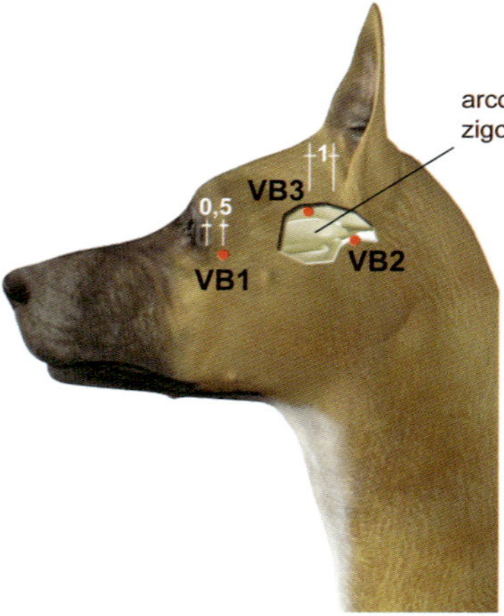
arco
zigomático
VB3
1
0,5
VB1
VB2

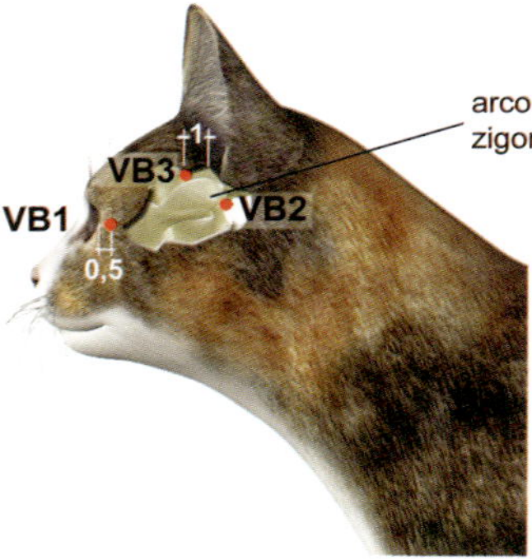
arco
zigomático
1
VB3
VB1
VB2
0,5

# VB

## VB1 *(tongziliao)*

Meio cun lateral à comissura palpebral lateral, numa depressão óssea.

**Indicação:** Elimina o calor e o vento. Dor nos olhos, dor na região temporal.

**Método:** Conforme a espécie e a constituição do animal, inserir a agulha de forma perpendicular, 0,5 a 1 cm de profundidade.

## VB2 *(tinghui)*

Numa depressão rostroventral ao trago da orelha.

**Indicação:** Elimina o vento externo. Problemas auditivos. Disfunção da articulação temporomandibular (ATM), nevralgia do trigêmeo, dor de dente.

**Método:** Conforme a espécie e a constituição do animal, inserir a agulha de forma perpendicular, 0,5 a 1 cm de profundidade.

## VB3 *(shanguan)*

Cerca de 1 cun à frente do trago da orelha, na face dorsal do arco zigomático.

**Indicação:** Dor de dente. Problemas de audição.

**Método:** Conforme a espécie e a constituição do animal, inserir a agulha de forma perpendicular, 0,5 a 1,5 cm de profundidade.

# VB

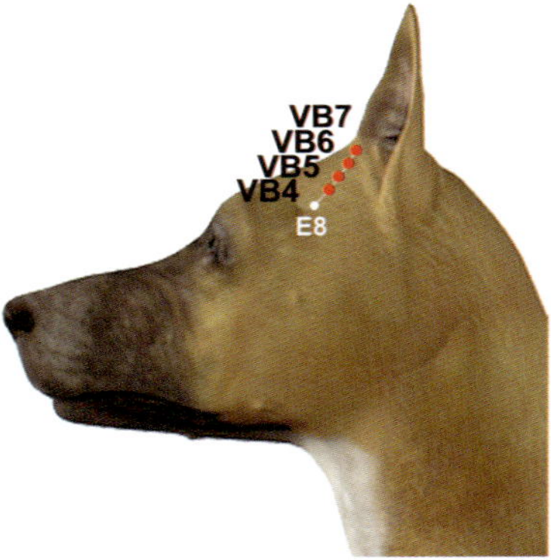


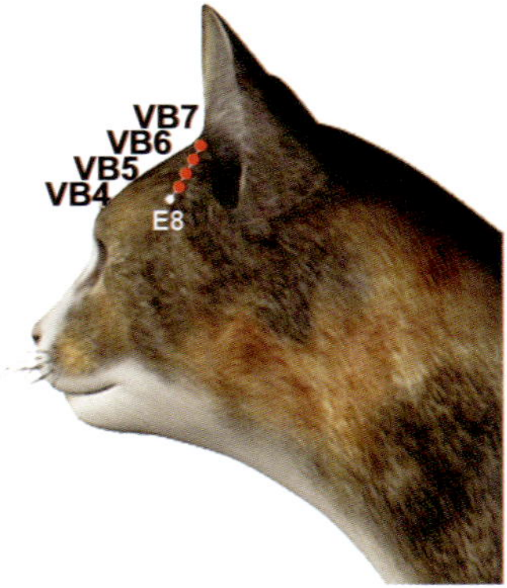

## VB4 *(hanyan)*

Um quarto caudal a E8, na linha imaginária entre E8 e VB7. (E8 está no centro do músculo temporal entre a comissura palpebral lateral e o trago da orelha.)
**Indicação:** Elimina o vento interno. Domina o Yang do Fígado. Tontura, dor no olho.
**Método:** Conforme a espécie e a constituição do animal, inserir a agulha de forma perpendicular, 0,5 a 1,5 cm de profundidade.

## VB5 *(xuanlu)*

No ponto central da linha imaginária entre E8 e VB7.
**Indicação:** Elimina o vento interno. Domina o Yang do Fígado. Tontura, dor no olho, dor de dente.
**Método:** Mesmo método do VB4.

## VB6 *(xuanli)*

Um quarto rostral a VB7, numa linha imaginária entre E8 e VB7.
**Indicação:** Elimina o vento interno. Domina o Yang do Fígado. Tontura, dor no olho, dor de dente.
**Método:** Mesmo método do VB4.

## VB7 *(qubin)*

No músculo temporal, rostral a espinha da hélice da orelha.
**Indicação:** Elimina o vento interno. Domina o Yang do Fígado. Dor no olho, dor de dente.
**Método:** Mesmo método do VB4.

# VB

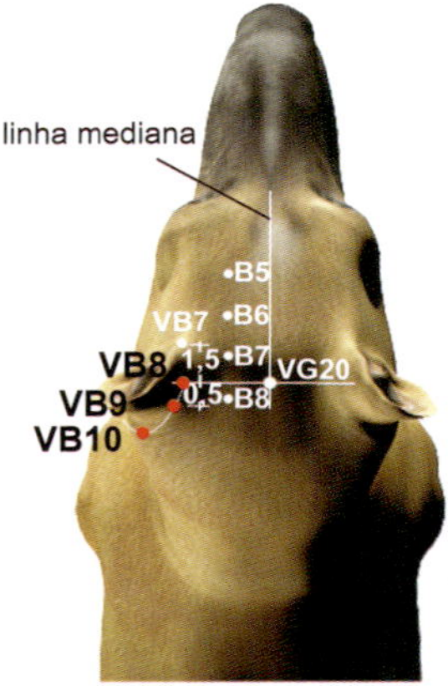

linha mediana
B5
B6
VB7
B7
VB8
1,5
VG20
VB9
0,5
B8
VB10


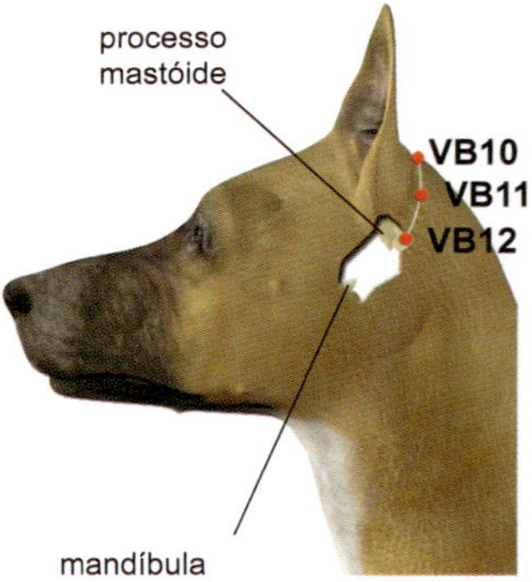

processo
mastóide
VB10
VB11
VB12
mandíbula


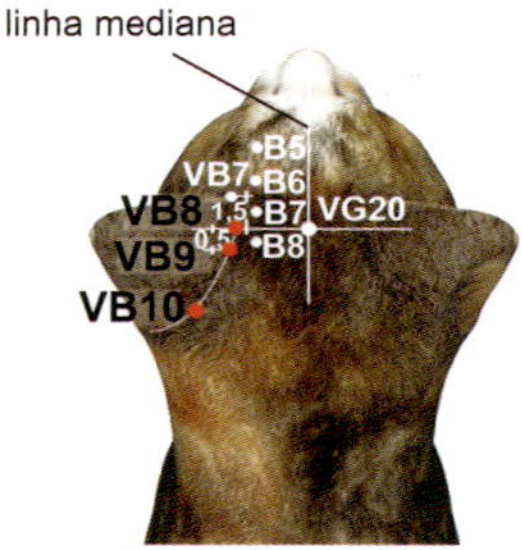

linha mediana
B5
VB7
B6
VB8
1,5
B7
VG20
VB9
0,5
B8
VB10


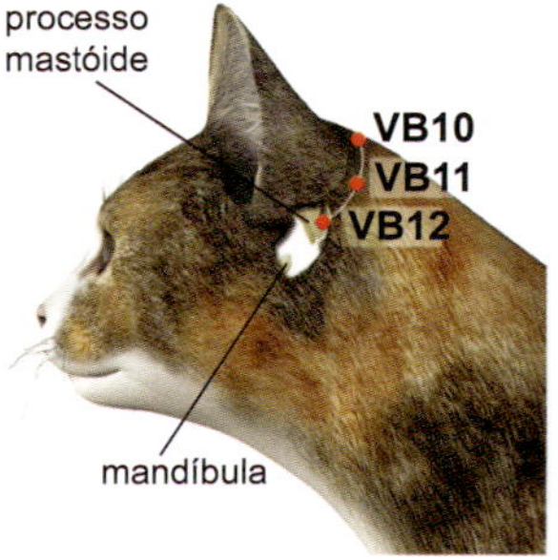

processo
mastóide
VB10
VB11
VB12
mandíbula

**VB8** ***(shuaigu)***
No músculo temporal, na altura de VG20, 1,5 cun acima de VB7 (VG20 se localiza no ponto de intersecção
entre a linha mediana e a linha horizontal que liga o processo paracondilar do osso occipital).
**Indicação:** Elimina o vento interno. Domina o Yang do Fígado. Dor na região temporal. Tontura, vômito.
**Método:** Conforme a espécie e a constituição do animal, inserir a agulha de forma perpendicular, 0,5 a 1,5 cm de profundidade.

**VB9** ***(tianchong)***
Meio cun em direção dorsal a VB8.
**Indicação:** Elimina o vento interno. Domina o Yang do Fígado. Tontura. Dor de dente, gengivite.
**Método:** Mesmo método do VB8.

**VB10** ***(fubai)***
No músculo temporal, 1/3 abaixo de VB9, na curva imaginária entre VB9 e VB12.
**Indicação:** Elimina o vento interno. Dor no ouvido, dor de dente.
**Método:** Mesmo método do VB8.

**VB11** ***(qiaoyin)***
Dois terços abaixo de VB9, na curva imaginária entre VB9 e VB12.
**Indicação:** Domina o Yang do Fígado. Dor de cabeça (atrás da orelha), tontura, dor nos olhos, dor de ouvido.
**Método:** Mesmo método do VB8

**VB12** ***(wangu)***
Numa depressão ventrocaudal ao processo mastoide.
**Indicação:** Elimina o vento interno. Domina o Yang do Fígado. Dor na nuca, insônia. Problema no ouvido.
**Método:** Mesmo método do VB8.

# VB

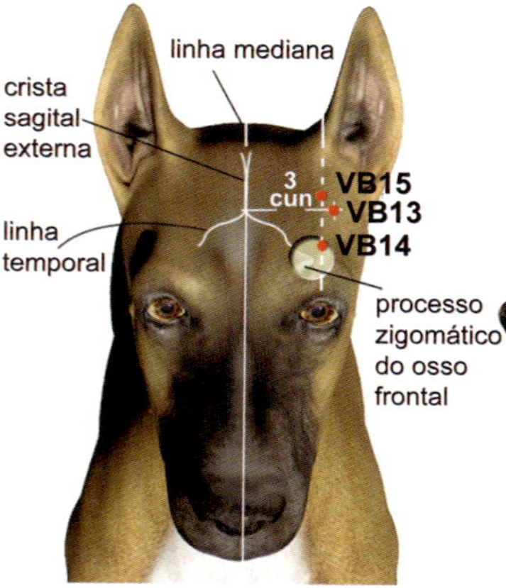


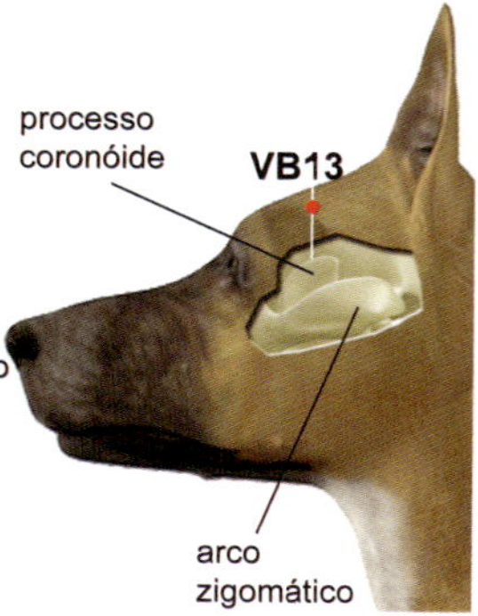


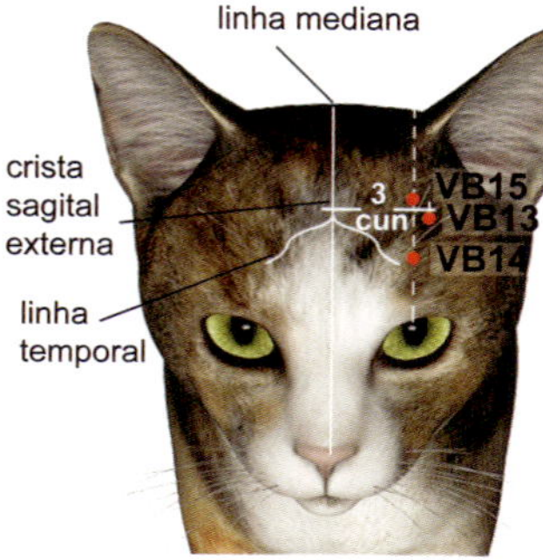


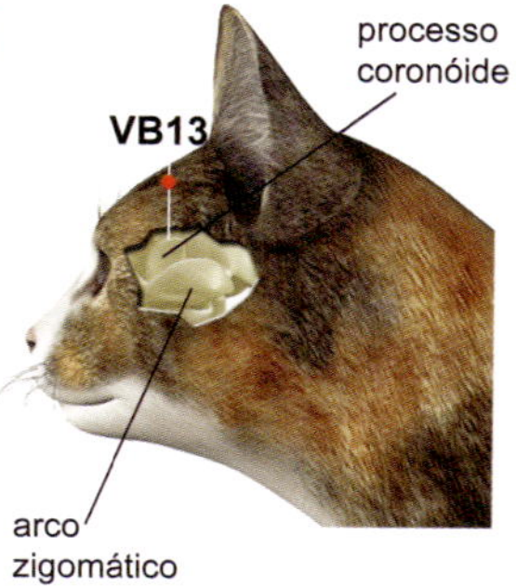




T Tonificação S Sedação He He M Mu H Hui Y Yuan L Luo X Xi

**VB13 *(benshen)***
Três cun laterais à linha mediana, na altura do processo coronoide.
**Indicação:** Elimina o vento interno. Domina o Yang do Fígado. Tontura. Acalma o Shen, agitação depressão.
**Método:** Conforme a espécie e a constituição do animal, inserir a agulha de forma inclinada, 0,3 a 0,5 cm de profundidade.

**VB14 *(yangbai)***
No eixo vertical da pupila, na metade da distância entre o VB15 e a pálpebra superior – gato. No eixo vertical da pupila, logo atrás do processo zigomático do osso frontal – cão.
**Indicação:** Elimina o vento interno. Domina o Yang do Fígado. Paralisia facial, dor no olho, tontura.
**Método:** Conforme a espécie e a constituição do animal, inserir a agulha de forma inclinada, 0,3 a 0,5 cm de profundidade.

**VB15 *(toulinqi)***
No eixo vertical da pupila, 0,5 cun caudal e medial a VB13.
**Indicação:** Elimina o vento interno. Domina o Yang do Fígado. Acalma a mente, depressão, acidente vascular encefálico (AVE), dor nos olhos.
**Método:** Conforme a espécie e a constituição do animal, inserir a agulha de forma inclinada, 0,3 a 0,5 cm de profundidade.

# VB

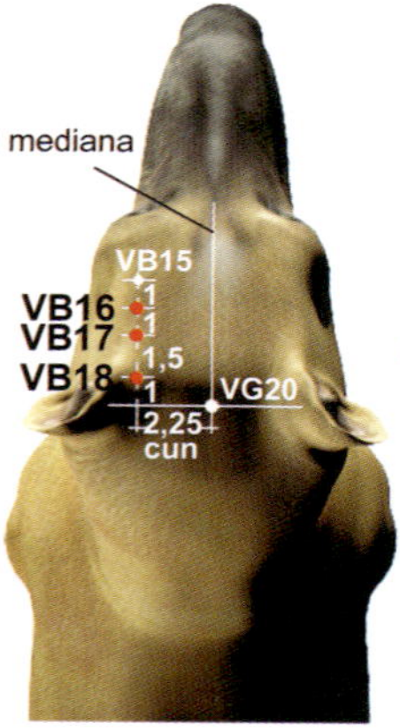
linha mediana
VB15
VB16
VB17
VB18
1
1
1,5
1
VG20
2,25
cun

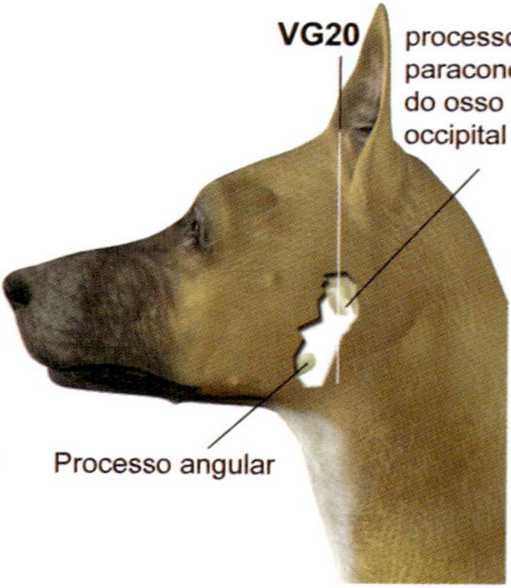
VG20
processo paracondilar do osso occipital
Processo angular

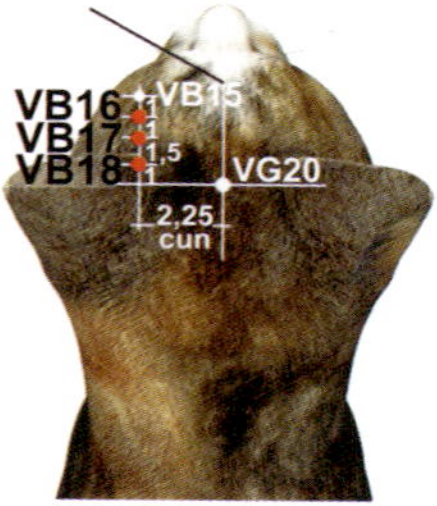
linha mediana
VB15
VB16
VB17
VB18
1
1
1,5
1
VG20
2,25
cun

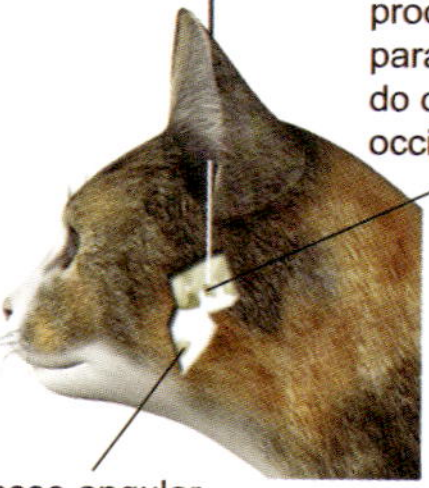
VG20
processo paracondilar do osso occipital
Processo angular

**VB16 *(muchuang)***
Um cun caudal a VB15 e 2,25 cun laterais à linha mediana.
**Indicação:** Doenças oculares, rinite sinusite.
**Método:** Conforme a espécie e a constituição do animal, inserir a agulha de forma inclinada, 0,3 a 0,5 cm de profundidade.

**VB17 *(zhengying)***
Um cun caudal a VB16 e 2,25 cun laterais à linha mediana.
**Indicação:** Tontura. Acalma a mente. Agitação.
**Método:** Conforme a espécie e a constituição do animal, inserir a agulha de forma inclinada, 0,3 a 0,5 cm de profundidade.

**VB18 *(chengling)***
Um cun e meio caudais a VB17 e 2,25 cun laterais à linha mediana (1 cun anterior à altura do VG20).
**Indicação:** Domina o Yang do Fígado. Beneficia o nariz. Acalma a mente, rinite, congestão nasal, sangramento nasal.
**Método:** Conforme a espécie e a constituição do animal, inserir a agulha de forma inclinada, 0,3 a 0,5 cm de profundidade.

# VB

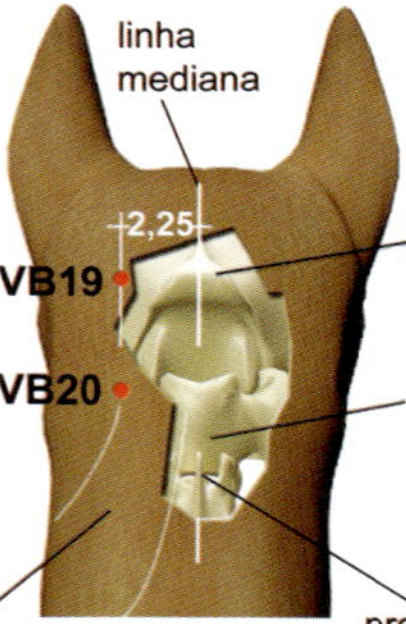
linha
mediana
2,25
protuberância
occipital
VB19
VB20
atlas (C1)
m. cleidocervical
processo
espinhoso
de áxis (C2)

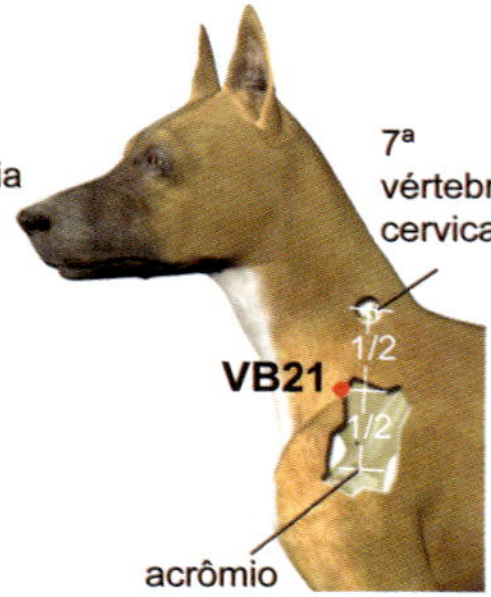
7ª
vértebra
cervical
1/2
VB21
1/2
acrômio

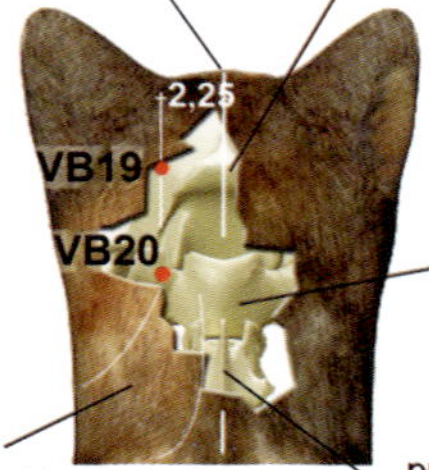
linha mediana
protuberância
occipital
2,25
VB19
VB20
atlas (C1)
m. cleidocervical
processo
espinhoso
de áxis (C2)

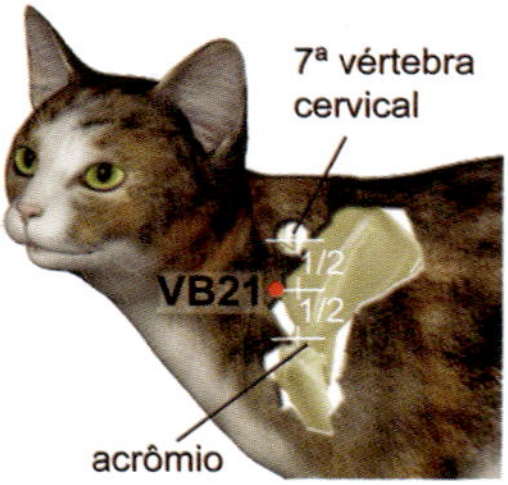
7ª vértebra
cervical
1/2
VB21
1/2
acrômio

### VB19 *(naokong)*

Na altura da protuberância occipital externa, 2,25 cun laterais à linha mediana.
**Indicação:** Domina o Yang do Fígado. Acalma a mente. Beneficia nariz e ouvido. Problemas no ouvido. Congestão nasal e asma.
**Método:** Conforme a espécie e a constituição do animal, inserir a agulha de forma inclinada de 0,3 a 0,5 cm de profundidade.

### VB20 *(fengchi)*

Na face ventral da protuberância occipital externa, numa depressão no músculo cleidocervical, na altura do Atlas (C1).
**Indicação:** Elimina o vento. Domina o Yang do Fígado. Dor na região occipital e rigidez cervical (Junto com P7: elimina o vento-frio. Junto com IG4 e TA5: elimina vento-calor). Tontura. Problemas no ouvido.
**Método:** Conforme a espécie e a constituição do animal, inserir a agulha de forma inclinada de 0,3 a 1 cm de profundidade.

### VB21 *(jianjin)*

Acima da incisura escapular, no ponto central entre o processo espinhoso de C7 e a extremidade cranial do acrômio.
**Indicação:** Dor e rigidez na nuca, tensão no ombro. Beneficia as mamas. Trabalho de parto difícil, retenção da placenta.
**Método:** Conforme a espécie e a constituição do animal, inserir a agulha de forma perpendicular de 0,5 a 1,5 cm de profundidade.

# VB

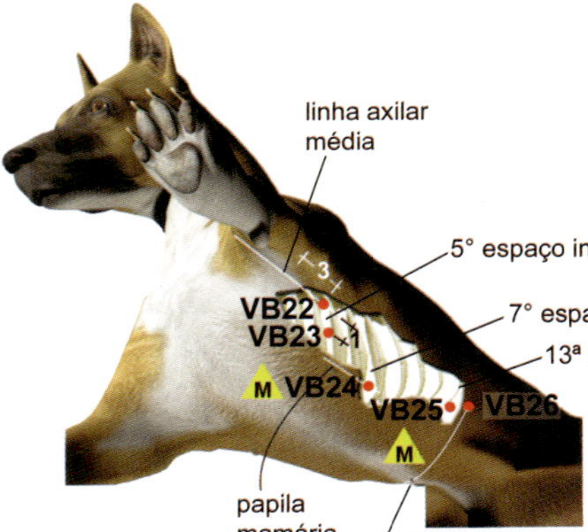


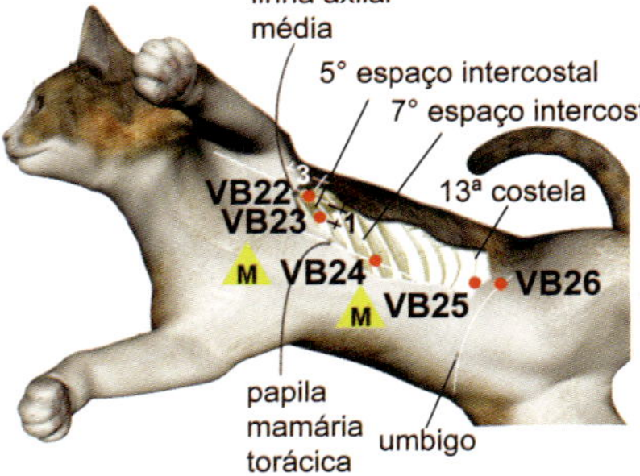




T Tonificação S Sedação He He M Mu H Hui Y Yuan L Luo X Xi

### VB22 *(yuanye)*
Na linha axilar média, 3 cun caudais à axila, entre o músculo peitoral profundo e o músculo grande dorsal, no 5° espaço intercostal.
**Indicação:** Tosse, nevralgia intercostal, dor no tórax.
**Método:** Conforme a espécie e a constituição do animal, inserir a agulha de forma inclinada, 0,5 a 1,5 cm de profundidade.

### VB23 *(zhejin)*
Um cun ventral a VB22, entre o músculo peitoral profundo e o músculo escaleno, no 5° espaço intercostal.
**Indicação:** Tosse, nevralgia intercostal, dor no tórax.
**Método:** Mesmo método do VB22.

### VB24 *(riyue)* M
Na linha da papila mamária, no 7° espaço intercostal.
**Indicação:** Elimina a umidade-calor. Problemas no fígado e na vesícula biliar. Nevralgia intercostal.
**Método:** Mesmo método do VB22.

### VB25 *(jingmen)* M
Na extremidade ventral da 13ª costela.
**Indicação:** Dificuldade urinária. Problemas gastrintestinais. Cólica renal.
**Método:** Mesmo método do VB22.

### VB26 *(daimai)*
Na altura do umbigo e da tuberosidade coxal.
**Indicação:** Cólica renal, diarreia.
**Método:** Mesmo método do VB22.

# VB

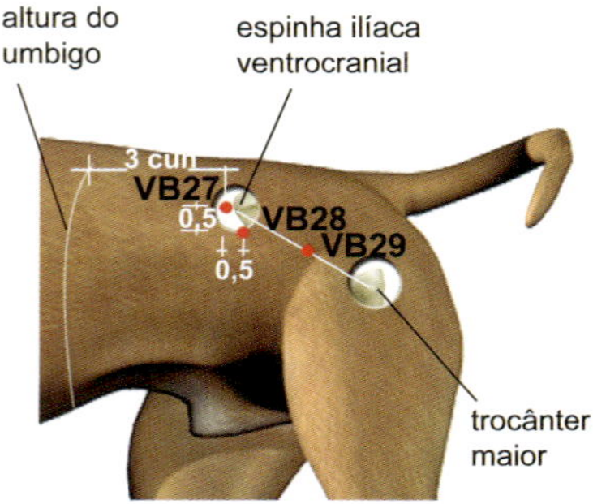
altura do umbigo
espinha ilíaca ventrocranial
3 cun
VB27
0,5
VB28
VB29
0,5
trocânter maior

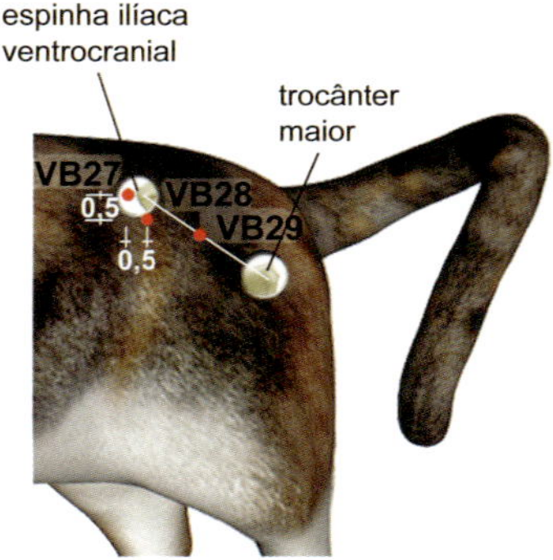
espinha ilíaca ventrocranial
trocânter maior
VB27
0,5
VB28
VB29
0,5

## VB27 *(wushu)*

Três cun abaixo do umbigo, cranialmente à espinha ilíaca ventrocranial.

**Indicação:** Cólica renal, diarreia, lombalgia, dor na articulação coxofemoral.

**Método:** Conforme a espécie e a constituição do animal, inserir a agulha de forma inclinada, 0,5 a 1,5 cm de profundidade.

## VB28 *(weidao)*

Meio cun ventral e caudal à espinha ilíaca ventrocranial ou 0,5 cun ventral e caudal ao ponto VB27

**Indicação:** Cistite (inflamação na bexiga), endometriose, dificuldade para urinar.

**Método:** Conforme a espécie e a constituição do animal, inserir a agulha de forma inclinada, 0,5 a 1,5 cm de profundidade.

## VB29 *(juliao)*

Na metade da distância entre o trocanter maior do fêmur e a espinha ilíaca ventrocranial.

**Indicação:** Dor no quadril, coxa na lateral da perna, dor na virilha, ciatalgia.

**Método:** Conforme a espécie e a constituição do animal, inserir a agulha de forma perpendicular, 0,5 a 2,5 cm de profundidade.

# VB

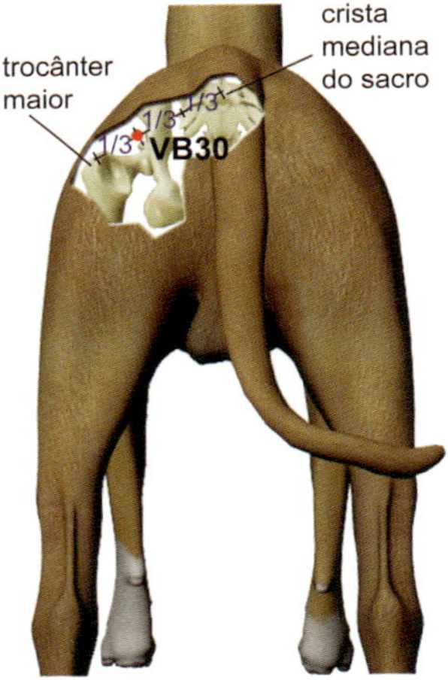


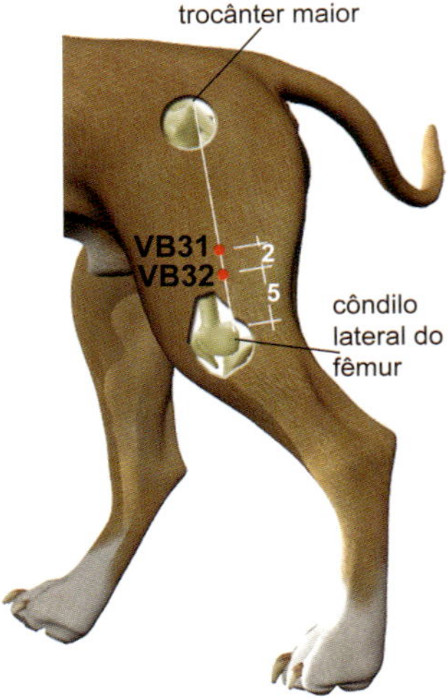


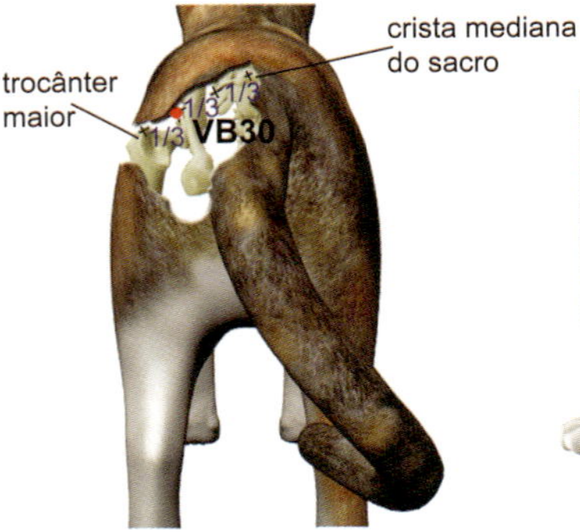


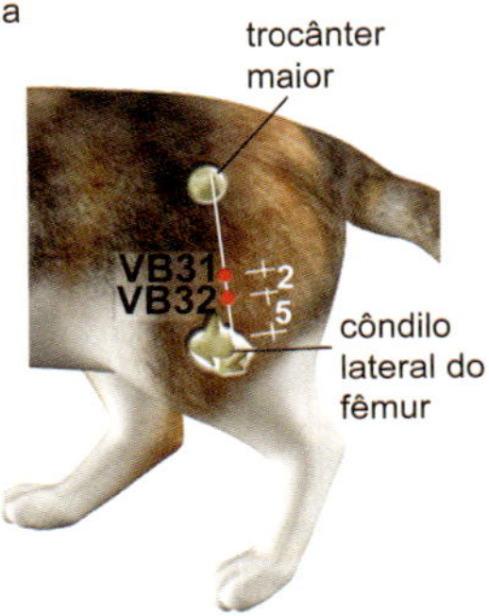




T Tonificação S Sedação He He M Mu H Hui Y Yuan L Luo X Xi

**VB30** ***(huantiao)***
Um terço distal da borda distal do músculo piriforme ou 1/3 da distância entre o trocanter maior do fêmur e a crista mediana do sacro.
**Indicação:** Estimula circulação do Qi e do sangue. Lombalgia, ciatalgia, dor na lateral da coxa, disfunção sacroilíaca.
**Método:** Conforme a espécie e a constituição do animal, inserir a agulha de forma perpendicular, 0,5 a 2,5 cm de profundidade.

**VB31** ***(fengshi)***
Na face lateral da coxa, 7 cun acima da dobra do joelho (na linha imaginária entre o trocanter maior e o côndilo lateral do fêmur).
**Indicação:** Elimina vento, umidade e calor. Dor na articulação coxofemoral, ciatalgia. Doenças da pele.
**Método:** Conforme a espécie e a constituição do animal, inserir a agulha de forma perpendicular, 1 a 2,5 cm de profundidade.

**VB32** ***(zhongdu)***
Dois cun abaixo de VB31 ou 5 cun acima da dobra do joelho.
**Indicação:** Elimina vento, umidade e calor. Dor na articulação coxofemoral, ciatalgia.
**Método:** Conforme a espécie e a constituição do animal, inserir a agulha de forma perpendicular, 1 a 2,5 cm de profundidade.

# VB

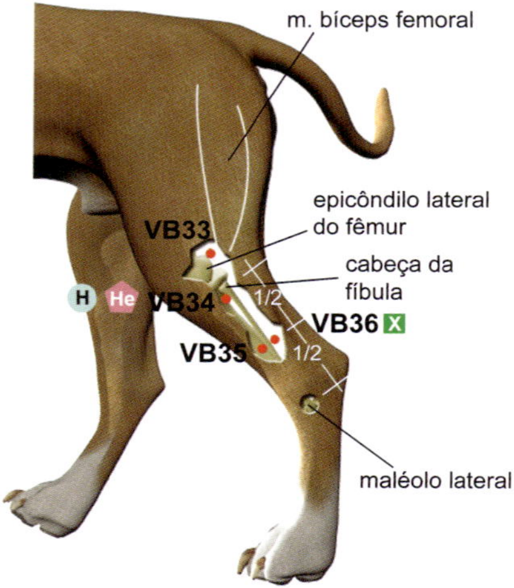


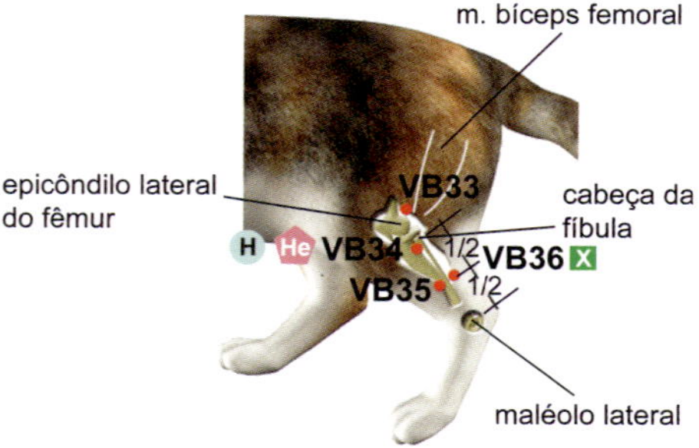




T Tonificação S Sedação He He M Mu H Hui Y Yuan L Luo X Xi

**VB33 *(xiyangguan)***
Na depressão entre o epicôndilo lateral do fêmur e o tendão do bíceps femoral (3 cun acima de VB34).
**Indicação:** Elimina vento e umidade. Problemas do joelho, ligamentos e tendões.
**Método:** Conforme a espécie e a constituição do animal, inserir a agulha de forma perpendicular, 1 a 2,5 cm de profundidade.

**VB34 *(yanglingquan)*** He H
Na depressão craniodistal da cabeça da fíbula.
**Indicação:** Beneficia os tendões de todas as articulações. Relaxa os músculos. Cãibra, espasmo. Dor no joelho. Problemas do fígado e da vesícula biliar.
**Método:** Mesmo método do VB33.

**VB35 *(yangjiao)***
Na face caudal da fíbula, no centro da linha imaginária entre o maléolo lateral e a cabeça da fíbula.
**Indicação:** Dor aguda ao longo do Canal da Vesícula Biliar. Dores em joelho, perna e articulação do tornozelo.
**Método:** Conforme a espécie e a constituição do animal, inserir a agulha de forma perpendicular, 1 a 2 cm de profundidade.

**VB36 *(waiqiu)*** X
Na face cranial da fíbula, no meio da linha imaginária entre o maléolo lateral e a cabeça da fíbula.
**Indicação:** Dor aguda ao longo do Canal da Vesícula Biliar. Dor na lateral da perna. Rigidez na nuca.
**Método:** Mesmo método do VB35

# VB

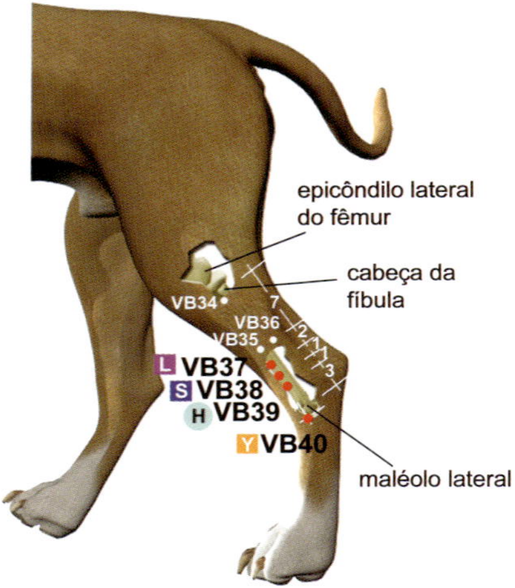

epicôndilo lateral do fêmur
cabeça da fíbula
VB34
7
VB36
VB35
2
1
1
3
L VB37
S VB38
H VB39
Y VB40
maléolo lateral


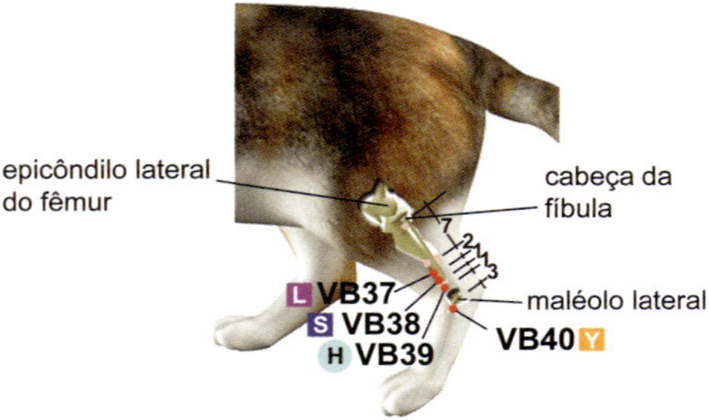

epicôndilo lateral do fêmur
cabeça da fíbula
7
2
3
L VB37
S VB38
H VB39
maléolo lateral
VB40 Y

# VB

### VB37 *(guangming)* L

Na face cranial da fíbula, 5 cun acima da proeminência do maléolo lateral.
**Indicação:** Dor de cabeça (lateral), dor nos olhos, visão noturna diminuída.
**Método:** Conforme a espécie e a constituição do animal, inserir a agulha de forma perpendicular. 1 a 2 cm de profundidade.

### VB38 *(yangfu)* S

Na face cranial da fíbula, 4 cun acima da proeminência do maléolo lateral.
**Indicação:** Controla a ascendência do Yang do Fígado. Dor na articulação do tornozelo.
**Método:** Mesmo método do VB37.

### VB39 *(xuanzhong)* H

Na face cranial da fíbula, 3 cun acima da proeminência do maléolo lateral.
**Indicação:** Nutre a medula. Domina o Yang do Fígado. Elimina o vento. Tontura, rigidez cervical.
**Método:** Mesmo método do VB37.

### VB40 *(qiuxu)* Y

Na depressão craniodistal da proeminência do maléolo lateral da fíbula. Na intersecção entre as linhas vertical e horizontal.
**Indicação:** Dor ao longo do Canal da Vesícula Biliar. Problemas no fígado e na vesícula biliar.
**Método:** Mesmo método do VB37

T Tonificação S Sedação He He M Mu H Hui Y Yuan L Luo X Xi

# VB

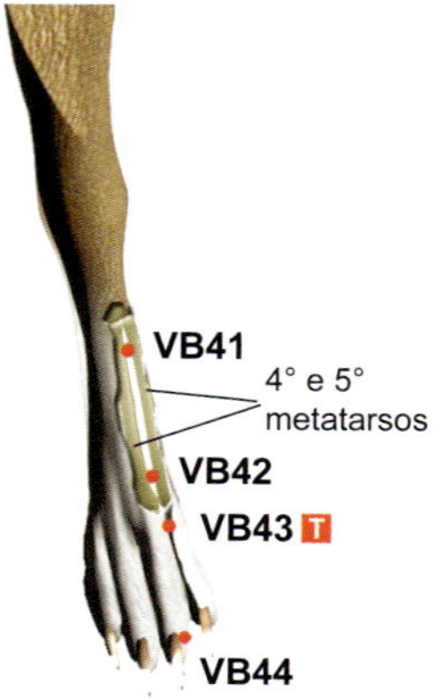

VB41
4° e 5°
metatarsos
VB42
VB43 T
VB44

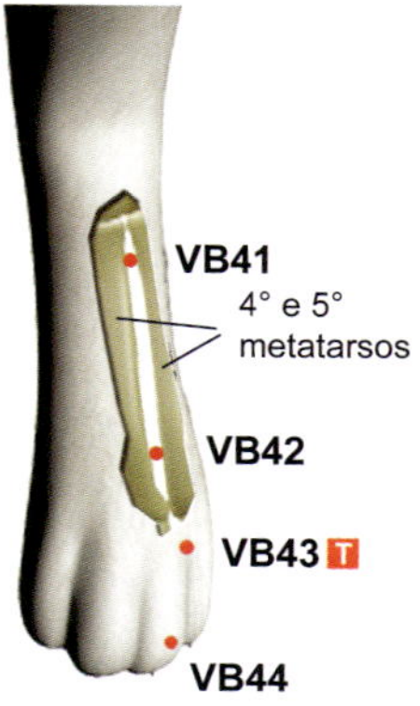

VB41
4° e 5°
metatarsos
VB42
VB43 T
VB44

### VB41 *(zulinqi)*

Na depressão entre o 4° e o 5° osso metatársico, próximo às respectivas bases.
**Indicação:** Domina o Yang do Fígado. Tontura. Problema nos olhos. Dor nas mamas.
**Método:** Conforme a espécie e a constituição do animal, inserir a agulha de forma perpendicular, 0,5 a 1 cm de profundidade.

### VB42 *(diwuhui)*

Na depressão entre o 4° e o 5° osso metatársico, próximo às respectivas cabeças.
**Indicação:** Conjuntivite, dor nas mamas. Problemas no ouvido, surdez.
**Método:** Conforme a espécie e a constituição do animal, inserir a agulha de forma perpendicular, 0,3 a 0,5 cm de profundidade.

### VB43 *(jiaxi)* T

Entre o 4° e o 5° dedo do pé, no sulco interdigital.
**Indicação:** Domina o Yang do Fígado. Elimina o vento e a umidade. Dor na região temporal. Tontura. Perda de audição, problema no ouvido. Dor nos olhos, conjuntivite.
**Método:** Mesmo método do VB42.

### VB44 *(zuqiaoyin)*

Na face lateral do ângulo ungueal do 4° dedo do pé.
**Indicação:** Domina o Yang do Fígado. Dor próximo ao olho. Acalma a mente, agitação, insônia, sonolência. Conjuntivite, perda de audição.
**Método:** Mesmo método do VB42.

# Fígado

**Yin**

**Madeira**

**1-3 h**

T Tonificação S Sedação He He M Mu H Hui Y Yuan L Luo X Xi

T Tonificação S Sedação M Mu H Hui Y Yuan L Luo X Xi

# F

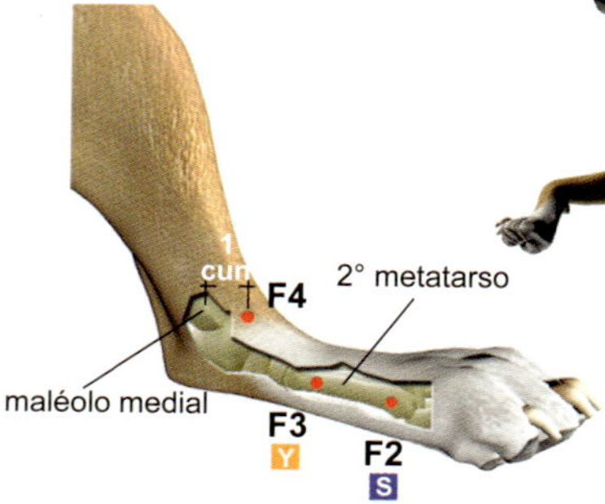
1
cun
F4
2° metatarso
maléolo medial
F3
Y
F2
S

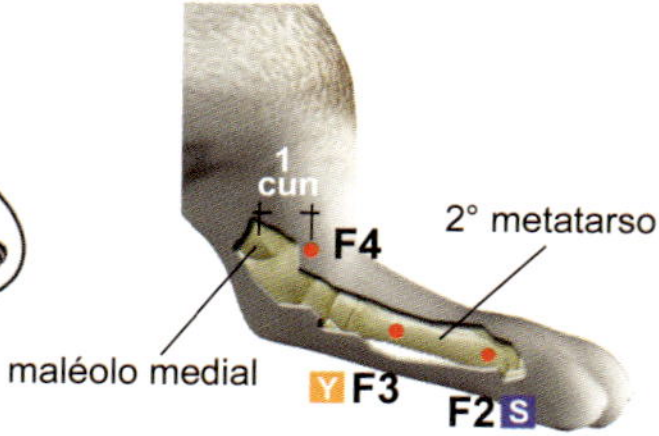
1
cun
F4
2° metatarso
maléolo medial
Y F3
F2 S

# F

## F1 *(dadun)*

Não há.

## F2 *(xingjian)* S

Próximo à cabeça do 2° metatarso na face medial.

**Indicação:** Elimina o fogo do Fígado e o vento interno. Domina Yang do Fígado. Esfria o sangue.

**Método:** Conforme a espécie e a constituição do animal, inserir a agulha de forma perpendicular, 0,3 a 0,5 cm de profundidade.

## F3 *(taichong)* Y

Próximo à base do 2° metatarso, na face medial.

**Indicação:** Domina o Yang do Fígado. Elimina o vento interno. Elimina a umidade. Junto com IG4 trata paralisia facial, acalma a mente.

**Método:** Conforme a espécie e a constituição do animal, inserir a agulha de forma perpendicular, 0,3 a 0,5 cm de profundidade.

## F4 *(zhongfeng)*

Um cun cranial à proeminência do maléolo medial.

**Indicação:** Dor abdominal. Dor no órgão genital, problemas urinárias.

**Método:** Conforme a espécie e a constituição do animal, inserir a agulha de forma perpendicular, 0,3 a 0,5 cm de profundidade.

# F

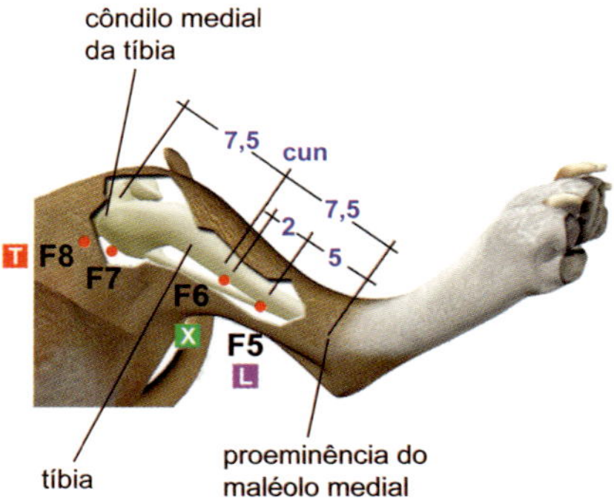

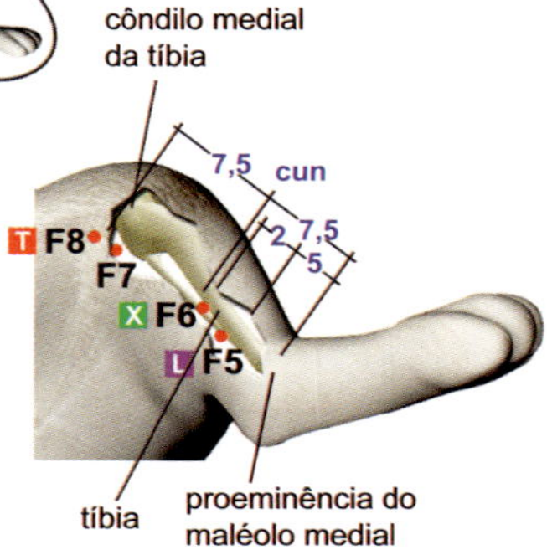


 T Tonificação S Sedação He He M Mu H Hui Y Yuan L Luo X Xi

# F

**F5 (ligou)** L
Cinco cun acima da proeminência do maléolo medial, na face caudal da tíbia.
**Indicação:** Problemas no trato urogenital. Distensão abdominal.
**Método:** Conforme a espécie e a constituição do animal, inserir a agulha de forma perpendicular, 0,5 a 1,5 cm de profundidade.

**F6 *(zhongdu)*** X
Sete cun acima da proeminência do maléolo medial, na face caudal da tíbia.
**Indicação:** Dor aguda no sistema urinário. Dor abdominal.
**Método:** Conforme a espécie e a constituição do animal, inserir a agulha de forma perpendicular, 0,5 a 1,5 cm de profundidade.

**F7 *(xiguan)***
Um cun no sentido caudal a BP9.
**Indicação:** Dor no joelho.
**Método:** Conforme a espécie e a constituição do animal, inserir a agulha de forma perpendicular, 0,5 a 1,5 cm de profundidade.

**F8 *(ququan)*** T
Na extremidade medial da dobra poplítea, numa depressão cranial aos músculos semitendinoso e semimembranoso.
**Indicação:** Elimina a umidade do Aquecedor Inferior. Tontura. Problemas no joelho.
**Método:** Conforme a espécie e a constituição do animal, inserir a agulha de forma perpendicular, 0,5 a 1,5 cm de profundidade.

# F

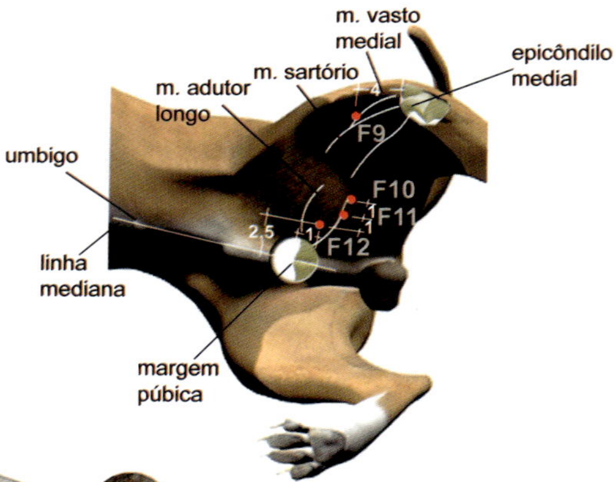
m. vasto
medial
epicôndilo
medial
m. sartório
m. adutor
longo
F9
umbigo
F10
F11
2.5
1
F12
linha
mediana
margem
púbica

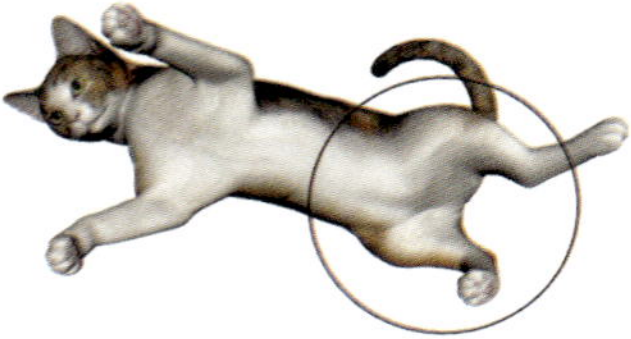

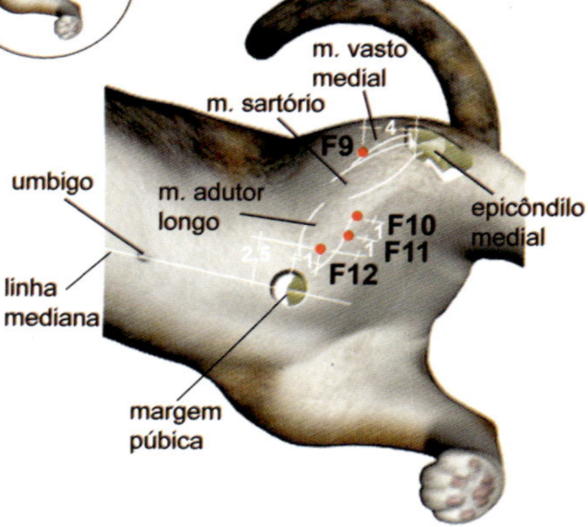
m. vasto
medial
m. sartório
F9
4
umbigo
m. adutor
longo
epicôndilo
medial
F10
F11
2.5
F12
linha
mediana
margem
púbica

**F9 *(yinbao)***
Quatro cun acima do epicôndilo medial do fêmur, entre os músculos sartório e vasto medial.
**Indicação:** Beneficia o Aquecedor Inferior.
**Método:** Conforme a espécie e a constituição do animal, inserir a agulha de forma perpendicular, 0,5 a 1,5 cm de profundidade.

**F10 *(zuwuli)***
Três cun distais da margem cranial da sínfise púbica, na face caudal do músculo adutor longo.
**Indicação:** Relaxa os músculos e tendões. Dor na coxa.
**Método:** Conforme a espécie e a constituição do animal, inserir a agulha de forma perpendicular, 0,5 a 1,5 cm de profundidade.

**F11 *(yinliao)***
Dois cun distais da margem cranial da sínfise púbica, na face caudal do músculo adutor longo.
**Indicação:** Relaxa os músculos e tendões. Dor na coxa.
**Método:** Conforme a espécie e a constituição do animal, inserir a agulha de forma perpendicular, 0,5 a 1,5 cm de profundidade.

**F12 *(jimai)***
Dois cun e meio laterais e 1 cun caudal a partir da margem cranial da sínfise púbica.
**Indicação:** Dor inguinal. Dor na coxa. Dor genital.
**Método:** Conforme a espécie e a constituição do animal, inserir a agulha de forma perpendicular, 0,5 a 1,5 cm de profundidade.

F

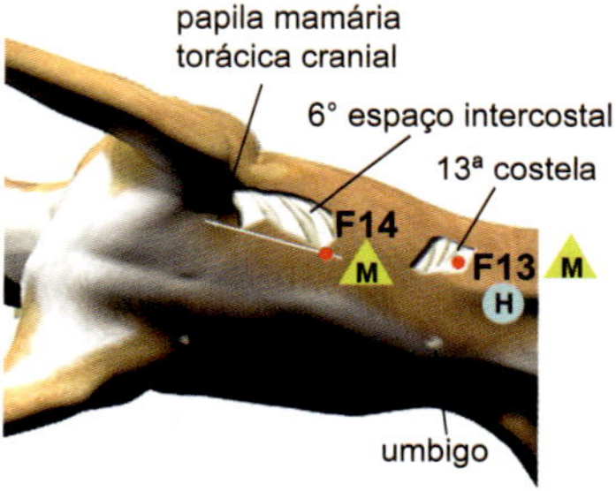
papila mamária
torácica cranial
6° espaço intercostal
13ª costela
F14
M
F13
M
H
umbigo

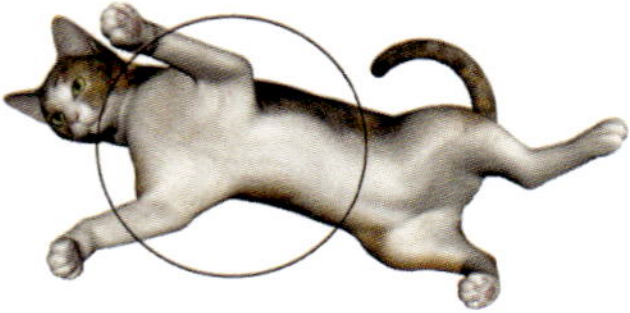

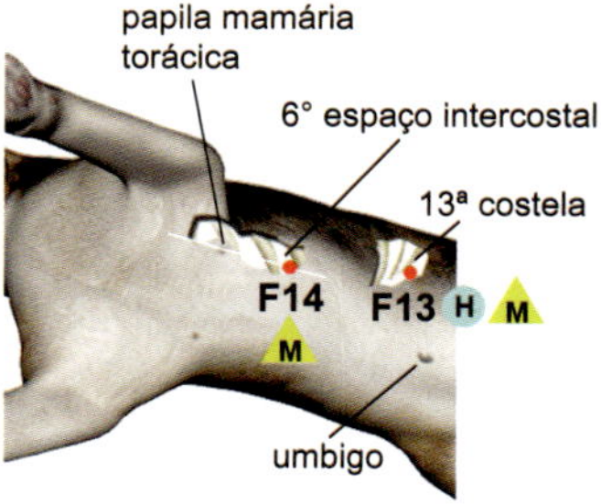
papila mamária
torácica
6° espaço intercostal
13ª costela
F14
M
F13
H
M
umbigo

**F13 (*zhangmen*)** M H
Na margem ventral da 13ª costela.
**Indicação:** Harmoniza o Fígado e o Baço. Dor na costela, dor abdominal, diarreia.
**Método:** Conforme a espécie e a constituição do animal, inserir a agulha de forma perpendicular, 0,5 a 1 cm de profundidade.

**F14 (*qimen*)** M
No ponto de cruzamento entre o 6º espaço intercostal e a linha mamilar.
**Indicação:** Harmoniza o Fígado e o Estômago. Dor abdominal, vômito. Problemas na vesícula biliar e no fígado.
**Método:** Conforme a espécie e a constituição do animal, inserir a agulha de forma inclinada, 0,5 a 1 cm de profundidade.

# Vaso Concepção

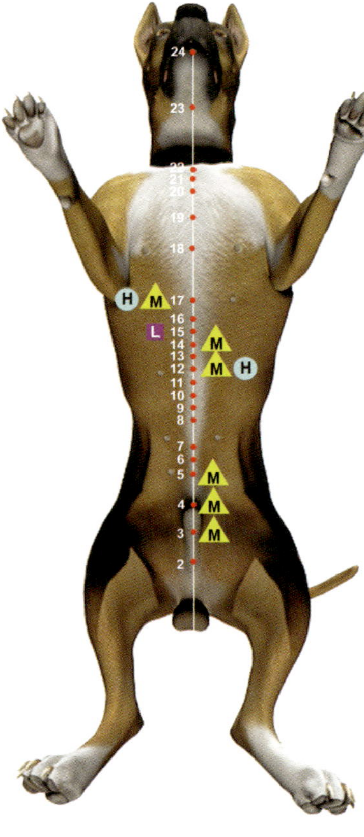


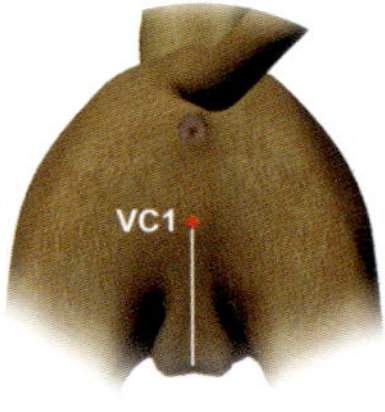


 T Tonificação S Sedação He He M Mu H Hui Y Yuan L Luo X Xi

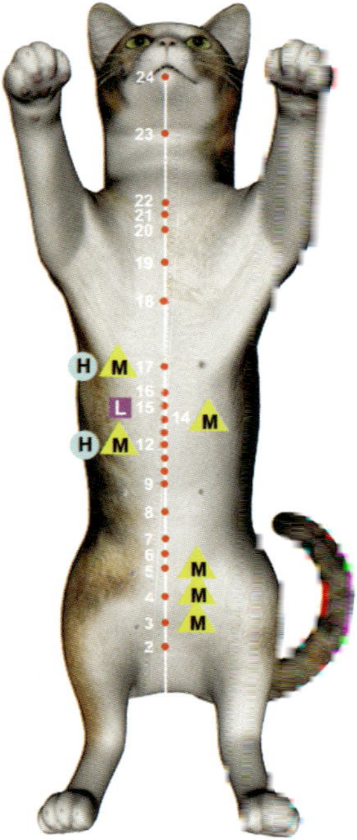


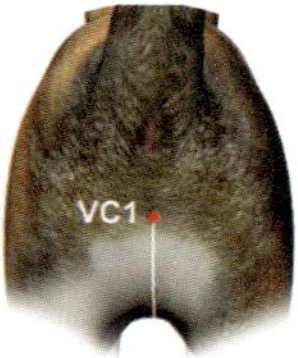


T Tonificação S Sedação He He M Mu H Hui Y Yuan L Luo X Xi

# VC

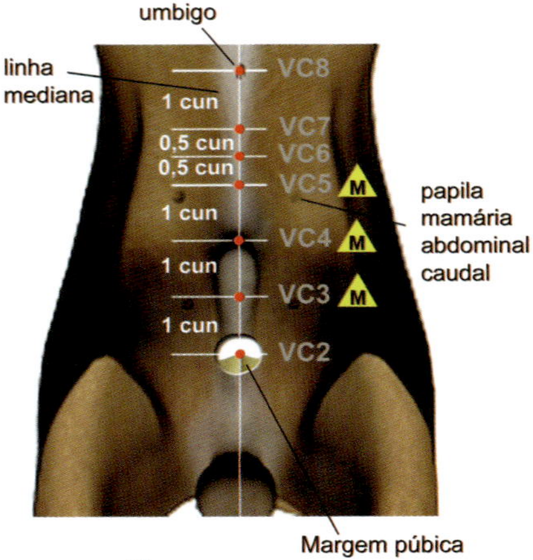
umbigo
linha mediana
VC8
1 cun
VC7
0,5 cun
VC6
0,5 cun
VC5 M
1 cun
VC4 M
1 cun
VC3 M
1 cun
VC2
papila mamária abdominal caudal
Margem púbica

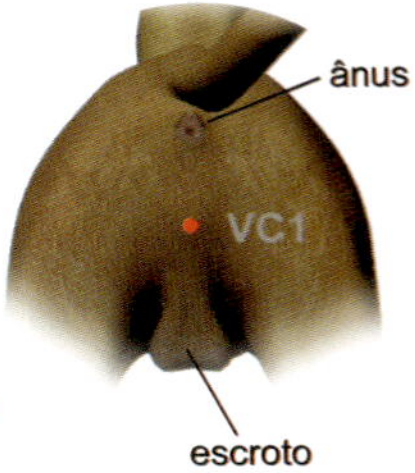
ânus
VC1
escroto

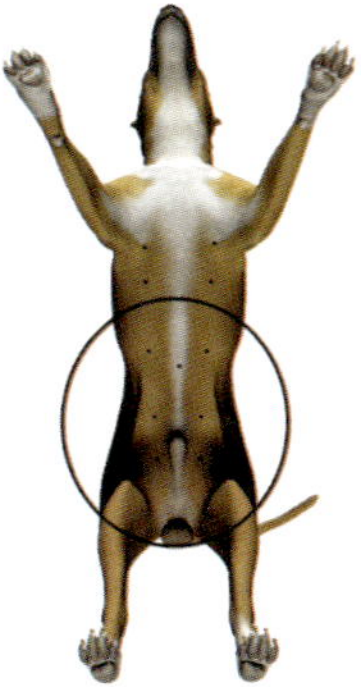

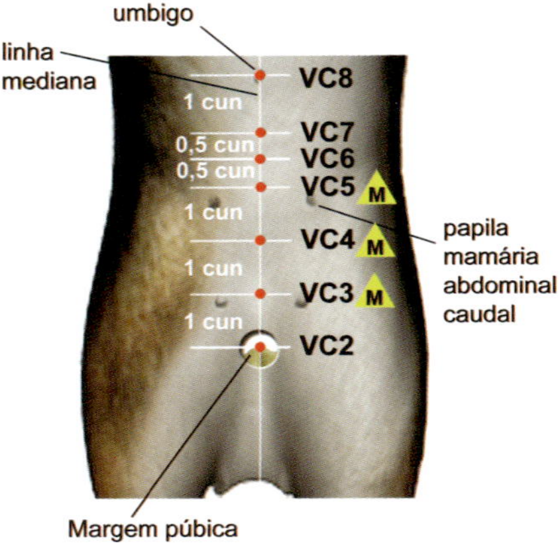
umbigo
linha mediana
VC8
1 cun
VC7
0,5 cun
VC6
0,5 cun
VC5 M
1 cun
VC4 M
1 cun
VC3 M
1 cun
VC2
papila mamária abdominal caudal
Margem púbica

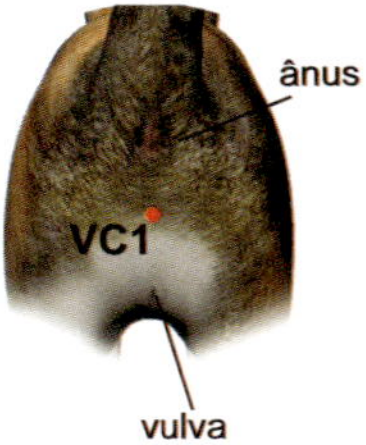
ânus
VC1
vulva

**VC1** ***(huiyin)***
No centro da região do períneo, entre o ânus e o escroto ou entre o ânus e a vulva.
**Indicação:** Problemas de próstata, problemas urinários. Hemorroidas.
**Método:** Conforme a espécie e a constituição do animal, inserir a agulha de forma perpendicular 0,5 a 1 cm de profundidade.

**VC2** ***(qugu)***
Na linha mediana, na margem púbica.
**Indicação:** Fortalece o rim e a essência. Dificuldade de micção, retenção de urina. Dor na genitália.
**Método:** Conforme a espécie e a constituição do animal, inserir a agulha de forma perpendicular, 0,5 a 1 cm de profundidade.

**VC3** ***(zhongji)*** M
Na linha mediana, 4 cun caudais ao umbigo.
**Indicação:** Doenças geniturinárias. Fortalece o rim e nutre a essência.
**Método:** Conforme a espécie e a constituição do animal, inserir a agulha de forma inclinada, 0,5 a 1 cm de profundidade.

**VC4** ***(guanyuan)*** M
Na linha mediana, 3 cun caudais ao umbigo.
**Indicação:** Tonifica o Qi e o sangue. Tonifica o rim. Tonifica o Yang. Doenças urogenitais. Infertilidade. Fraqueza, lombalgia, diarreia.
**Método:** Conforme a espécie e a constituição do animal, inserir a agulha de forma inclinada, 0,5 a 1 cm de profundidade.

# VC

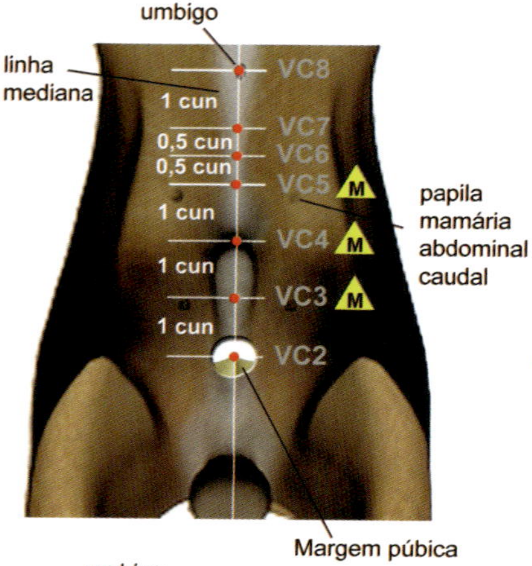


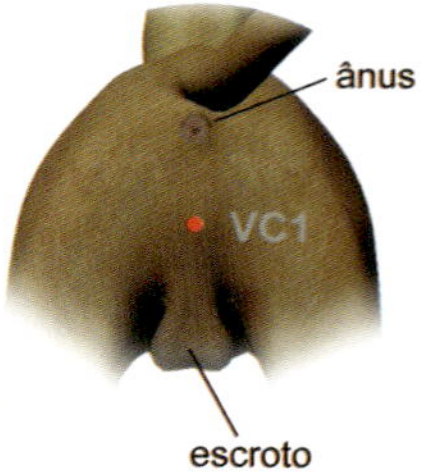


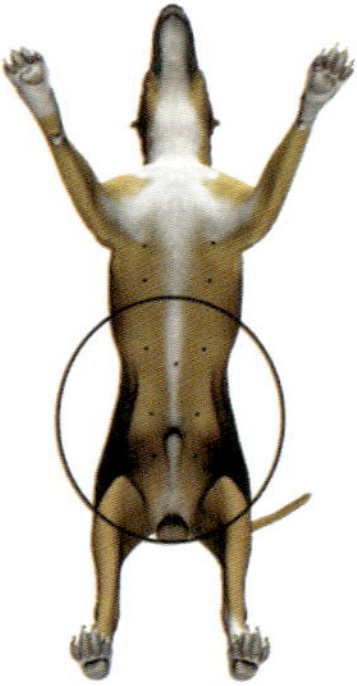

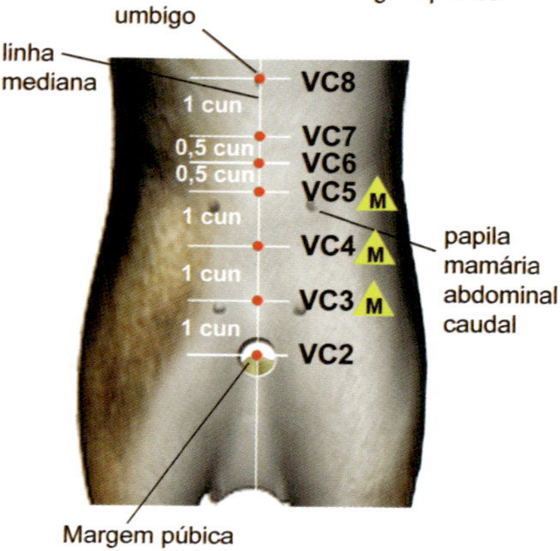


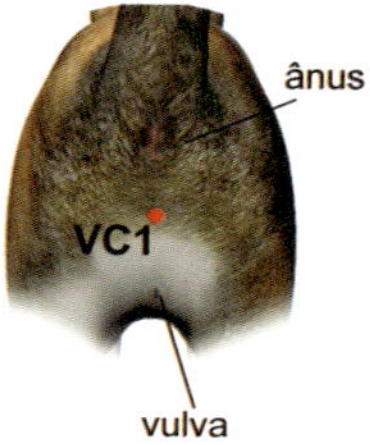




T Tonificação S Sedação He He M Mu H Hui Y Yuan L Luo X Xi

**VC5 *(shimen)*** M

Na linha mediana, 2 cun caudais ao umbigo.
**Indicação:** Tonifica o Qi original. Retenção urinária, diarreia.
**Método:** Conforme a espécie e a constituição do animal, inserir a agulha de forma inclinada, 0,5 a 1 cm de profundidade.

**VC6 *(qihai)***

Na linha mediana, 1,5 cun caudais ao umbigo.
**Indicação:** Tonifica o Qi original e o Yang. Cansaço, depressão. Doenças urogenitais. Problemas gastrintestinais.
**Método:** Conforme a espécie e a constituição do animal, inserir a agulha de forma inclinada, 0,5 a 1 cm de profundidade.

**VC7 *(yinjiao)***

Na linha mediana, 1 cun caudal ao umbigo.
**Indicação:** Elimina a umidade. Infertilidade. Doenças urogenitais.
**Método:** Conforme a espécie e a constituição do animal, inserir a agulha de forma inclinada, 0,5 a 1 cm de profundidade.

**VC8 *(shenque)***

No centro do umbigo.
**Indicação:** Tonifica o Qi original. Fortalece o Yang. Diarreia crônica, dor abdominal.
**Método:** Conforme a espécie e a constituição do animal, inserir a agulha de forma inclinada, 0,5 a 1 cm de profundidade.

# VC

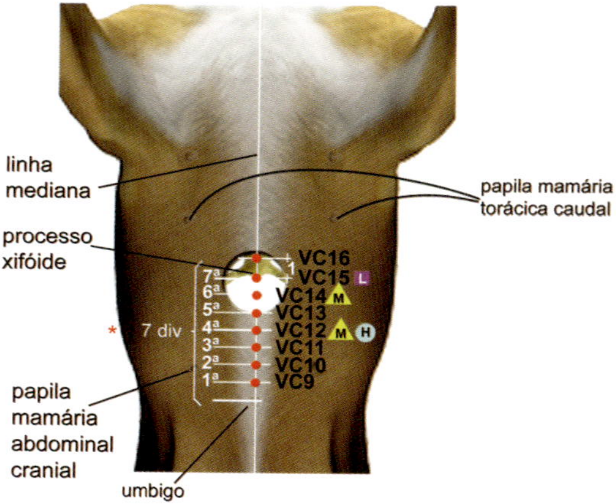


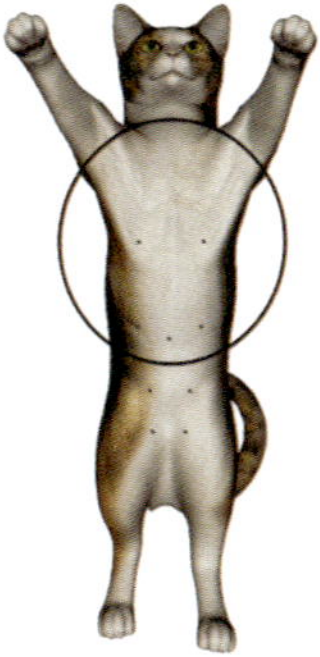

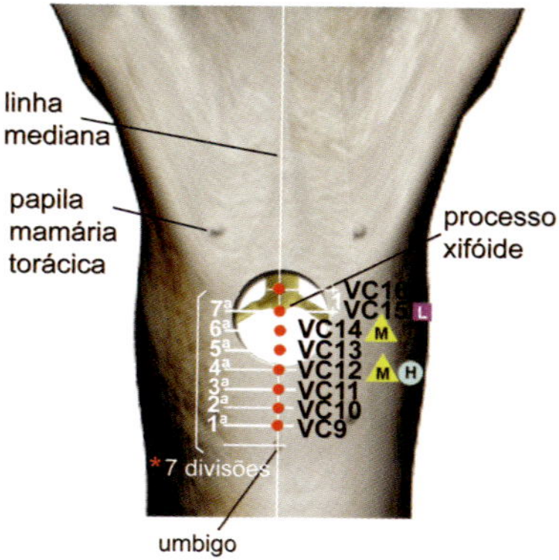


* 7 divisões entre o umbigo e processo xifóide.

 T Tonificação S Sedação He He M Mu H Hui Y Yuan L Luo X Xi

**VC9** ***(shuifen)***

Na linha mediana, na 1ª divisão cranial ao umbigo.

**Indicação:** Elimina edema, diarreia, ascite. Dores na barriga.

**Método:** Conforme a espécie e a constituição do animal, inserir a agulha de forma inclinada, 0,5 a 1 cm de profundidade.

**VC10** ***(xiawan)***

Na linha mediana, na 2ª divisão cranial ao umbigo.

**Indicação:** Promove a descendência do Qi do Estômago. Má digestão, náusea.

**Método:** Conforme a espécie e a constituição do animal, inserir a agulha de forma inclinada, 0,5 a 1 cm de profundidade.

**VC11** ***(jianli)***

Na linha mediana, na 3ª divisão cranial ao umbigo.

**Indicação:** Promove a descendência do Qi do Estômago. Má digestão, náusea, vômito.

**Método:** Conforme a espécie e a constituição do animal, inserir a agulha de forma inclinada, 0,5 a 1 cm de profundidade.

**VC12** ***(zhongwan)*** M H

Na linha mediana, na 4ª divisão cranial ao umbigo.

**Indicação:** Tonifica o estômago e o baço. Rachadura no meio da língua (deficiência do Yin do Estômago), falta de apetite, cansaço, náusea, vômito, doenças do estômago e do baço.

**Método:** Conforme a espécie e a constituição do animal, inserir a agulha de forma inclinada, 0,5 a 1 cm de profundidade.

# VC

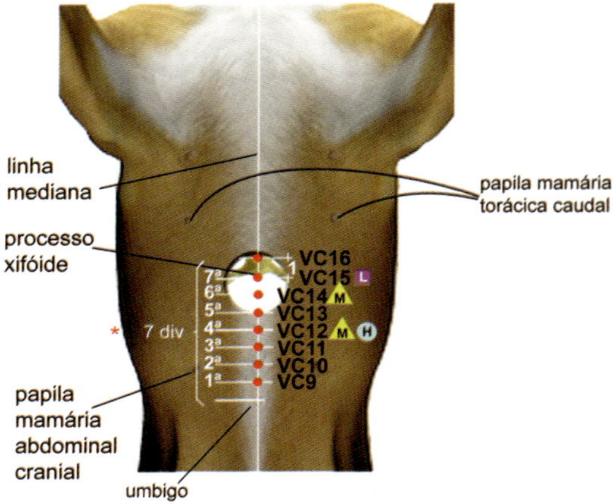


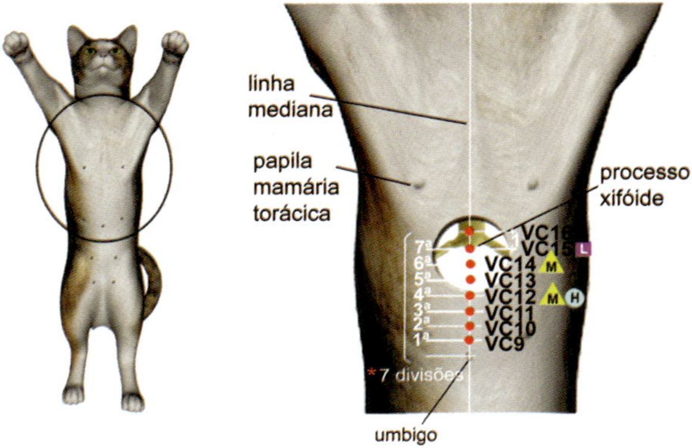


* 7 divisões entre o umbigo e processo xifóide.

### VC13 *(shangwan)*

Na linha mediana, na 5ª divisão cranial ao umbigo.
**Indicação:** Domina a rebelião do Qi do Estômago. Náusea, vômito, má digestão.
**Método:** Conforme a espécie e a constituição do animal, inserir a agulha de forma inclinada, 0,5 a 1 cm de profundidade.

### VC14 *(juque)* M

Na linha mediana, na 6ª divisão cranial ao umbigo.
**Indicação:** Regula o Qi do Coração. Domina a rebelião do Qi do Estômago. Dor no coração, insônia, agitação. Dor abdominal, náusea, vômito.
**Método:** Conforme a espécie e a constituição do animal, inserir a agulha de forma inclinada, 0,5 a 1 cm de profundidade.

### VC15 *(jiuwei)* L

Na linha mediana, imediatamente abaixo do processo xifoide (ou 7ª divisão cranial ao umbigo).
**Indicação:** Tranquiliza o Shen. Palpitação, agitação, insônia. Tosse, falta de ar. Distúrbio gastrintestinal, refluxo.
**Método:** Conforme a espécie e a constituição do animal, inserir a agulha de forma inclinada, 0,5 a 1 cm de profundidade.

### VC16 *(zhongting)*

Na linha mediana, 1 cun acima de VC15.
**Indicação:** Dor no tórax, náusea, vômito.
**Método:** Conforme a espécie e a constituição do animal, inserir a agulha de forma inclinada, 0,5 a 1 cm de profundidade.

# VC

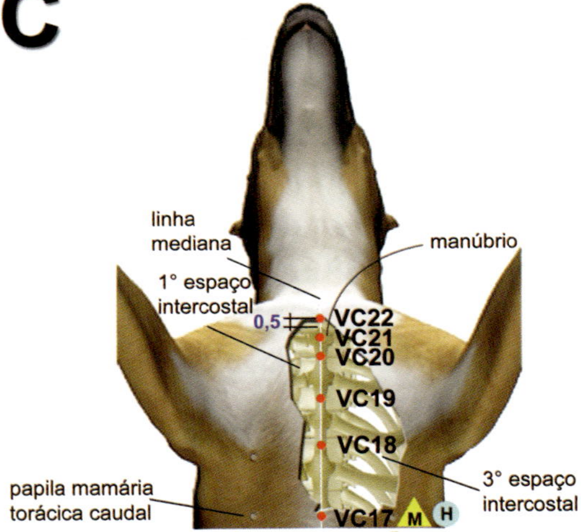


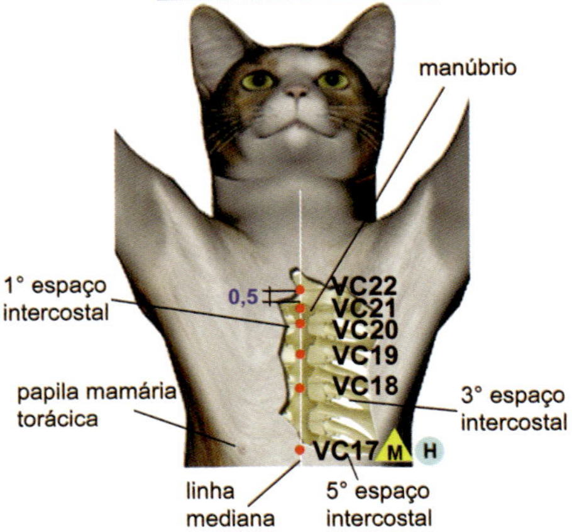



T Tonificação S Sedação He He M Mu H Hui Y Yuan L Luo X Xi

**VC17 *(danzhong)*** M H

Na linha mediana, entre as papilas mamárias torácicas caudais (cão) ou entre as papilas mamárias torácicas (gato).
**Indicação:** Tonifica o Qi, principalmente do Coração e do Pulmão. Dor no tórax, falta de ar. Beneficia as mamas.
**Método:** Conforme a espécie e a constituição do animal, inserir a agulha de forma inclinada, 0,5 a 1 cm de profundidade.

**VC18 *(yutang)***

Na linha mediana, no nível do 3° espaço intercostal.
**Indicação:** Dores no tórax, tosse, dificuldade na respiração, asma.
**Método:** Conforme a espécie e a constituição do animal, inserir a agulha de forma inclinada, 0,5 a 1 cm de profundidade.

**VC19 *(zigong)***

Na linha mediana, no nível do 2° espaço intercostal.
**Indicação:** Dores no tórax, tosse, dificuldade na respiração, asma.
**Método:** Conforme a espécie e a constituição do animal, inserir a agulha de forma inclinada, 0,5 a 1 cm de profundidade.

# VC

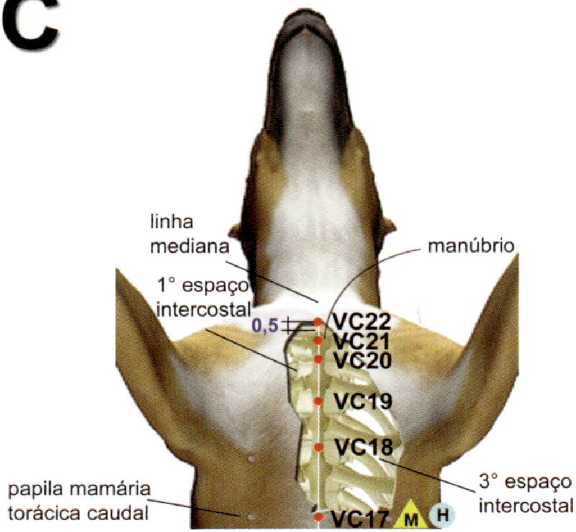

linha
mediana
manúbrio
1° espaço
intercostal
0,5
VC22
VC21
VC20
VC19
VC18
3° espaço
intercostal
papila mamária
torácica caudal
VC17
M
H


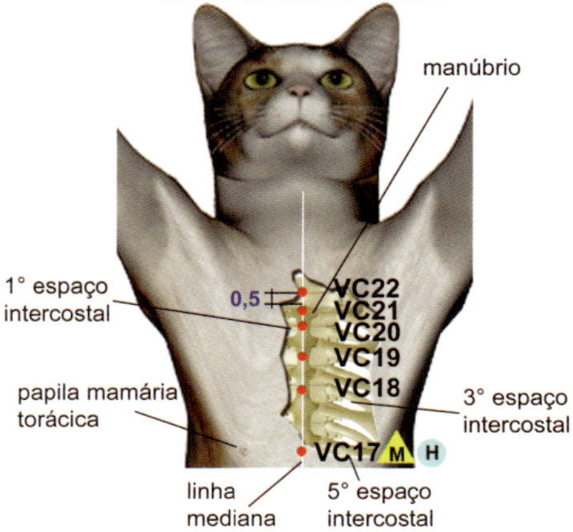

manúbrio
1° espaço
intercostal
0,5
VC22
VC21
VC20
VC19
VC18
3° espaço
intercostal
papila mamária
torácica
VC17
M
H
linha
mediana
5° espaço
intercostal

**VC20** ***(huagai)***
Na linha mediana, no nível do 1° espaço intercostal.
**Indicação:** Dores no tórax, tosse, dificuldade na respiração, asma.
**Método:** Conforme a espécie e a constituição do animal, inserir a agulha de forma inclinada, 0,5 a 1 cm de profundidade.

**VC21** ***(xuanji)***
Na linha mediana, no centro do manúbrio do esterno.
**Indicação:** Dores no tórax, tosse, dificuldade na respiração, asma. Inflamação na garganta.
**Método:** Conforme a espécie e a constituição do animal, inserir a agulha de forma inclinada, 0,5 a 1 cm de profundidade.

**VC22** ***(tiantu)***
Na linha mediana, 0,5 cun acima do manúbrio do esterno.
**Indicação:** Crise aguda de asma e bronquite. Laringite, faringite, tosse, dificuldade na respiração. Promove a expectoração.
**Método:** Conforme a espécie e a constituição do animal, inserir a agulha de forma inclinada, 0,5 a 1 cm de profundidade.

# VC

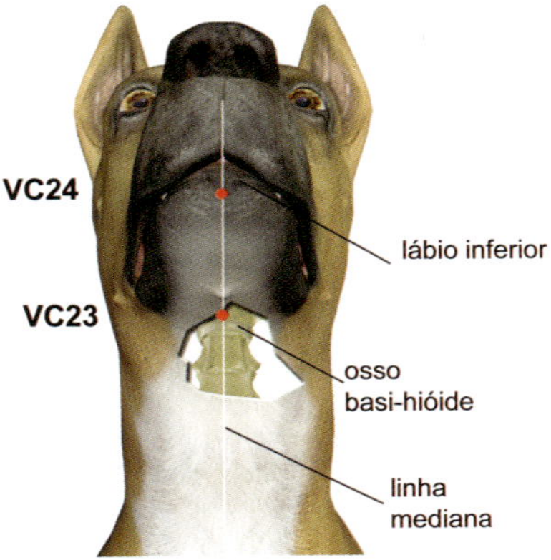
VC24
VC23
lábio inferior
osso
basi-hióide
linha
mediana

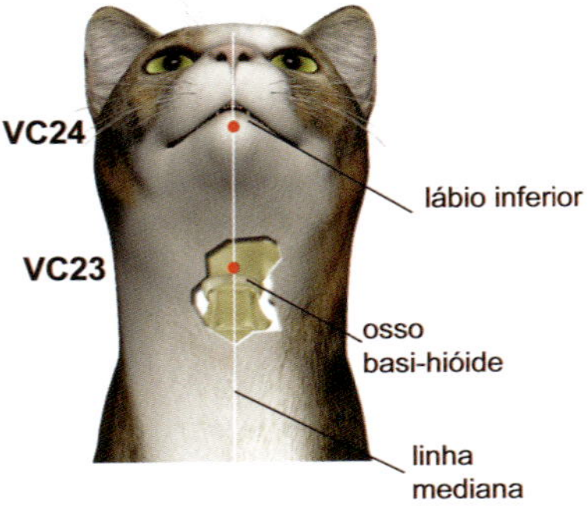
VC24
VC23
lábio inferior
osso
basi-hióide
linha
mediana

### VC23 *(lianquan)*

Na linha mediana, acima da face cranial do osso basi-hioide.
**Indicação:** Beneficia a língua. Afasia (após acidente vascular encefálico), inflamação na garganta, rouquidão. Tosse, falta de ar.
**Método:** Conforme a espécie e a constituição do animal, inserir a agulha de forma inclinada, 0,5 a 1 cm de profundidade.

### VC24 *(chengjiang)*

Na linha mediana, na depressão abaixo da região labial inferior.
**Indicação:** Elimina o vento interno. Hemiplegia, desvio de boca, nevralgia de trigêmeo. Dor de dente, perda súbita de voz.
**Método:** Conforme a espécie e a constituição do animal, inserir a agulha de forma inclinada, 0,5 a 1 cm de profundidade.

# Vaso Governador

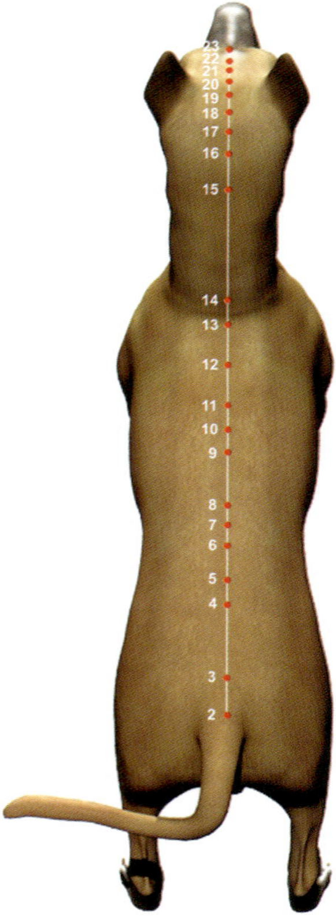


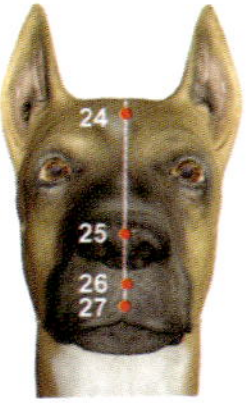


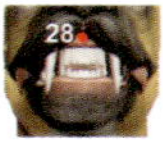


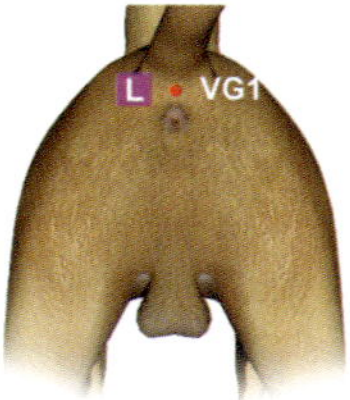

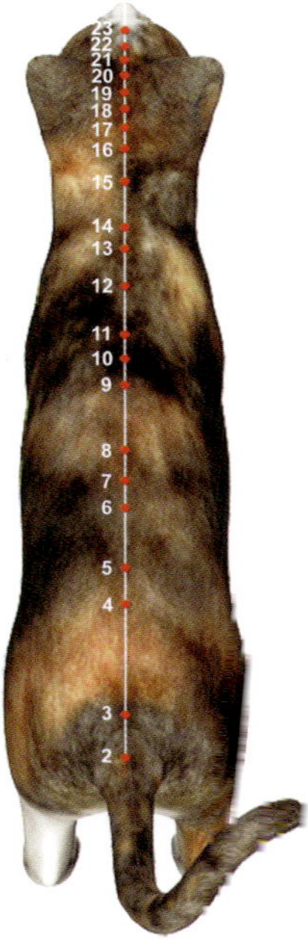


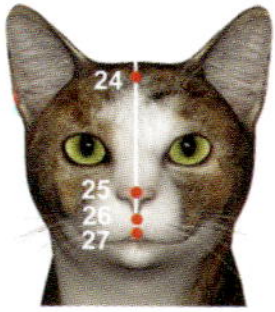


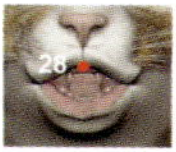


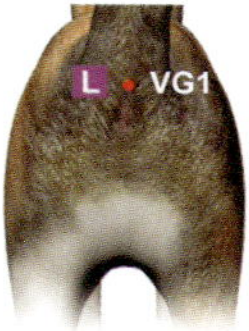


T Tonificação S Sedação He Mu H Hui Y Yuan L Luo X Xi

# VG

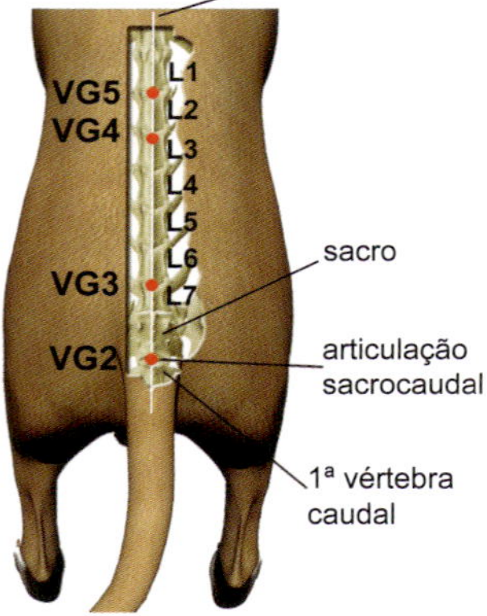


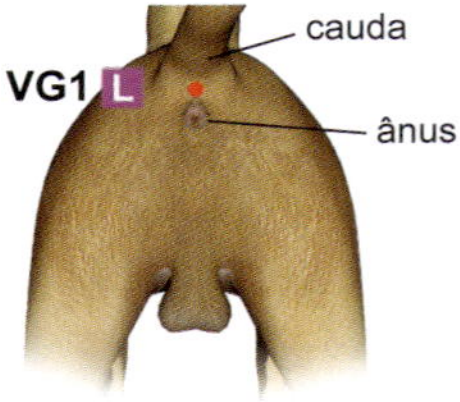


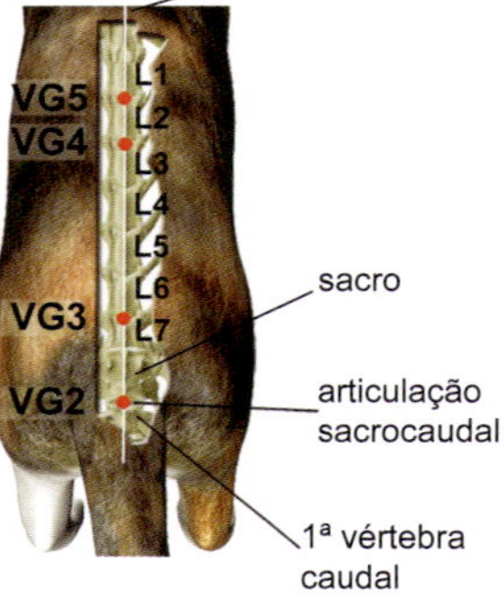


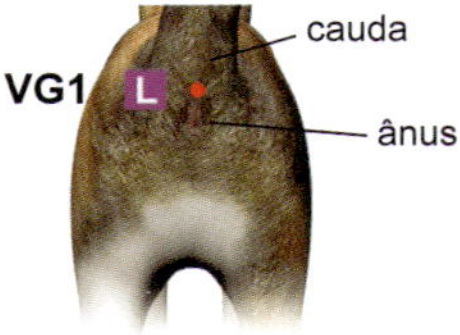




T Tonificação S Sedação He He M Mu H Hui Y Yuan L Luo X Xi

## VG1 *(changqiang)* L

Na linha mediana, entre a superfície ventral da cauda (proximal à base) e o ânus.

**Indicação:** Elimina o calor e a umidade. Hemorroida. Problemas urinários. Acalma.

**Método:** Conforme a espécie e a constituição do animal, inserir a agulha de forma inclinada, 0,5 a 2,5 cm de profundidade.

## VG2 *(yaoshu)*

Na linha mediana, entre a articulação do sacro com a 1ª vértebra caudal (articulação sacrocaudal).

**Indicação:** Elimina o vento interno. Dor sacral, lombalgia. Epilepsia. Hemorroida.

**Método:** Conforme a espécie e a constituição do animal, inserir a agulha de forma perpendicular, 0,5 a 2 cm de profundidade.

## VG3 *(yaoyangguan)*

Na linha mediana, caudal ao processo espinhoso da L6.

**Indicação:** Tonifica o Yang. Lombalgia, ciatalgia.

**Método:** Mesmo método do VG2.

## VG4 *(mingmen)*

Na linha mediana, caudal ao processo espinhoso da L2.

**Indicação:** Tonifica o Qi original. Elimina o vento interno. Fortalece o Yang do Rim. Fraqueza. Problemas urinários. Lombalgia, ciatalgia. Tontura.

**Método:** Conforme a espécie e a constituição do animal, inserir a agulha de forma perpendicular, [illegible] a 3 cm de profundidade.

## VG5 *(xuanshu)*

Na linha mediana, caudal ao processo espinhoso da L1.

**Indicação:** Regula o Aquecedor Inferior. Lombalgia. Diarreia.

**Método:** Mesmo método do VG4.

# VG

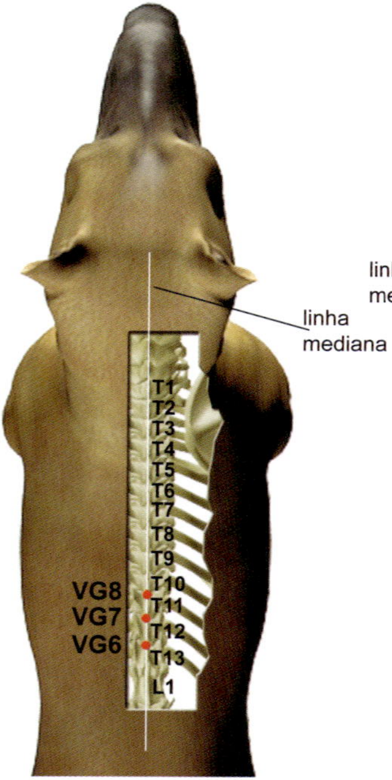

linha
mediana
T1
T2
T3
T4
T5
T6
T7
T8
T9
T10
T11
T12
T13
L1
VG8
VG7
VG6


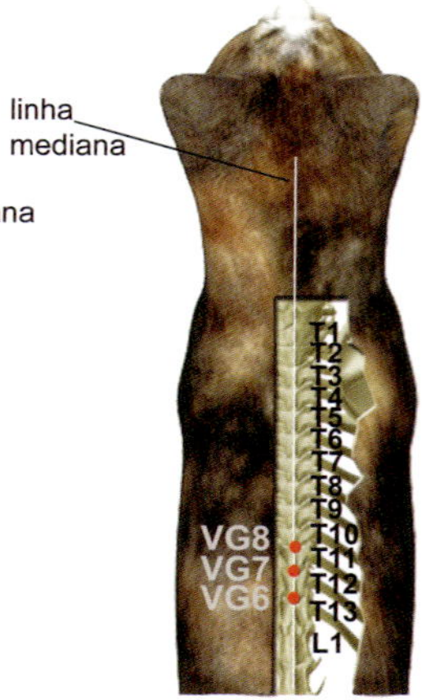

linha
mediana
T1
T2
T3
T4
T5
T6
T7
T8
T9
T10
T11
T12
T13
L1
VG8
VG7
VG6

**VG6 *(jizhong)***

Na linha mediana, caudal ao processo espinhoso da T12.
**Indicação:** Tonifica o baço. Hemorroida, lombalgia, dor abdominal, diarreia.
**Método:** Conforme a espécie e a constituição do animal, inserir a agulha de forma perpendicular, 1 a 2,5 cm de profundidade.

**VG7 *(zhongshu)***

Na linha mediana, caudal ao processo espinhoso da T11.
**Indicação:** Tonifica o Aquecedor Médio. Dor nas costas.
**Método:** Conforme a espécie e a constituição do animal, inserir a agulha de forma perpendicular, 1 a 2,5 cm de profundidade.

**VG8 *(jinsuo)***

Na linha mediana, caudal ao processo espinhoso da T10.
**Indicação:** Elimina o vento interno. Relaxa os tendões. Gastrite.
**Método:** Conforme a espécie e a constituição do animal, inserir a agulha de forma perpendicular, 1 a 2,5 cm de profundidade.

# VG

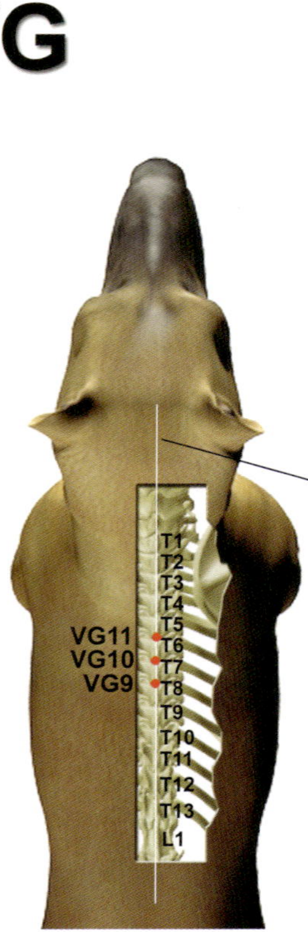


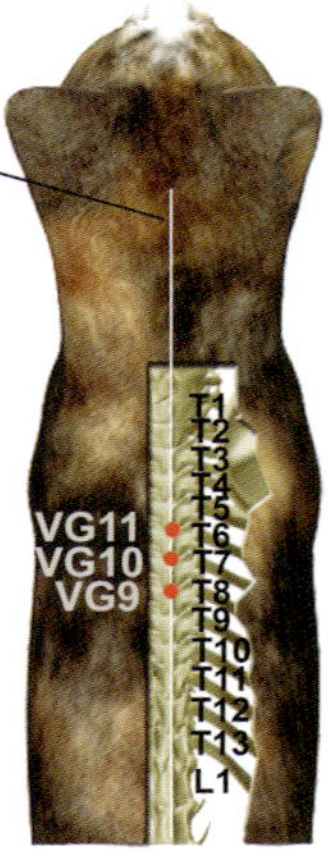




T Tonificação S Sedação He He M Mu H Hui Y Yuan L Luo X Xi

**VG9 *(zhiyang)***
Na linha mediana, caudal ao processo espinhoso da T7.
**Indicação:** Regula o Fígado e a Vesícula Biliar. Dor no tórax. Tosse, dispneia.
**Método:** Conforme a espécie e a constituição do animal, inserir a agulha de forma perpendicular 1 a 2,5 cm de profundidade.

**VG10 *(lingtai)***
Na linha mediana, caudal ao processo espinhoso da T6.
**Indicação:** Harmoniza o Aquecedor Superior. Dispneia, asma, bronquite, tosse.
**Método:** Conforme a espécie e a constituição do animal, inserir a agulha de forma perpendicular, 1 a 2,5 cm de profundidade.

**VG11 *(shendao)***
Na linha mediana, caudal ao processo espinhoso da T5.
**Indicação:** Fortalece o Coração. Elimina o vento. Acalma a mente, depressão, tristeza.
**Método:** Conforme a espécie e a constituição do animal, inserir a agulha de forma perpendicular, 1 a 2,5 cm de profundidade.

# VG

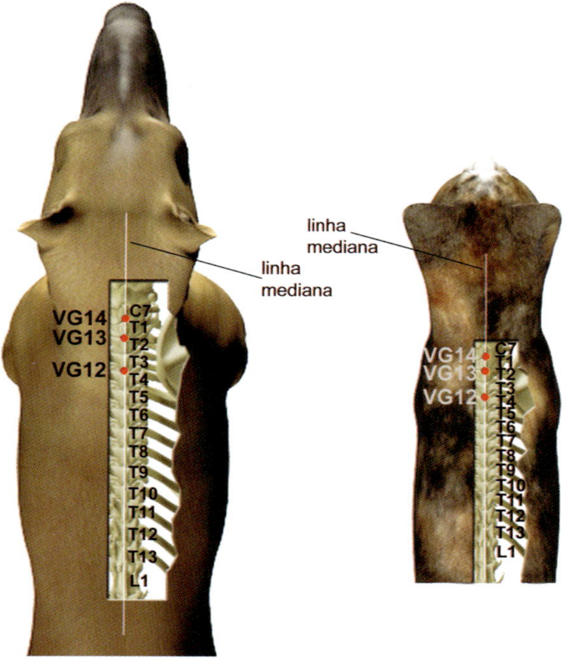
linha mediana
VG14
VG13
VG12
C7
T1
T2
T3
T4
T5
T6
T7
T8
T9
T10
T11
T12
T13
L1
linha mediana
VG14
VG13
VG12
C7
T1
T2
T3
T4
T5
T6
T7
T8
T9
T10
T11
T12
T13
L1

**VG12** ***(shenzu)***
Na linha mediana, caudal ao processo espinhoso da T3.
**Indicação:** Elimina o vento. Tonifica o Qi do Pulmão. Acalma o Shen. Agitação, falta de ar, tosse, rinite alérgica. Cansaço, voz fraca.
**Método:** Conforme a espécie e a constituição do animal, inserir a agulha de forma perpendicular 1 a 2,5 cm de profundidade.

**VG13** ***(taodao)***
Na linha mediana, caudal ao processo espinhoso da T1.
**Indicação:** Dorsalgia. Doenças pulmonares.
**Método:** Conforme a espécie e a constituição do animal, inserir a agulha de forma perpendicular, 1 a 2,5 cm de profundidade.

**VG14** ***(dazhui)***
Na linha mediana, caudal ao processo espinhoso da C7.
**Indicação:** Elimina o vento interno e o externo. Tonifica o Yang. Resfriado, febre, dor e rigidez cervical.
**Método:** Conforme a espécie e a constituição do animal, inserir a agulha de forma perpendicular 1 a 3 cm de profundidade.

# VG

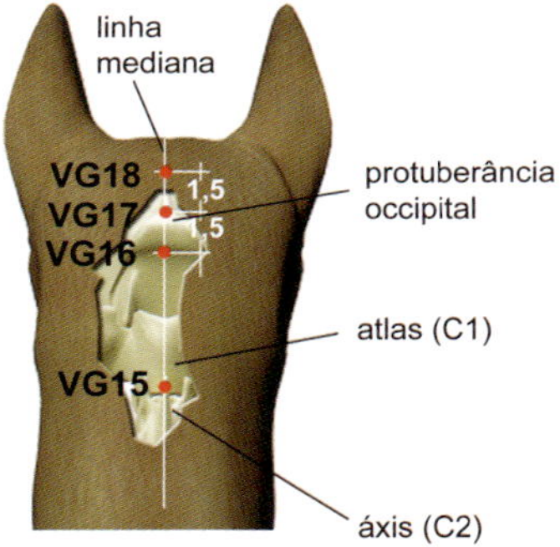
linha
mediana
VG18
1,5
VG17
1,5
VG16
protuberância
occipital
atlas (C1)
VG15
áxis (C2)

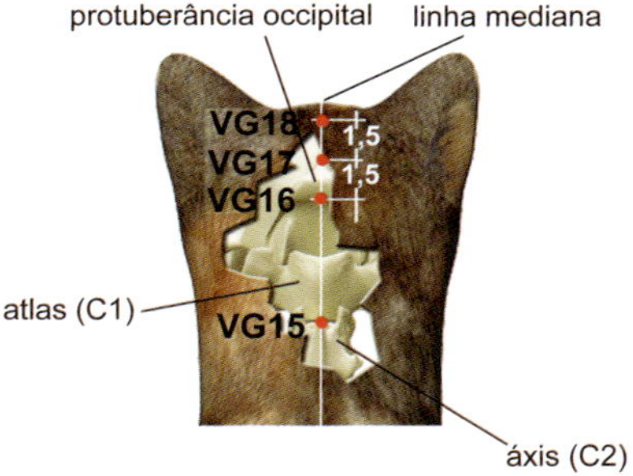
protuberância occipital
linha mediana
VG18
1,5
VG17
1,5
VG16
atlas (C1)
VG15
áxis (C2)

**VG15 *(yamen)***
Na linha mediana, na depressão abaixo da C1 (atlas).
**Indicação:** Elimina o vento interno. Nutre o cérebro. Estimula a vocalização após o acidente vascular encefálico (AVE). Rigidez no pescoço.
**Método:** Conforme a espécie e a constituição do animal, inserir a agulha de forma perpendicular, 0,5 a 1,5 cm de profundidade.

**VG16 *(fengfu)***
Na linha mediana, abaixo da protuberância occipital externa.
**Indicação:** Elimina o vento interno (AVE, tontura grave) e o externo. Domina o Yang, o vento e o fogo do Fígado (dor na nuca).
**Método:** Conforme a espécie e a constituição do animal, inserir a agulha de forma inclinada, 0,5 a 1,5 cm de profundidade.

**VG17 *(naohu)***
Na linha mediana, na margem cranial da protuberância occipital externa. Cerca de 1,5 cun acima de VG16.
**Indicação:** Elimina o vento interno (AVE, tontura grave). Problemas oculares. Dor e rigidez na nuca.
**Método:** Conforme a espécie e a constituição do animal, inserir a agulha de forma inclinada, 0,5 a 1 cm de profundidade.

**VG18 *(qiangjian)***
Na linha mediana,1,5 cun acima de VG17.
**Indicação:** Tontura, dor e rigidez na nuca. Insônia, agitação.
**Método:** Conforme a espécie e a constituição do animal, inserir a agulha de forma inclinada, 0,5 a 1 cm de profundidade.

# VG

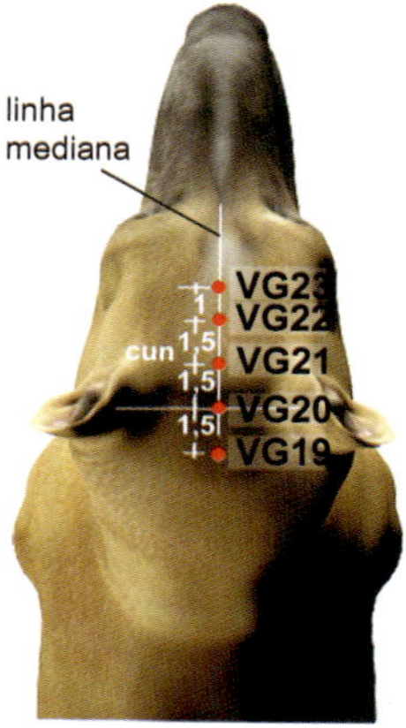
linha
mediana
VG23
VG22
VG21
VG20
VG19
1
1,5
cun
1,5
1,5

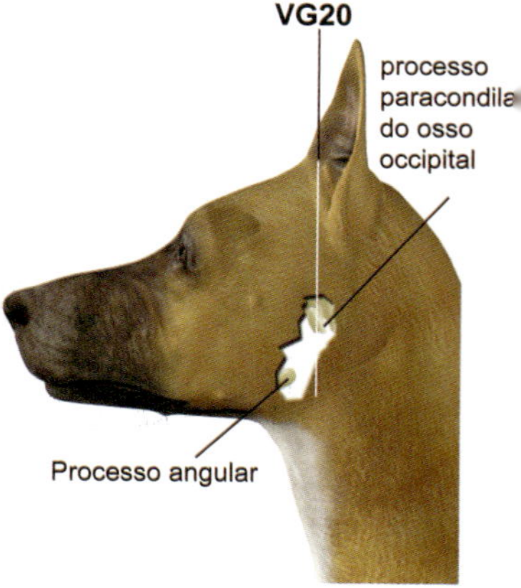
VG20
processo
paracondila
do osso
occipital
Processo angular

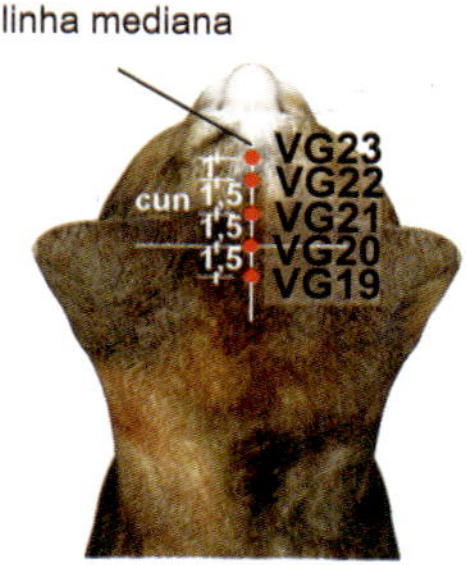
linha mediana
VG23
VG22
VG21
VG20
VG19
cun
1,5
1,5
1,5

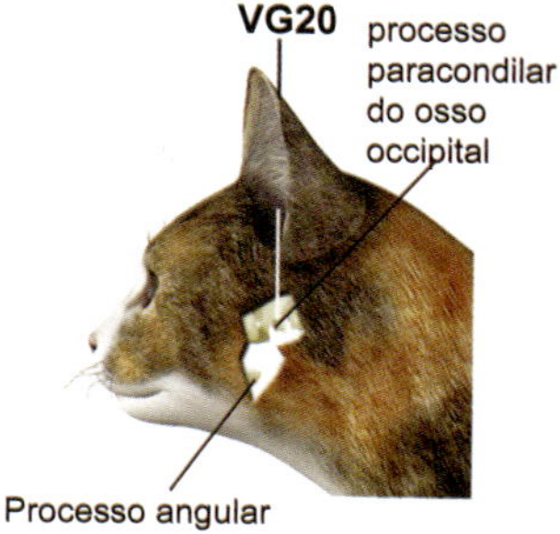
VG20
processo
paracondilar
do osso
occipital
Processo angular

**VG19 *(houding)***
Na linha mediana, 1,5 cun atrás de VG20.
**Indicação:** Acalma a mente, agitação, insônia. Dor no ápice da cabeça.
**Método:** Conforme a espécie e a constituição do animal, inserir a agulha de forma inclinada, 0,5 a 1 cm de profundidade.

**VG20 *(baihui)***
No ponto de cruzamento entre a linha mediana e a linha horizontal que liga o processo paracondilar do osso occipital.
**Indicação:** Elimina o vento interno. Expele ou eleva o Yang do Fígado. Acalma o Shen, distúrbio do sono. AVE, tontura, problemas no ouvido.
**Método:** Mesmo método do VG19.

**VG21 *(qianding)***
Na linha mediana, 1,5 cun anteriores a VG20.
**Indicação:** Dor no ápice da cabeça. Tontura, rinite. Acalma o Shen.
**Método:** Mesmo método do VG19

**VG22 *(xinhui)***
Na linha mediana, 3 cun anteriores a VG20.
**Indicação:** Tontura. Acalma o Shen.
**Método:** Mesmo método do VG19.

**VG23 *(shangxing)***
Na linha mediana, 4 cun anteriores a VG20.
**Indicação:** Hemorragia nasal, obstrução nasal, rinite alérgica, sinusite. Doenças oculares.
**Método:** Mesmo método do VG19.

# VG

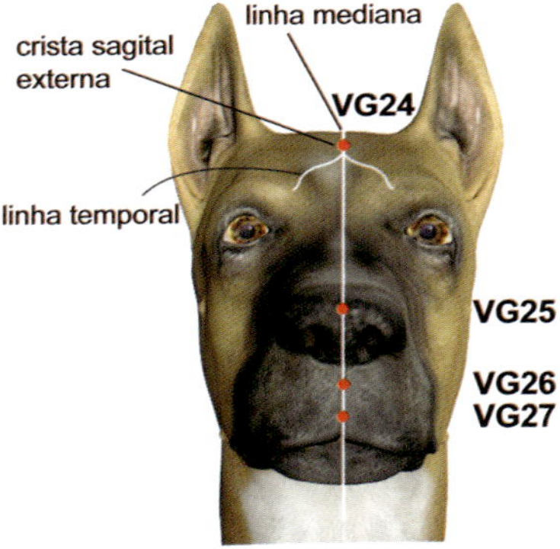
linha mediana
crista sagital
externa
VG24
linha temporal
VG25
VG26
VG27

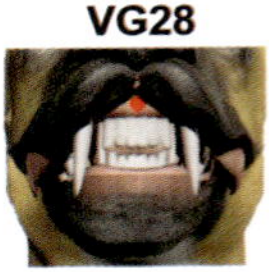
VG28

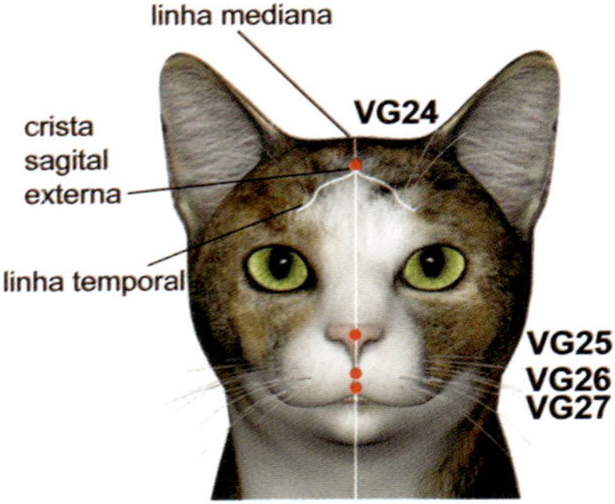
linha mediana
VG24
crista
sagital
externa
linha temporal
VG25
VG26
VG27

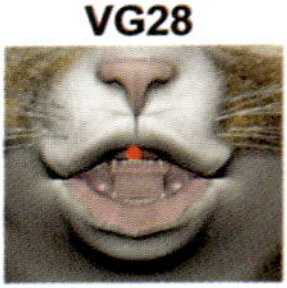
VG28

### VG24 *(shenting)*

No ponto de encontro entre a linha temporal e a crista sagital externa.

**Indicação:** Elimina o vento interno (tontura com vômito). Acalma o Shen. Agitação, insônia, depressão, tristeza. Rinite, sinusite.

**Método:** Conforme a espécie e a constituição do animal, inserir a agulha de forma inclinada, 0,5 a 1 cm de profundidade.

### VG25 *(suliao)*

Na ponta do nariz.

**Indicação:** Hemorragia nasal, obstrução nasal, rinite, sinusite.

**Método:** Conforme a espécie e a constituição do animal, inserir a agulha de forma perpendicular, 0,5 a 1 cm de profundidade.

### VG26 *(renzhong)*

Um terço da distância entre a região nasal e a região labial superior.

**Indicação:** Elimina o vento interno. Acalma a mente. Desmaio, AVE, coma. Lombalgia aguda (quando afetado o Vaso Governador). Doenças nasais.

**Método:** Mesmo método do VG25.

### VG27 *(diuduan)*

Na linha mediana, na transição da região labial superior para o filtro.

**Indicação:** Tranquiliza o Shen. Gengivite.

**Método:** Mesmo método do VG25.

### VG28 *(yinjiao)*

No lado interno do lábio superior, na mucosa gengival.

**Indicação:** Hemorragia da gengiva, gengivite. Rigidez na nuca.

**Método:** Conforme a espécie e a constituição do animal, inserir a agulha de forma perpendicular, 0,3 a 0,5 cm de profundidade.

# Bibliografia

BOYD, J. Atlas Colorido de Anatomia Clínica do Cão e do Gato. 2a ed. São Paulo: Manole, 2002.

CHEN, C.; LIAN, Y.; HAMMES, M.; KOLSTER, B. C. Atlas Gráfico de Acupuntura: representación de los puntos de acupuntura. Barcelona: Konemann, 2005.

COLVILLE, T. P. Anatomia e Fisiologia para Medicina Veterinária. Rio de Janeiro: Elsevier, 2010.

CONSTANTINESCU, G. M. Anatomia Clínica de Pequenos Animais. Rio de Janeiro: Guanabara Koogan, 2005.

DANGELO, J. G. Anatomia Humana Sistêmica e Segmentar para o Estudante de Medicina. São Paulo: Atheneu, 2005.

DONE, S. H. et al. Atlas Colorido de Anatomia do Cão e Gato. Rio de Janeiro: Elsevier, 2010.

DRAEHMPAEHL, D. Acupuntura no Cão e no Gato: princípios básicos e prática científica. São Paulo: Roca, 1994.

FOCKS, C. Guia Prático de Acupuntura. localização de pontos e técnicas de punção. Barueri: Manole, 2008.

GETTY, R. Sisson/Grossman – Anatomia dos animais domésticos. [tradução Alzido de Oliveira, et al.]. 5a ed. Rio de Janeiro: Guanabara Koogan, 1986.

KIM, C. H. Manual Prático de Acupuntura. São Paulo: Ícone, 2012.

MACIOCIA, G. Os fundamentos da medicina chinesa: um texto abrangente para acupunturistas e fitoterapeutas [tradução Edna Iara Souza Martins]. São Paulo: Roca, 2007.

SCHWARTZ, C. Quatro patas, cinco direções: um guia de medicina chinesa para cães e gatos. [tradução Áurea Daia Barreto] São Paulo: Ícone, 2008.

WEN, T. S. Acupuntura clássica chinesa. São Paulo: Editora Cultrix, 1985.

XIE, H. Medicina veterinária tradicional chinesa: princípios fundamentais. [tradução Vanessa Couto de Magalhães Ferraz] São Paulo: Medvet, 2012.

# Koryosoft_AURICULO
## Software de Acupuntura

O **Koryosoft_AURICULO** é um software de acupuntura auricular.

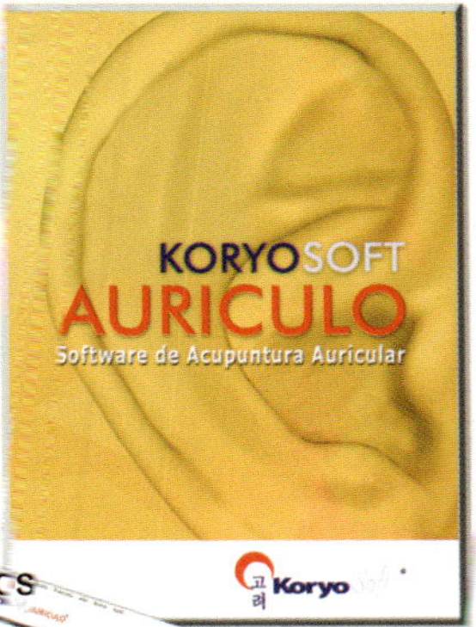


Pode ser utilizado pelos profissionais e também, pelo público em geral visto que sua utilização é bem simples.

Com o **Koryosoft_AURICULO** você identifica a localização exata e as funções de cada ponto.

Também, poderá cadastrar pacientes, criar ficha de atendimentos e agendar seus compromissos.

- ☐ AGENDA
- ☐ CADASTRO de pacientes com foto
- ☐ ANAMNESE
- ☐ FICHAS de atendimentos
- ☐ BUSCA de pontos auriculares
- ☐ BUSCA e ELABORAÇÃO de protocolos para doenças
- ☐ ATLAS chinesa
- ☐ ATLAS de medidas, 5 elementos, Pulso, Relógio Orgânico
- ☐ EDITOR de banco de dados
- ☐ BLOCO de notas para organizar, salvar e imprimir
- ☐ BACKUP / RESTAURAÇÃO de sistema
- ☐ SISTEMA de SENHA para proteção

**Maiores informações:** www.koryosoft.com.br

# GUIA AMSTERDÃ DE BICICLETA

Rapha.

PUBLIFOLHA

Criado por Andrew Edwards e Max Leonard, da Tandem London, estúdio gráfico, editorial e de impressão.

Agradecimentos a Joost Stokhof pelas ilustrações; Alex Figueira, pelas informações sobre a cidade; Frank van der Sman, pela história das corridas; e Emile Wilmar e Matt Fee, pelas bicicletarias e rotas.

Publicado originalmente no Reino Unido em 2013 por Thames & Hudson Ltd, 181A High Holborn, Londres WC1V 7QX.



Projeto gráfico de Andrew Edwards
Ilustrações de Joost Stokhof, thethingsweare.com



**Coordenação do projeto:** Publifolha
**Editora assistente:** Andréa Bruno
**Coordenadora de produção gráfica:** Mariana Metidieri

**Produção editorial:** Página Viva
**Coordenação:** Carlos Tranjan
**Tradução:** Carlos Mendes Rosa
**Preparação:** Fátima Couto
**Revisão:** Angélica Errico Gomes
**Diagramação:** Bianca Galante

**Dados Internacionais de Catalogação na Publicação (CIP)**
**(Câmara Brasileira do Livro, SP, Brasil)**

Edwards, Andrew
Guia Amsterdã de bicicleta / Andrew Edwards, Max Leonard ; [tradução Carlos Mendes Rosa]. – São Paulo : Publifolha, 2014. – (Guias de viagem de bicicleta)

Título original: City cycling Amsterdam.
ISBN 978-85-7914-525-4

1. Amsterdã (Holanda) - Descrição e viagens - Guias 2. Aventuras e aventureiros 3. Turismo de bicicleta I. Leonard, Max. II. Título. III. Série.

14-00616 CDD-796.64

**Índices para catálogo sistemático:**
1. Viagens de bicicleta : Guias 796.64

Este livro segue as regras do Acordo Ortográfico da Língua Portuguesa (1990), em vigor desde 1º de janeiro de 2009.

Impresso na Everbest, China.

**PUBLIFOLHA**
Divisão de Publicações do Grupo Folha
Al. Barão de Limeira, 401, 6º andar
CEP 01202-900, São Paulo, SP
Tel.: (11) 3224-2186/2187/2197
www.publifolha.com.br

*Foi feito o possível para garantir que as informações deste livro fossem as mais atualizadas disponíveis até o momento da impressão. No entanto, alguns dados como telefones, preços, horários de funcionamento e informações de viagens estão sujeitos a mudanças. Os editores não podem se responsabilizar por qualquer consequência do uso deste guia nem garantir a validade das informações contidas nos sites indicados.*

*Os leitores interessados em fazer sugestões ou comunicar eventuais correções podem escrever para a Publifolha, Al. Barão de Limeira, 401, 6º andar, CEP 01202-900, São Paulo, SP, ou enviar um e-mail para: atendimento@publifolha.com.br*

# SUMÁRIO

# COMO USAR ESTE GUIA

*Guia Amsterdã de bicicleta* é o livro perfeito para orientar você pela capital holandesa de um jeito saudável e muito divertido. Para ajudá-lo a se locomover pela cidade, dispusemos na orelha da capa um mapa de localização dividido em quatro áreas: Centrum *(p. 10)*, West e Vondelpark *(p. 18)*, Oost *(p. 24)* e Noord *(p. 30)*. Em todas elas é fácil transitar de bicicleta e encontrar muitos cafés, bares, galerias, museus, lojas e parques. Cada área possui um mapa detalhado, no qual estão marcadas as nossas recomendações de locais de interesse e de locais para se reabastecer de café e comida, além de pontos onde há conexão Wi-Fi. Dê uma volta de bicicleta e veja o que é mais atrativo para você.

Os mapas das regiões também oferecem rotas de bicicleta, bicicletarias, pontos de referência e locais específicos num grande trecho do centro da cidade – tudo de que você necessita para pedalar com segurança. Se você prefere um itinerário predeterminado, recorra a “Um dia de bicicleta”, na parte interna da capa, roteiro que sugere um percurso tranquilo de 35km e atravessa partes de Amsterdã que não são abordadas nas seções dos bairros, mas que passam por alguns dos pontos mais turísticos da cidade. Escolha as partes que mais lhe interessam, inverta o caminho se quiser e aproveite a rota do jeito que for melhor para você.

A seção “Corrida e treino” *(p. 36)* leva você por dentro da herança ciclística de Amsterdã e dá sugestões de passeios mais longos, caso você queira explorar a beleza natural nos arredores da cidade. Já “Informações essenciais” *(p. 40)* oferece dicas sobre a conduta no trânsito e revela os prós e contras de usar as rotas ciclísticas de Amsterdã. Por fim, “Sites e endereços” *(p. 44)* fornece dados adicionais de que você pode precisar.

# AMSTERDÃ DE BICICLETA

Pense em Amsterdã, e a imagem que lhe vem mais rápido à cabeça é sem dúvida a de uma bicicleta, uma ponte e um canal. Todas as pessoas – todas mesmo – pedalam em Amsterdã. Para sentir a cidade como se fosse um morador, é essencial estar de bicicleta – sem dúvida, o jeito mais conveniente e divertido de circular. As lindas ruas de casas altas e estreitas são ótimas para explorar de bicicleta; aliás, a cidade inteira é uma espécie de playground sobre duas rodas. E isso se deve em parte à famosa tolerância holandesa, que sobreviveu a guerras religiosas e à ocupação nazista e que até hoje define a cidade. Grande parte da riqueza de Amsterdã foi adquirida a partir do século XVI, após a fuga dos mercadores de Antuérpia (então maior e mais rico porto da Europa) para Amsterdã, depois que a guerra com a Espanha deixou claro que os protestantes não eram bem-vindos. Os antuerpianos fundaram em Amsterdã a Companhia das Índias Orientais Holandesas (e a primeira bolsa de valores do mundo), e a partir daí o dinheiro começou a entrar. Nesse período, chamado de "Era de Ouro", os urbanistas criaram a cidade ao redor de quatro canais semicirculares concêntricos nos rios Amstel e IJ, além das pontes que ligam as 90 ilhas sobre 100km de canais e um sistema compacto de ruas interligadas, apropriadas muito mais a duas rodas que a quatro.

Embora pareça que os holandeses aprendem a pedalar antes de saber andar, a circulação de bicicletas pela cidade declinou após a Segunda Guerra Mundial. Até 1955, 75% das viagens dentro da cidade eram feitas de bicicleta, mas a Holanda não ficou imune à disseminação dos carros, e o tráfego aumentou. Os urbanistas reagiram criando ruas mais largas e cobrindo os canais com pavimentação. Nos anos 1970, o número de viagens de bicicleta caiu para 25%. Porém, os moradores de Amsterdã contra-atacaram com duras campanhas, particularmente após a morte de crianças provocada por carros. Com o tempo, a câmara passou a priorizar a redução dos veículos motorizados, a aumentar a segurança nas ruas e a preservar a cidade antiga, e lentamente a capital holandesa se transformou. Ciclovias, bicicletários e mais infraestrutura foram (e continuam sendo) criados, como a "rede ciclística principal" – sistema de ciclovias tão abrangente que os ciclistas raramente dividem as ruas com os carros.

Atualmente, o uso de bicicletas subiu para 35%, embora pareça ser mais, e sem dúvida está no alto das prioridades. Nos Países Baixos, andar de bicicleta é quase uma forma de transporte que ignora classes sociais. As pessoas andam sobretudo em pesadas bicicletas de passeio, em geral com uma marcha e freio de pé, perfeitas para terreno plano. As crianças vão para a escola na dianteira das típicas bicicletas de entrega Bakfiets das mães, enroladas num cobertor no inverno, ou sentadas em uma cadeirinha no cano do quadro. Os homens de negócios pedalam para o trabalho de terno e gravata; as mulheres vão a festas de roupa social; os amigos compartilham a bicicleta e seguem lado a lado, batendo papo no caminho. As pessoas falam ao telefone, beijam-se, riem, fazem tudo nas bicicletas.

Para os amsterdameses, pedalar é uma diversão – e como uma cidade pode ser agradável e silenciosa com um uso menor de carros! Estes costumam dar preferência aos ciclistas e pedestres, e os motoristas entendem as necessidades dos outros que utilizam as ruas. Desestimula-se o uso de carro com os altos preços de estacionamento e um sistema de ruas de mão única (na maioria das ruas se anda de bicicleta nos dois sentidos), de modo que muitas viagens são bem mais rápidas e cômodas de bicicleta.

Mesmo que você conheça Amsterdã, o melhor meio de saber mais sobre a cidade é andando de bicicleta. Em 15 minutos, pode-se ir de canais de cartão-postal a locais com arquitetura moderníssima, e de docas em reforma a vilas-jardim. E sempre há algo para admirar: as ruas viram caminhos, passarelas e pontões flutuantes; as barcaças deslizam por canais estreitos com uma velocidade surpreendente; a beleza da alvenaria ornamentada de tijolos e ladrilhos que recobre os prédios; e ainda há objetos de arte em parapeitos e sacadas, vasos de flores em escadas e instalações de arte nas ruas. O ar cheira a mar, quando o vento sopra na direção certa, e as folhas das buddlejas caem na primavera. Continue a ler para descobrir o que Amsterdã tem de melhor a oferecer aos ciclistas.

# ÁREAS

# CENTRUM

MUSEUS, CANAIS E PRECIOSIDADES DO SÉCULO XVII

Quando se pensa em Amsterdã, o centro da cidade contém tudo que se possa imaginar, das ruas tranquilas à beira das águas do Grachtengordel – anéis semicirculares concêntricos dos canais que hoje são Patrimônio Mundial da Unesco –, ao Distrito da Luz Vermelha e a coffee-shops em profusão. Nosso conselho é que você fique distante desses últimos quando estiver de bicicleta. As ruas norte-sul bem no centro de Amsterdã, ao redor da praça Dam, são lotadas de turistas e bondes (sem mencionar as carroças puxadas por cavalos), e as travessas entre elas costumam ser de mão única ou proibidas para bicicletas. De Wallen, ou Rossebuurt, como os moradores chamam a principal zona de prostituição, concentrada à volta do canal a leste de Damrak, é lotada e desagradável e, mesmo que a arquitetura seja linda, não é lugar para circular de bicicleta. **De Oude Kerk** ①, no meio, é uma linda igreja famosa por suas exposições, como a World Press Photo na primavera, e talvez você tenha interesse em visitá-la.

Fora do núcleo central, é uma delícia pedalar, tantas são as ciclovias (exceto na praça Leidseplein, no sudoeste, abarrotada de bondes). Poucas centenas de metros a leste está o bairro de Nieuwmarkt, onde, acima e abaixo da praça principal, há ruas residenciais pitorescas ao longo dos canais. Aos sábados, você topa com a **feira de agricultores de Nieuwmarkt** ②, que não chega a molestar a paz. Nieuwmarkt se encontra no canto nordeste do centro, delimitado pelo canal Singelgracht a oeste e ao sul, pelo rio Amstel a leste e pelo IJ ao norte. Aí se encontra a **estação Amsterdam Centraal** ③ e o escritório de turismo. Mais ao norte, nas ilhas que se espicham para a água, está a **Openbare Bibliotheek Amsterdam** ④, enorme biblioteca pública dotada de Wi-Fi e um restaurante no sétimo andar, com vistas fascinantes. Há ainda o NEMO ⑤, museu de ciência também para crianças num prédio reluzente projetado por Renzo Piano. É gostoso pedalar pelos pontões, passando por restaurantes flutuantes, e, se for o fim do dia, compre uma cerveja para ver o pôr do sol com os moradores no decrépito e animado bar-restaurante **Hannekes Boom** ⑥.

Rumando a sul outra vez, o **mercado de pulgas do Waterlooplein** ⑦ é a feira mais cafona e comercial da cidade. Vá e dar uma espiada de cima da bicicleta, porque obrigatória mesmo é a loja principal da **Droog** ⑧, que exibe produtos de decoração próprios e uma seleção cuidadosa de mercadorias do mundo afora. A partir daí, pegue as lindas ruas junto ao canal Prinsengracht ou ao Herengracht no sentido oeste. Eles ficam bem em torno do centro, e seus casarões imponentes em geral abrigam hoje em dia tanto agências de publicidade e design quanto os mandachuvas de

Amsterdã. Pare na **Rush Hour** ⑨, uma das mais respeitadas lojas de discos da Holanda, ou na quase vizinha **Athenaeum Boekhandel** ⑩, uma mina de livros e revistas de arte, design gráfico e línguas estrangeiras. A **Recycled Bicycles** ⑪, uma das nossas indicadas para alugar bicicletas, fica mais acima na rua, e, para sentir um prazer mais requintado com livros de design, vá à **Idea Books** ⑫, enquanto o **Foam** ⑬, museu de fotografia de Amsterdã, vende livros dessa arte.

No lado oeste da cidade, estão aninhadas entre os canais as famosas **Negen Straatjes** ⑭, nove ruas com excelentes butiques (de roupas da moda para o dia a dia, entre elas a de peças de brim **Tenue de Nîmes** ⑮, a utensílios domésticos, antiguidades, presentes e artigos avulsos), nas quais você também vê um grande número de cafés para comprar algo comestível (tente o **Lust** ⑯ ou o **Envy** ⑰). Mais acima no Herengracht encontra-se a **casa de Anne Frank** ⑱, onde ela e sua família se esconderam dos nazistas, hoje transformada em um emocionante museu. Não fica longe do flutuante **Bloemenmarkt** ⑲, onde você pode comprar bulbos de tulipa para o seu jardim – mas não suba tanto a norte sem explorar o Jordaan; você nem poderia imaginar que esse era um bairro da classe operária, local de revoltas de estivadores nos anos 1940. Hoje, suas lindas ruas estreitas estão cheias de butiques vintage, galerias e ateliês. Veja os discos da **Back Beat** ⑳, as peças restauradas e os móveis da **Sourced and Sold** ㉑ e o **SMBA** ㉒,

espaço de projetos de arte, design e mídia digital do Stedelijk Museum. Por fim, no limite norte do Jordaan fica a Moooi ㉓, que vende artigos de iluminação, móveis e acessórios.

## PARA DESCANSAR

| COMIDA | BEBIDA |
|---|---|
| **The Pancake Bakery** ㉔ faz as panquecas favoritas dos turistas.<br>**Raïnaraï** ㉕ serve especialidades do Oriente Médio. | **Cafe Brecht** ㉖ é um tranquilo café-bar da moda.<br>**Two For Joy** ㉗ tem fama de ser o melhor café da cidade. |

**WI-FI**

**De Bijenkorf** ㉘, famosa loja de departamentos, tem uma lanchonete com café, bolos e Wi-Fi.

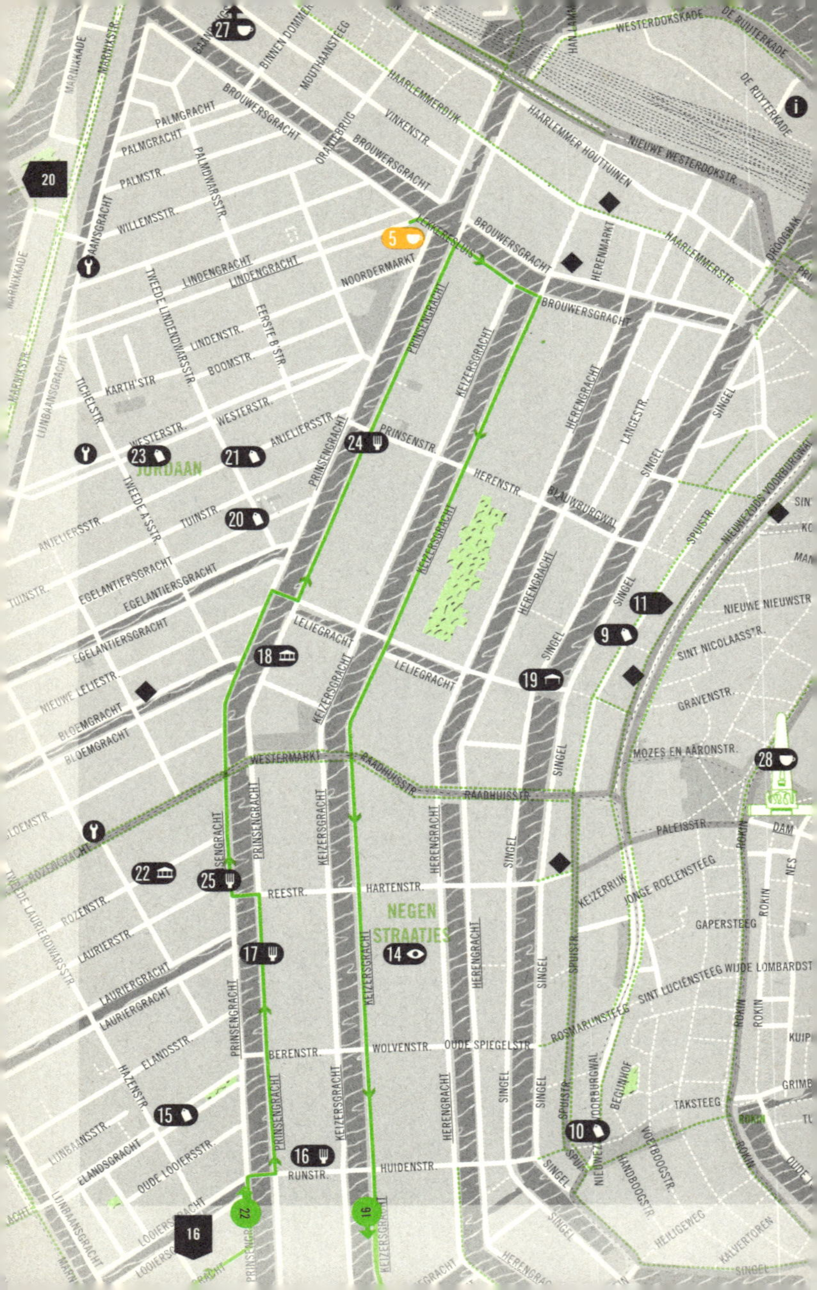

JORDAAN
NEGEN STRAATJES
PRINSENGRACHT
KEIZERSGRACHT
HERENGRACHT
SINGEL
BROUWERSGRACHT
HAARLEMMERDIJK
HAARLEMMER HOUTTUINEN
NIEUWE WESTERDOKSTR.
WESTERDOKSKADE
DE RUIJTERKADE
HAARLEMMERSTR.
HERENMARKT
NOORDERMARKT
LINDENGRACHT
PALMGRACHT
PALMSTR.
WILLEMSSTR.
MARNIXSTR.
MARNIXKADE
LIJNBAANSGRACHT
WESTERSTR.
ANJELIERSSTR.
TUINSTR.
EGELANTIERSGRACHT
NIEUWE LELIESTR.
BLOEMGRACHT
WESTERMARKT
RAADHUISSTR.
ROZENGRACHT
ROZENSTR.
LAURIERSTR.
LAURIERGRACHT
ELANDSSTR.
ELANDSGRACHT
HAZENSTR.
OUDE LOOIERSSTR.
LOOIERSGRACHT
LELIEGRACHT
PRINSENSTR.
HERENSTR.
BLAUWBURGWAL
REESTR.
HARTENSTR.
BERENSTR.
WOLVENSTR.
OUDE SPIEGELSTR.
RUNSTR.
HUIDENSTR.
SPUISTR.
NIEUWEZIJDS VOORBURGWAL
KEIZERRIJK
JONGE ROELENSTEEG
PALEISSTR.
DAM
ROKIN
GAPERSTEEG
SINT LUCIENSTEEG
WIJDE LOMBARDST
ROSMARIJNSTEEG
BEGIJNHOF
TAKSTEEG
VOETBOOGSTR.
HANDBOOGSTR.
HEILIGEWEG
KALVERTOREN
MOZES EN AÄRONSTR.
GRAVENSTR.
SINT NICOLAASSTR.
NIEUWE NIEUWSTR.
DROOGBAK
27 5 24 23 21 20 18 19 11 9 28 25 22 17 14 15 16 10 20 16 22

34–35
3min
3,5km
28
IJPLEINVEER
MICHIEL DE RUIJTERTUNNEL
DE RUIJTERKADE
CENTRAAL STATION
PIET HEINKADE
PRINS HENDRIKKADE
OOSTERDOKSSTR.
W.F. HERMANSSTR.
NIEUWEBRUGSTEEG
ZEEDIJK
OUDEZIJDS ARMSTEEG
HEINTJE HOEKSSTEEG
GELDERSEKADE
KROMME WAAL
WAALSTEEG
BINNENKANT
BINNEN BANTAMMERSTR.
OUDEZIJDS VOORBURGWAL
NIEUWMARKT
BLOEDSTR.
KONINGSSTR.
MONTELBAANSSTR.
OUDE WAAL
OUDE SCHANS
KOESTR.
DIJKSTR.
OUDE HOOGSTR.
RAPENBURG
IJ-TUNNEL
FOELIEDWARSSTR.
ANNE FRANKSTR.
SPINHUISSTEEG
KLOVENIERSBURGWAL
SNOEKJESSTEEG
ZANDDWARSSTR.
PENTAGON
RUSLAND
HOUTKOPERSBURGWAL
JODENBREESTR.
RAAMGRACHT
VALKENBURGERSTR.
RAPENBURGERSTR.
NIEUWE HERENGRACHT
GROENBURGWAL
VERVERSSTR.
ZWANENBURGWAL
WATERLOOPLEIN
STAALSTR.
STAALKADE
MR. VISSERPLEIN
HENRI POLAKLAAN
DE PLANTAGE
AMSTEL
HORTUSPLANTSOEN
17

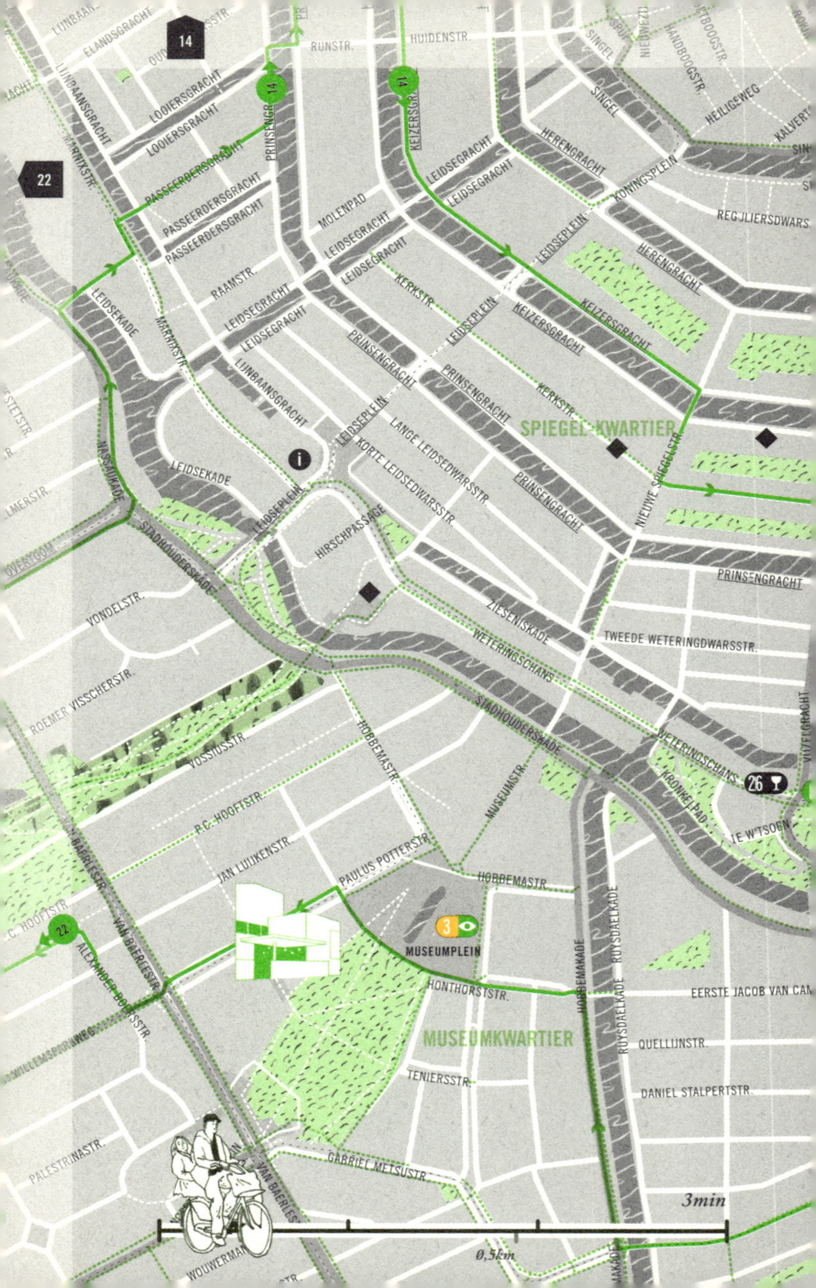

14
22
LOOIERSGRACHT
LOOIERSGRACHT
PASSEERDERSGRACHT
PASSEERDERSGRACHT
PASSEERDERSGRACHT
PRINSENGR.
KEIZERSGR.
RUNSTR.
HUIDENSTR.
SINGEL
HANDBOOGSTR.
HEILIGEWEG
LIJNBAANSGRACHT
MARNIXSTR.
LEIDSEGRACHT
LEIDSEGRACHT
HERENGRACHT
KONINGSPLEIN
REGULIERSDWARS.
MOLENPAD
RAAMSTR.
LEIDSEPLEIN
KERKSTR.
KEIZERSGRACHT
LEIDSEKADE
PRINSENGRACHT
LANGE LEIDSEDWARSSTR.
KORTE LEIDSEDWARSSTR.
SPIEGEL-KWARTIER
NIEUWE SPIEGELSTR.
NASSAUKADE
STADHOUDERSKADE
HIRSCHPASSAGE
VONDELSTR.
ZIESENISKADE
WETERINGSCHANS
TWEEDE WETERINGDWARSSTR.
ROEMER VISSCHERSTR.
VOSSIUSSTR.
HOBBEMASTR.
MUSEUMSTR.
KRONKELPAD
26
VIJZELGRACHT
P.C. HOOFTSTR.
JAN LUIJKENSTR.
PAULUS POTTERSTR.
HOBBEMASTR.
MUSEUMPLEIN
VAN BAERLESTR.
ALEXANDER BOERSSTR.
HONTHORSTSTR.
HOBBEMAKADE
RUYSDAELKADE
EERSTE JACOB VAN CAM
MUSEUMKWARTIER
QUELLIJNSTR.
TENIERSSTR.
DANIEL STALPERTSTR.
WILLEMSPARKWEG
PALESTRINASTR.
GABRIEL METSUSTR.
3min
0,5km

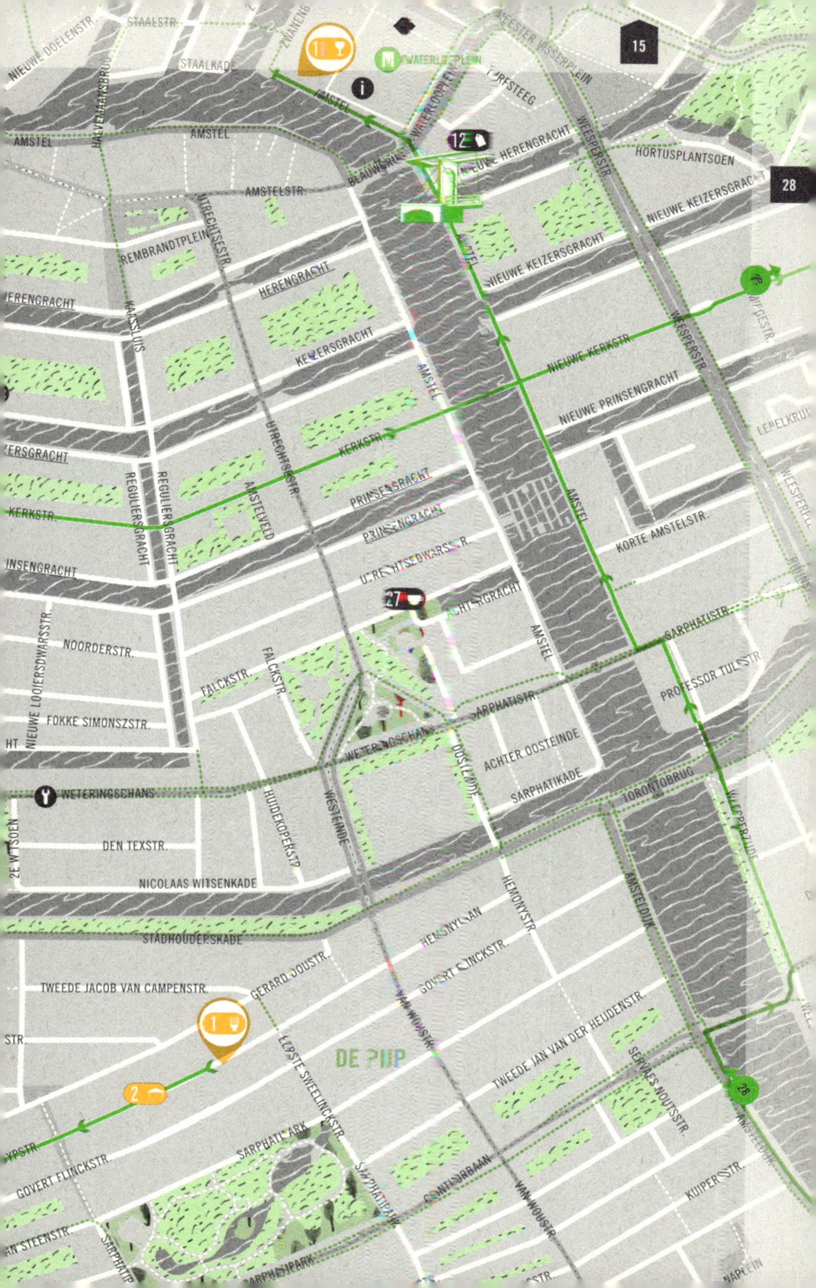
15
28
WATERLOOPLEIN
STAALSTR.
STAALKADE
NIEUWE DOELENSTR.
HALVEMAANSBRUG
AMSTEL
AMSTELSTR.
BLAUWBRUG
WATERLOOPLEIN
HERENGRACHT
HORTUSPLANTSOEN
NIEUWE KEIZERSGRACHT
WEESPERSTR.
REMBRANDTPLEIN
UTRECHTSESTR.
HERENGRACHT
KEIZERSGRACHT
KAASSLUIS
AMSTEL
NIEUWE KERKSTR.
NIEUWE PRINSENGRACHT
KERKSTR.
PRINSENGRACHT
REGULIERSGRACHT
AMSTELVELD
KORTE AMSTELSTR.
UTRECHTSEDWARSSTR.
ACHTERGRACHT
SARPHATISTR.
NOORDERSTR.
FALCKSTR.
PROFESSOR TULPSTR.
FOKKE SIMONSZSTR.
NIEUWE LOOIERSDWARSSTR.
WETERINGSCHANS
ACHTER OOSTEINDE
OOSTEINDE
SARPHATIKADE
TORONTOBRUG
WESTEINDE
HUIDEKOPERSTR.
DEN TEXSTR.
NICOLAAS WITSENKADE
AMSTELDIJK
HEMONYSTR.
STADHOUDERSKADE
GOVERT FLINCKSTR.
TWEEDE JACOB VAN CAMPENSTR.
GERARD DOUSTR.
DE PIJP
EERSTE SWEELINCKSTR.
TWEEDE JAN VAN DER HEIJDENSTR.
SERVAES NOUTSSTR.
VAN WOUSTR.
SARPHATIPARK
KUIPERSSTR.
LEPELKRUISSTR.

# WEST & VONDELPARK

## DIAS TRANQUILOS NO PARQUE E PROGRAMAS LEGAIS À NOITE

A região West de Amsterdã é principalmente residencial, mas dentro dela existem muitos contrastes. Nossa área do West abrange um pouco do opulento Oud Zuid ao sul do **Vondelpark** ①, maior e mais famoso parque de Amsterdã, e se estende numa faixa para cima pelo Oud West, quase até o IJ, ao norte. Os casarões e as largas avenidas do Oud Zuid são um bom lugar para começar o passeio – então, dessa vez pedalaremos do sul para o norte. Se estiver sol, veja o **Vondelpark Openluchttheater** ②, lugar ao ar livre que recebe grupos musicais no verão e fica

muito animado nos fins de semana. Logo ao norte do parque está a Overtoom, rua comercial movimentada com algumas lojas notáveis, como a **Pied à Terre** ③, uma das maiores livrarias do mundo especializadas em viagens, que também dispõe de um café, e a **Ari Vintage** ④, uma caixa de surpresas bagunçada com itens antigos e baratos. O **Abyssinia Afrikaans Eetcafé** ⑤, o melhor restaurante africano de Amsterdã, serve comida etíope deliciosa, e o **OT301** ⑥ é um centro cultural alternativo, com exposições, ateliês e bares que também servem comida.

3min
0,5km
TRANSFORMATORWEG
NIEUWE HEMWEG
SPAARNDAMMERDIJK
CONTACTWEG
ARCHANGELWEG
STAVANGERWEG
RIGAKADE
ZAANDAMMERPLEIN
HOUTRIJKSTR.
ZAANSTR.
ZAANHOF
OOSTZAANSTR.
POLANENSTR.
SPAARNDAMMERPLANTSOEN
NOVA ZEMBLASTR.
KLONNEPLEIN
GOSSCHALKLAAN
POLONCEAUKADE
HAARLEMMERWEG
JOAN MELCHIOR KEMPERSTR.
VAN SLINGELANDTPLEIN
VREDENBURGWEG
WATERKERINGWEG
WATERBAAN
CLIFFORDSTR.
BENTINCKSTR.
NIEUWPOORTSTR.
ZEEBERGWEG
VAN SLINGELANDTSTR.
ISAAC GOGELWEG
WATERRIJKWEG
VAN HOGENDORPSTR.
DE WITTENKADE
DE WITTENSTR.
JACOB CATSKADE
WESTERPARK
WILLEM DE ZWIJGERLAAN
DEN BRIELSTR.
ROCHUSSENSTR.
VAN BOSSESTR.
VAN DER PALMKADE
ANTONIE HEINSIUSSTR.
FAGELSTR.
KIJKDUINSTR.
ANNA VAN BURENSTR.
BESTEVAERSTR.
SCHAEPMANSTR.
KOSTVERLORENSTR.
KAREL DOORMANSTR.
VAN RAPPARDSTR.
ZAAGMOLENSTR.
CENTRALE MARKTHALLEN
GERARD CALLENBURGSTR.
DE RIJPGRACHT
BUYSPAD
VISSERSTR.
BUYSKADE
JAN VAN GALENSTR.
MARCANTILAAN
GILLIS VAN LEDENBERCHSTR.
ROMBOUT HOGERBEETSSTR.
BLOYS VAN TRESLONGSTR.
DOS BANCKERSPLANTSOEN
REINIER CLAESZENPLEIN
GEUZENKADE
VAN REIGERSBERGENSTR.
FREDERIK HENDRIKSTR.
VAN OLDENBARNEVELDTSTR.
RAAMPOORT
PIETER VAN DER DOESSTR.
ADMIRALENGRACHT
ADMIRAAL DE RUIJTERWEG
LUMEIJSTR.
REINIER CLAESZENSTR.
ADRIAAN VAN BERGENSTR.
GEUZENSTR.
HUGO DE GROOTKADE
DA COSTAKADE
NASSAUKADE
ROZENGRACHT
LIJNBAANSGRACHT
VANCOUVERSTR.
JOHN FRANKLINSTR.
MARCO POLOSTR.
MAARTEN HARPERTSZOON TROMPSTR.
CORNELIS DIRKSZSTR.
BILDERDIJKPARK
DE CLERCQSTR.
GROENMARKTKADE
JAN VAN RIEBEECKSTR.
JACOB VAN WASSENAERSTR.
VESPUCCISTR.
22
19
12
17
13
14
20
15 16
11
8
10

Se quiser algo mais refinado, experimente o **Caffe Oslo** ⑦, na ponta oeste da rua, ou o **331 West** ⑧, mais ao norte, que combina roupas vintage com um bom café, além de representar na cidade as famosas bicicletas Vanmoof. Do outro lado da Overtoom fica a **Pristine** ⑨, loja de Amsterdã onde você encontra bicicletas sem marcha. Está lotada de bicicletas novas reluzentes ao lado de modelos antigos, além de revistas e fotografias, e o pessoal é simpático, prestativo. Subindo pelo Oud West, você passa por ruas tranquilas com blocos de edifícios residenciais grandes, bonitos e com playground. **De Nieuwe Anita** ⑩ é um bar badalado de clima aconchegante, e a **Hippo Vintage** ⑪, numa travessa silenciosa, vende luminárias e cadeiras interessantes.

Até chegar ao **Westerpark** ⑫ não há muita vegetação nessa parte do West (mas se você for mais adiante, verá o Rembrantpark e o Erasmuspark). Perto do parque e do canal encontra-se o Cultuurpark Westergasfabriek, empreendimento cultural instalado numa antiga usina de gás que hoje contém cafés, restaurantes e casas de show. Café forte de verdade é na **Espressofabriek** ⑬. O **Pacific Parc** ⑭ é um restaurante que se transmuta em discoteca após o jantar, e o **North Sea Jazz Club** ⑮ e o **Toko MC** ⑯ recebem jazz contemporâneo internacional e local, música eletrônica e *urben*. Além disso, a sucessão de prédios industriais da região garante um passeio interessante à tarde.

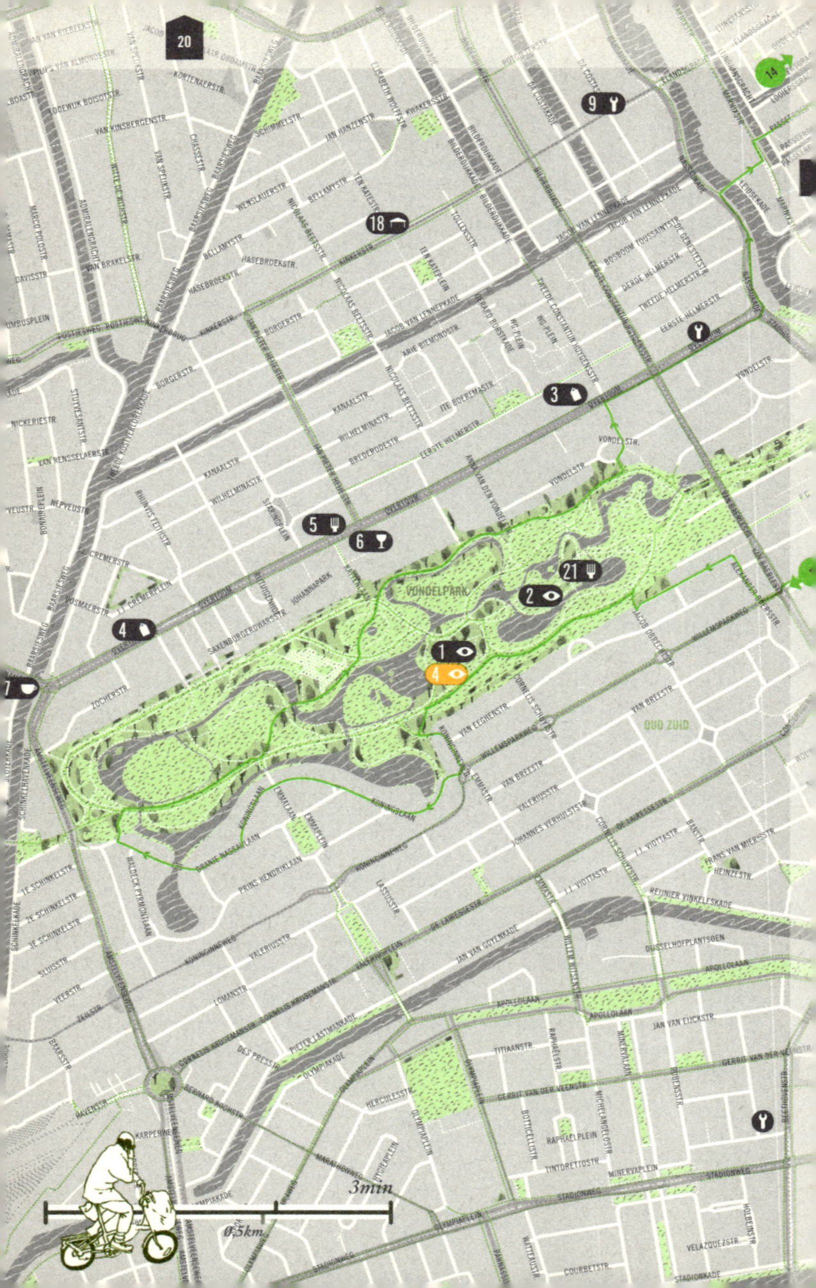

20
VONDELPARK
OUD ZUID
1
2
3
4
4
5
6
7
9
14
18
21
3min
0,5km
OVERTOOM
VONDELSTR.
KINKERSTR.
BILDERDIJKKADE
BILDERDIJKSTR.
DA COSTAKADE
JACOB VAN LENNEPKADE
NICOLAAS BEETSSTR.
TEN KATESTR.
TEN KATEPLEIN
BELLAMYSTR.
HASEBROEKSTR.
BORGERSTR.
BAARSJESWEG
ADMIRAALENGRACHT
VAN SPEIJKSTR.
WILLEM DE ZWIJGERLAAN
POSTJESWEG
TWEEDE KOSTVERLORENKADE
KANAALSTR.
WILHELMINASTR.
BREDERODESTR.
EERSTE HELMERSSTR.
TWEEDE HELMERSSTR.
DERDE HELMERSSTR.
BOSBOOM TOUSSAINTSTR.
TWEEDE CONSTANTIJN HUYGENSSTR.
ITE BOEREMASTR.
ARIE BIEMONDSTR.
GERARD BRANDTSTR.
ANNA VAN DEN VONDELSTR.
JOHANNAPARK
SAXENBURGERDWARSSTR.
RHIJNVIS FEITHSTR.
J.J. CREMERPLEIN
VOSMAERSTR.
CREMERSTR.
NEPVEUSTR.
NICKERIESTR.
STUYVESANTSTR.
VAN RENSSELAERSTR.
ZOCHERSTR.
AMSTELVEENSEWEG
SCHINKELHAVENKADE
KONINGSLAAN
EMMALAAN
EMMAPLEIN
ORANJE NASSAULAAN
WALDECK PYRMONTLAAN
PRINS HENDRIKLAAN
KONINGINNEWEG
LASSUSSTR.
VAN EEGHENSTR.
WILLEMSPARKWEG
VAN BREESTR.
VALERIUSSTR.
JOHANNES VERHULSTSTR.
CORNELIS SCHUYTSTR.
DE LAIRESSESTR.
J.J. VIOTTASTR.
BANSTR.
FRANS VAN MIERISSTR.
HEINZESTR.
REIJNIER VINKELESKADE
DUSSELHOFPLANTSOEN
JACOB OBRECHTSTR.
JAN VAN GOYENKADE
VALERIUSPLEIN
CORNELIS KRUSEMANSTR.
LOMANSTR.
PIETER LASTMANKADE
OLYMPIAKADE
OLYMPIAPLEIN
OLYMPIAWEG
DES PRESSTR.
HERCULESSTR.
HYGIEAPLEIN
MARATHONWEG
APOLLOLAAN
JAN VAN EIJCKSTR.
TITIAANSTR.
RAPHAËLSTR.
MINERVALAAN
RUBENSSTR.
GERRIT VAN DER VEENSTR.
MICHELANGELOSTR.
BOTTICELLISTR.
RAPHAELPLEIN
TINTORETTOSTR.
MINERVAPLEIN
STADIONWEG
STADIONKADE
HOLBEINSTR.
VELAZQUEZSTR.
COURBETSTR.
WATTEAUSTR.
BEETHOVENSTR.
1E SCHINKELSTR.
2E SCHINKELSTR.
3E SCHINKELSTR.
SLUISSTR.
VEERSTR.
ZEILSTR.
HAVENSTR.
KARPERWEG
BERNARD ZWEERSKADE
SCHINKELKADE
LEIDSEKADE
LEIDSEGRACHT
LOOIERSGRACHT
PASSEERDERSGRACHT
ELANDSGRACHT
KORTENAERSTR.
LODEWIJK BOISOTSTR.
VAN KINSBERGENSTR.
SCHIMMELSTR.
JAN HANZENSTR.
ELISABETH WOLFFSTR.
KWAKERSSTR.
TOLLENSSTR.
MARCO POLOSTR.
DAVISSTR.
VAN BRAKELSTR.
WENSLAUERSTR.
CHASSESTR.

Também ficam nas proximidades o **Sunday Market** ⑰ (feira de artesanato, artigos infantis e arte, no primeiro domingo do mês) e o **Ten Katemarkt** ⑱ (funciona de segunda a sábado, com hortigranjeiros e bancas para almoço). Se isso tudo for agitado demais, por que não ir à **Strand West** ⑲ (na Stavangerweg)? A enorme praia, com vista panorâmica do IJ, atrai a juventude de Amsterdã. Mas atenção: a tranquilidade de um sábado à tarde pode facilmente se tornar festa com bebida e dança à noite.

## PARA DESCANSAR

| COMIDA | BEBIDA |
|---|---|
| **De Bakkerswinkel** ⑳ fica na entrada do Cultuurpark Westergasfabriek. | **Het Blauwe Theehuis** ㉑ é um atraente café no Vondelpark. |

**WI-FI**

**Espressofabriek** ⑬ tem Wi-Fi grátis e mesas ao ar livre.

# OOST

## MERCADOS, PARQUES E VIDA URBANA

O Oost apresentado aqui abrange uma área enorme de Amsterdã e ocupa desde o centro da cidade, do lado externo de seu cinturão aquático, ao longo do IJ, até a área portuária revitalizada (agora que as atividades do porto foram transferidas para o oeste), e desce para o coração do bairro de Oost – multicultural, vibrante e um pouco descuidado em certos lugares –, indo até a orla do tranquilo Watergrafsmeer, no sul. Em suma, tudo que está a leste do rio Amstel. Mais perto do centro da cidade, não deixe de ir ao **Resistance Museum** ①, num canto tranquilo da Plantage, o qual conta a história da luta holandesa contra a ocupação alemã na Segunda Guerra Mundial. Nas redondezas estão o **Kriterion** ②, cinema e bar, e o **Tropenmuseum** ③, impressionante museu antropológico com um teatro que é o melhor local de world music na cidade. Tudo fica bem perto dos prédios principais da universidade, e do **CREA** ④, centro cultural universitário que promove teatro, música ao vivo, palestras e debates abertos a todos.

Seguindo ao norte para as velhas docas do IJ, a primeira parada é a **Bimhuis** ⑤, casa que é a nova encarnação do jazz clássico. Lá, os espectadores fazem fila para ver os grandes nomes do jazz tocando no palco com fundo de vidro, com trens e carros passando por trás. Mais adiante está a **Pakhuis Wilhelmina** ⑥, uma das discotecas e casas de show mais inovadoras da cidade. A leste de novo surge o **Odessa** ⑦, restaurante num barco de pesca ucraniano que serve boa comida em ambiente de sala de estar dos anos 1970. Ele fica perto da ponte da **KNSM-eiland** ⑧, ilha reurbanizada e antigo cais de navios a vapor, onde você encontra lojas de decoração e utensílios domésticos modernos, como a **Pols Potten** ⑨, que vende vasos e jarros.

Toda a zona leste está repleta de história da navegação. O **Theater Fabriek** ⑩ ocupa uma antiga fábrica de motores de navio e realiza espetáculos contemporâneos e de vanguarda. Ou então ache um caminho através dos estacionamentos de carros e de um distrito comercial até o **Roest** ⑪, um armazém transformado, para matar o tempo numa praia do canal e dançar uma boa música à noite. A **Studio/K** ⑫ também tem um clima descontraído. Se preferir conhecer a Amsterdã mais tradicional, vá ao **Brouwerij 't IJ** ⑬, um moinho de vento lindo, onde se faz cerveja. Atravesse a ponte aí para entrar no bairro de Oost propriamente dito. Muitas ruas levam o nome de ex-colônias holandesas e têm bonitos conjuntos habitacionais e residências particulares. A Javastraat talvez seja a rua mais multicultural de Amsterdã, um verdadeiro caldeirão étnico. Veja na **Jansen Vintage** ⑭ objetos e móveis da metade do século XX, logo atrás da **Badhuis Javaplein** ⑮, antiga casa de banhos públicos e hoje um bar com ótima carta de vinhos e um dos terraços mais agradáveis da cidade. Mais para leste estão as **piscinas descobertas Flevoparkbad** ⑯, caso você cogite dar um mergulho. O Flevopark talvez seja o parque mais tranquilo numa cidade repleta de parques tranquilos, e o **Camping Zeeburg** ⑰, com boa infraestrutura, fica no centro.

Voltando para oeste, o **Dappermarkt** ⑱ é um mercado multicultural movimentado, o **Oosterpark** ⑲, um parque bom para pedalar, e a Eerste Oosterparkstraat tem padarias turcas e cafés holandeses tradicionais. À medida que você se aproximar do rio, encontrará diversos lugares para encerrar o dia. O **Canvas** ⑳ está no sétimo andar do edi-

fício Volkskrant, antiga redação de jornal, hoje um local cheio de estúdios de arte. Do terraço, tem-se ótima vista, sempre se ouve música, e os *bitterballen* – bolinhos de presunto e queijo – são um ótimo petisco para acompanhar a cerveja. Do outro lado da rua, a **Trouw** ㉑ é a melhor pedida com música para dançar, mas, se você preferir um fim de tarde mais tranquilo, dirija-se ao cais do Amstel para ver o sol se pôr – lá o **Hesp** ㉒, um animado bar "marrom" (por causa da madeira dos móveis) cuja freguesia é composta de moradores da cidade, serve cervejas belgas e também faz bons bifes.

## PARA DESCANSAR

| COMIDA | BEBIDA |
|---|---|
| **De Ysbreeker** ㉓, bar descontraído à beira-rio, tem café de dia e cerveja à noite. | **Beter & Leuk** ㉔ é um tranquilo café. |

**WI-FI**

**Coffee Company** ㉕ tem filiais pela cidade.

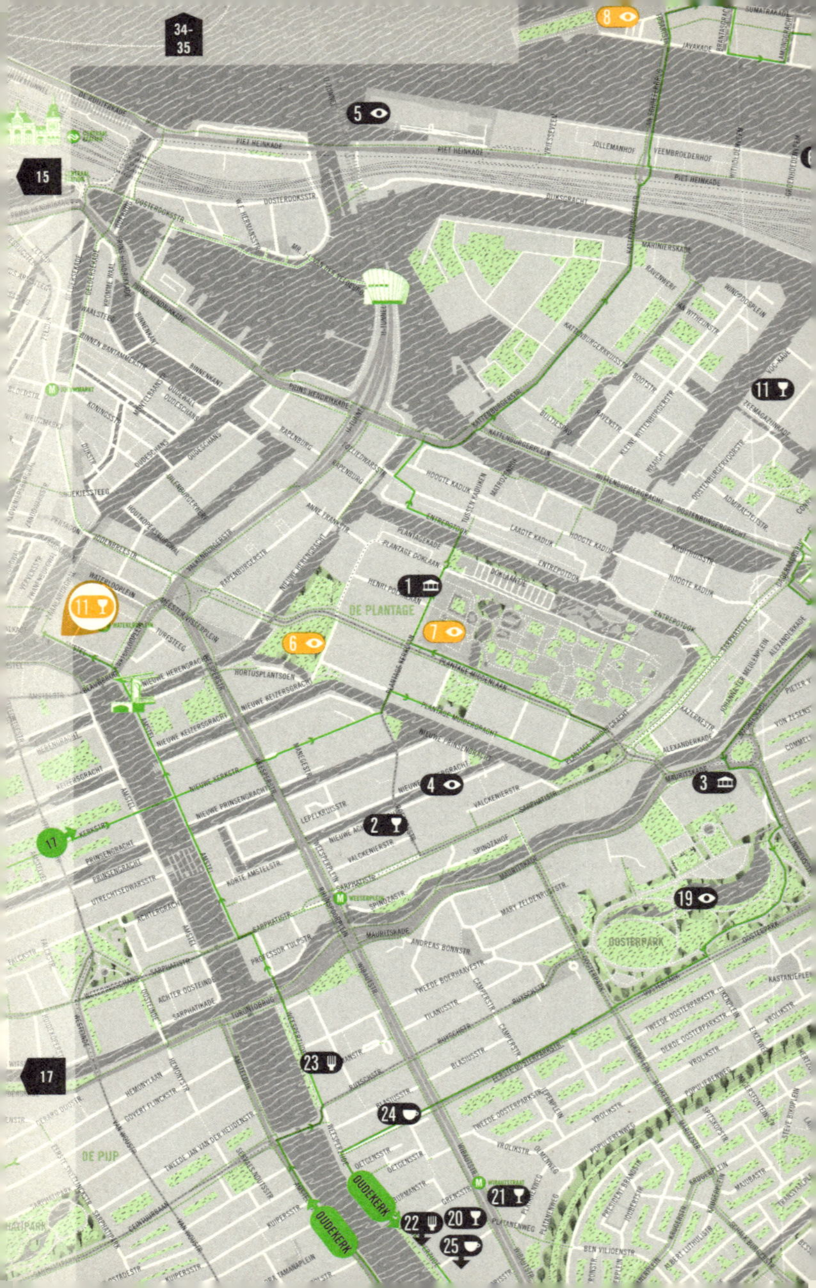

34-35
15
17
8
5
PIET HEINKADE
OOSTERDOKSSTR.
JOLLEMANHOF
VEEMBROEDERHOF
DIJKSGRACHT
MARINIERSKADE
WINDROOSPLEIN
PRINS HENDRIKKADE
KATTENBURGERSTR.
KATTENBURGERPLEIN
11
HOOGTE KADIJK
LAAGTE KADIJK
WITTENBURGERGRACHT
OOSTENBURGERGRACHT
ENTREPOTDOK
PLANTAGE DOKLAAN
1
DE PLANTAGE
7
6
PLANTAGE MIDDENLAAN
PLANTAGE MUIDERGRACHT
NIEUWE HERENGRACHT
NIEUWE KEIZERSGRACHT
NIEUWE PRINSENGRACHT
WATERLOOPLEIN
HORTUSPLANTSOEN
4
2
3
MAURITSKADE
SARPHATISTR.
VALCKENIERSTR.
SPINOZASTR.
AMSTEL
19
OOSTERPARK
PROFESSOR TULPSTR.
ANDREAS BONNSTR.
TWEEDE BOERHAVESTR.
WIBAUTSTR.
SARPHATIKADE
23
24
DE PIJP
OUDEKERK
21
22
20
25

9
8
9
7
14
12
15
16
17
SUMATRAKADE
SURINAMEKADE
LEVANTKADE
LEVANTPLEIN
OOSTELIJKE HANDELSKADE
PIET HEINTUNNEL
ERTSKADE
SEINWACHTERSTR
PANAMAKADE
STOURMANKADE
BORNEOLAAN
BORNEOKADE
STOKERKADE
CRUQUIUSWEG
ZEEBURGERKADE
ENTREPOTHOF
VEEMARKT
J M VAN DER MEYLAAN
H.A.J. BAANDERSKADE
ZEEBURGERPAD
FLEVOPARKWEG
ZUIDERZEEWEG
INSULINDEWEG
ZEEBURGERDIJK
TIMORPLEIN
BORNEOSTR
DELISTR
BANKASTR
MADURASTR
JAVASTR
BALISTR
LAMPONGSTR
BILLITONSTR
MAKASSARSTR
KRAMATWEG
INDISCHE BUURT
SUMATRASTR
EERSTE ATJEHSTR
TWEEDE ATJEHSTR
RIOUWSTR
MINAHASSASTR
FORMOSASTR
AMBONPLEIN
SIBOGASTR
CELEBESSTR
VALENTIJNKADE
FLEVOPARK
MUIDERPOORT
ATLANTISPLEIN
ORANJE-VRIJSTAATKADE
LINNAEUSKADE
ARCHIMEDESWEG
6min
0.5km
1km

# NOORD

## VILAS-JARDIM E REVITALIZAÇÃO DO CAIS

O Noord de Amsterdã, que neste guia significa tudo que está ao norte do IJ, é sem dúvida a parte da cidade mais variada e talvez mais inspiradora para explorar, além de uma região cujo charme vai passar totalmente despercebido se você não estiver de bicicleta. Em meio às áreas industriais e lojas da periferia, há a revitalização da zona portuária, projetos de arte e vida alternativa, além de lindas vilas-jardim. Para chegar lá, dirija-se com sua bicicleta à barca gratuita atrás da estação Centraal para Buiksloterweg. É a linha verde e a travessia mais curta, embora você possa pegar barcas da Centraal para NDSM e de NDSM para Tasmaanstraat, no West.

O que logo salta aos olhos é o **EYE Film Institute** ①, centro cinematográfico holandês cujo prédio lembra uma lasca branca, sobre a água.

Lá, são exibidos clássicos na língua original mas também vale a pena conhecer o local por seu impressionante terraço suspenso. Entre as opções de lugares para comer por perto está o **Tolhuistuin** ②, novo complexo artístico num antigo centro de pesquisa da Shell. Afaste-se da orla do rio para o oeste e logo você vai perceber que esse lado do rio sempre foi sinônimo de negócios. Passe pelas indústrias químicas e afins até chegar ao monolítico **NDSM** ③, espaço antes fabril e hoje ocupado por estúdios de arte – é legal entrar e dar uma espiada. Uma vez por mês, o

**IJ-Hallen** ④, maior mercado de pulgas da Europa, toma conta de um dos armazéns. Você verá o uso inventivo de relíquias do comércio marítimo por todo canto. Saia à procura dos **contêineres de cores vivas** ⑤ e dos **bondes antigos** ⑥, hoje usados como moradia, ou do guindaste enferrujado perto da enorme rampa de barcos. Os espaços amplos são feitos para atravessar, e há uma arquitetura moderna impressionante nos blocos de escritórios de Kraanspoor. Pare para comer comida orgânica no café cultural **Noorderlicht** ⑦, com estufas e tomateiros em volta, ou relaxe nos sofás do **Pllek** ⑧, bar descontraído, também feito de contêineres de carga, com praia própria e ótima vista do IJ.

Uma das imagens mais bizarras de Amsterdã também dá graça à região: um antigo **submarino soviético** ⑨, fundeado no rio. Diante da criatividade do bairro e do espaço disponível, não é de surpreender que hoje muitos prédios abriguem galerias. As coisas mudam rápido, mas tente a **Nieuw Dakota** ⑩ para começar. Outro legado da construção naval são as vilas-jardim do Noord. Construídos nas décadas de 1910 e 1920 para abrigar o crescente exército de operários, esses louváveis empreendimentos habitacionais colocaram em destaque a reputação de Amsterdã em relação a moradias públicas. O bairro de Tuindorp Oostzaan está centrado em torno do bonito **Zonneplein** ⑪, enquanto Tuindorp Nieuwendam e Buiksloot, mais para o leste, voltam a ser rurais, incorporando velhas moradias de madeira da época em que a região era composta apenas de vilas fora de Amsterdã. A Nieuwendammerdijk é especialmente bonita – toda de madeira trabalhada e pintada, com um interior lindo, repleto de antiguidades; trata-se de um empreendimento idílico à beira da água. Siga por sobre a eclusa Willem I até Sixhavenweg e pegue o caminho para bicicletas. Pare na **Neef Louis** ⑫, talvez a melhor loja de móveis vintage da cidade, especializada em peças industriais usadas.

## PARA DESCANSAR

**COMIDA**

**Café-Restaurant Stork** ⑬ serve peixe e tem ótimo ambiente à beira d'água.

**BEBIDA**

**Oteen Sien** ⑭ é um café acolhedor com cervejas belgas.

**WI-FI**

**IJ Kantine** ⑮ deixa navegar de graça e é ótima para tomar um brunch e café.

11
5
15
3
4
10
6
7
8
9
12
1
2
14
MS. OSLOFJORDWEG
MT. LINCOLNWEG
NDSM-STR.
WERFSTR.
KRAANSPOOR
STREKKERWEG
MODELMAKERSTR.
SCHEEPSBOUWWEG
VLAKKERWEG
KLAPROZENWEG
TT. VASUMWEG
MS. TARNWEG
PONSERSTR.
KOPPELINGWEG
BUIKSLOTERDIJK
METAALBEWERKERWEG
BUIKSLOTERBREEK
MT. ONDINAWEG
TT. NEVERITAWEG
SLIJPERWEG
DRAAIERWEG
POLIJSTERWEG
FLORAWEG
PAPAVERWEG
RIDDERSPOORWEG
VLIERWEG
STRUISGRASSTR.
WITBOLSTR.
VELDBIESSTR.
DISTELWEG
DISTELWEGVEER
GRASWEG
ASTERWEG
ASTERDWARSWEG
CHRYSANTENSTR.
LANGE DISTELSTR.
DISTELACHTERSTR.
LAVENDELSTR.
WILGENWEG
RANONKELKADE
DOVENETELSTR.
GERANIUMWEG
GANZEBLOEMSTR.
MAGNOLIASTR.
BREMSTR.
JASMIJNSTR.
OLEANDERSTR.
MEIDOORNWEG
VAN DER PEKSTR.
BUIKSLOTERWEG
BUNDLAAN
SPADINALAAN
HAMMERBYSTR.
CERAMIQUELAAN
OVERHOEKSPARKLAAN
OVERHOEKS
BERCYLAAN
TOLHUISWEG
BADHUISKADE
OVERHOEKSPLEIN
BRUG OVERHOEKS
BUIKSLOTERWEGVEER
SIXHAVENWEG
IJPROMENADE
SILODAM
PONTSTEIGER (JASMANSTR.)
VAN DIEMENKADE
VAN DIEMENSTR.
BARENTSZPLEIN
WESTERDOKSDIJK
WESTERDOK
ZOUTKEETSPLEIN
ZOUTKEETSGRACHT
JAN MENSPLEIN
WIERWINDENSTR.
REALENGRACHT
HOUTMANKADE
2E B'STR.
1E B'STR.
SLOTERDIJKSTR.
KLEINE BICKERSSTR.
PRINSENEILAND
TOUWSLAGERSTR.
ZEILMAKERSTR.
BLOKMAKERSTR.
WINTHONTSTR.
IJDOK
HAARLEMMER HOUTTUINEN
NIEUWE HOUTTUINEN
HAARLEMMERDIJK
BINNEN DOMMERSTR.
HAARLEMMERPLEIN
WESTERDOKSKADE
DE RUIJTERKADE
BUIKSLOTERWEGVEER
BROUWERSGRACHT
20
14

6min
0,5km
1km
JESSE OWENSHOF
FANNY DURACKSTR.
SPYRIDON LOUISWEG
HELENE MADISONSTR.
BUIKSLOTERDIJK
FLORAWEG
CYCLAMENSTR.
EREPRIJSSTR.
AURIKELSTR.
WINGERDWEG
NIGELLESTR.
AZALEASTR.
HAZELAARSTR.
FLORAPARK
RIBESSTR.
BERBERISSTR.
ANDOORNSTR.
MOSVELD
VAN HASSELTWEG
VARENWEG
BUIKSLOTERWEG
NIEUWE PURMERWEG
NIEUWE LEEUWARDERWEG
VOLEWIJKSPARK
URKSTR.
SCHOKLANDSTR.
TEXELWEG
TEXELPLEIN
WADDENWEG
RODE KRUISSTR.
LANDSTEINERSTR.
GOEREESTR.
DUIVELANDSTR.
WADDENDIJK
MEERPAD
HOEKSCHEWAARDWEG
NIEUWENDAMMERDIJK
BUIKSLOTERMEERPLEIN
BENEDENLANGS
BOVENOVER
HET BREED
HET LAAGT
MOLENGOUW
GROTE DIESTR.
KLEINE DIESTR.
HOORNSESTR.
DORNLAAN
DIJKWATER
HAGENAU
W.G. VLIEGENBOS
NIEUWENDAMMERKADE
ZAMENHOFSTR.
G.J. KETTERWEG
JOHAN VAN HASSELTWEG
PLUVIERPLEIN
PELIKAANSTR.
KALKOENSTR.
MEEUWENPLEIN
MEEUWENLAAN
KWARTELSTR.
ZWANENPLEIN
KOEKOEKSSTR.
KOEKOEKSPLEIN
ADELAARSWEG
SIJSJESSTR.
ZWALUWSTR.
KRAAIENPLEIN
HAVIKSLAAN
SPERWERLAAN
SPREEUWENPARK
MOTORWAL
MOTORKADE
SPIJKERKADE
HAMERSTR.
BEITELKADE
SCHAAFSTR.
GEDEMPT HAMERKANAAL
KETELSTR.
KETELMAKERIJ
BANKWERKERIJ
BINNENZAGERIJ
HET DOK
NOORDWAL
GEDEMPTE INSTEEKHAVEN
13
SUMATRAKADE
JAVAKADE
BOGORTUIN
KNSM
29

# CORRIDA E TREINO

Ainda que os holandeses não sejam tão fanáticos por bicicleta como os belgas, os Países Baixos constituem uma das pátrias tradicionais do ciclismo no Norte europeu. O primeiro clube de ciclismo de Amsterdã foi fundado em 1884. Em 1900 já havia cerca de 60 pela cidade, e a primeira corrida de rua (com 93km de Amsterdã a Arnhem, em 1885) era uma lembrança distante. Entre 1905 e 1936 como as corridas foram proibidas nas ruas nos Países Baixos, a maior parte da movimentação passou para os vários velódromos de Amsterdã – primeiro numa pista de cinzas atrás do Rijksmuseum e depois em pistas de madeira e concreto, tanto cobertas quanto ao ar livre, em vários locais da cidade.

Apesar da proibição de corridas em vias públicas, o clube de ciclismo Olympia organizou em 1909 a Ronde van Nederland (Volta dos Países Baixos), que se tornaria uma corrida com etapas de uma semana e, na maior parte da sua vida, começava e terminava na capital. Gerrie Knetemann, campeão mundial de 1978 nascido em Amsterdã, foi o maior ganhador da Ronde, com quatro vitórias. Pedalando sobretudo pela famosa equipe Ti-Raleigh, sob o comando do temido diretor esportivo Peter Post, Knetemann registrou dez impressionantes vitórias em etapas no Tour de France. Quando a União Ciclística Internacional organizou a ProTour em 2005, a corrida passou a ser o Tour du Benelux – embora nunca tenha passado por Luxemburgo. Entre outros famosos profissionais de Amsterdã figuram Jaap Eden que foi tanto campeão mundial de ciclismo quanto de patinação de velocidade no gelo nos anos 1890, e Gerrit Schulte, que venceu Fausto Coppi em 1948 e veio a ser o campeão mundial de perseguição.

Em 1928, as Olimpíadas foram realizadas na cidade (o estádio ainda existe, mas o velódromo se foi). Os holandeses ganharam quatro medalhas de ciclismo e ficaram em segundo lugar no quadro de medalhas, igualando o feito da Dinamarca, apesar de os dinamarqueses terem ganhado mais medalhas de ouro. Contudo, a verdadeira época áurea de Amsterdã no ciclismo ocorreu após a Segunda Guerra Mundial, quando cada bairro teve uma *wielerronde* cuja tradução aproximada é "competição ciclística", embora na época as corridas fossem essencialmente curtas e em ruas fechadas. De maio a setembro, realizavam-se de 20 a 25 *rondes* – Indische Buurt, Vondelpark, Albert Cuypstraat e Vismarkt tinham uma *ronde* cada um, e a Ronde van Lindengracht era particularmente especial. Os moradores esgueiravam-se pelas janelas

para assistir, e havia até 10 mil espectadores nas ruas para aplaudir os corredores. A Westerstraat também recebia uma *kruideniersrace* – ou "corrida de quitandeiros" –, na qual os comerciantes competiam com suas bicicletas de entrega.

Infelizmente, as *wielerrondes* foram vítimas do próprio sucesso, e a câmara de vereadores cada vez mais se recusou a fechar tantas ruas aos carros todo fim de semana e rechaçou a cobrança de uma taxa instituída pelos organizadores. Em 1º de janeiro de 1956, elas praticamente haviam se extinguido, e só a Ronde van het Purmerplein, no Noord, ainda existe. Quando estava no auge o Tour de France também passou pela cidade. Em 1954, a capital holandesa sediou o *grand départ* (grande largada), na primeira vez em que a corrida começou fora da França. Numa primeira etapa acirrada, que partiu do **Estádio Olímpico** e percorreu 216km até Brasschaat, na Bélgica, a estrela suíça Hugo Koblet dividiu o grupo principal, e o corredor holandês Wout Wagtmans venceu. O Tour nunca voltou a Amsterdã, mas o Giro d'Italia visitou a cidade em 2010, permanecendo em Amsterdã por três dias. Na primeira etapa, de 8,4km, Bradley Wiggins ficou com a *maglia rosa* em sua primeira vitória no Grand Tour para a Team Sky; na segunda etapa, Tyler Farrar venceu na reta final em Utrecht; e Wouter Weylandt ganhou a caótica terceira etapa de Amsterdã a Middelberg.

Hoje em dia, no âmbito das corridas amadoras, restaram apenas três clubes na cidade – **Olympia**, **De Germaan** e **Ulysses** – e, para participar das saídas para treinar, é preciso ser associado. As bicicletarias **Cycle You** e **Pristine** *(p. 21)*, todavia, fazem passeios semanais (e a Pristine, especialista em bicicletas sem marcha, utiliza bicicletas com marcha neles). Veja mais informações sobre corridas e percursos de treino na seção "Sites e endereços", onde você também encontra detalhes sobre a **Tromm Tweewielers** e a **Presto Cycle Sport**, boas opções de loja de consertos e peças para ciclistas de verdade.

Por fim, há a corrida Six Day de Amsterdã, que abre a temporada anual europeia Six Day (ela se realiza no fim de outubro, no **Sloten Velodrome**, perto do aeroporto de Schiphol). Entre 1932 e 2001, só ocorreu oito vezes. Anual desde então, é uma das maiores e mais prestigiosas do calendário das Sixes.

# INFORMAÇÕES ESSENCIAIS

**Em Amsterdã, pedalar é um modo de vida e, se você alugar uma imperceptível bicicleta preta, fica fácil se misturar à população. Os habitantes raramente usam capacete, pois na cidade o trânsito é seguro e relaxado. Há algumas coisas de que você precisa saber para a sua viagem ser o mais suave possível.**

## GUIA DE ETIQUETA DO CICLISTA

Existe uma espécie de "vale tudo" ao andar de bicicleta em Amsterdã, e é impressionante como todos os usuários das ruas cooperam. No entanto, há certas atitudes que você pode tomar para respeitar os outros ciclistas e veículos nas ruas. Seja educado e mantenha sempre a atenção, assim a diversão estará garantida.

- A regra principal em Amsterdã é sempre indicar para onde você vai virar antes de fazê-lo. Os holandeses contam com isso; do contrário, não fazem concessões às suas manobras.
- Trafegue sempre pelo lado direito da ciclovia para ser ultrapassado pela esquerda.
- Se quiser ultrapassar alguém, olhe antes para trás, por cima do seu ombro esquerdo, para ver se não vem ninguém.
- Em geral, os ciclistas param no sinal vermelho, ainda que obedeçam menos aos semáforos específicos para bicicletas, os quais você verá com frequência nas ciclovias.

## SEGURANÇA

É muito seguro pedalar em Amsterdã, e os carros infalivelmente prestam atenção aos ciclistas. Os motoristas que atravessarem uma ciclovia exclusiva não invadirão esse espaço; o mesmo se aplica aos carros que estão no mesmo sentido que você ou atravessam uma ciclovia nos cruzamentos. Você precisa atentar para alguns pontos:

- Quase sempre as bicicletas podem transitar em ruas de mão única. Se junto à placa de "entrada proibida" houver outra com uma bicicleta e a palavra *Uitgezonderd*, você pode entrar pedalando.
- Às vezes é difícil saber se a ciclovia tem mão única ou não. Em geral, quando a faixa é bem larga, outros ciclistas toleram quem ande no sentido contrário. Mas tome cuidado, porque a faixa pode

se estreitar e emendar com a rua sem que você perceba – nesse momento você estará pedalando no sentido errado da rua, com carros e bicicletas vindo em sua direção.

- Os bondes trafegam como se fossem os donos da rua – e nem pense em discutir com eles! Atenção também aos trilhos do bonde, que podem prender os pneus finos e ficam escorregadios quando molhados.
- Scooters podem transitar nas ciclovias – cuidado com elas.
- Os ciclistas holandeses são confiantes e rápidos (mesmo nas pesadas bicicletas de passeio), estão acostumados a pedalar em ciclovias abarrotadas, mas não dão muito espaço aos turistas e podem ser agressivos. Siga os pontos sobre etiqueta e você não terá contratempos com bicicletas ou scooters.
- Acenda as lanternas quando escurecer – a polícia reprova quem não o faz. Como a maioria das bicicletas holandesas usa luzes a dínamo, não deve haver problema com essa questão.
- Muitos turistas circulam de bicicleta: é provável que alguns deles sejam novatos e que os outros, dada a reputação de Amsterdã de "cidade festeira", estejam um pouco combalidos. Se você vir grupos em bicicletas de aluguel reluzentes, dê passagem a eles.
- Cuidado com as carroças puxadas por cavalos cheias de turistas na praça Dam e ao redor dela.

## RISCOS

Amsterdã, como muitas cidades, sofre com o roubo de bicicletas, e estima-se que 10% das que circulam sejam roubadas. Uma bicicleta alugada deve vir com corrente e cadeado; caso você a deixe sozinha, use-os para imobilizá-la num lugar bem firme (muitos amsterdameses acorrentam as bicicletas a elas mesmas ou usam a trava da roda acoplada a muitos quadros).

No centro da cidade existem tantas bicicletas que talvez seja difícil encontrar uma grade ou um bicicletário para acorrentar a sua, mas é bom fazer isso – e se você for à cidade com um modelo valioso, é essencial prendê-lo bem. Considere usar dois cadeados, para que os ladrões oportunistas procurem um alvo mais fácil.

## LOCALIZE-SE

A sinalização das rotas de bicicletas de Amsterdã é boa, e as placas de rua no centro incluem o nome do bairro (Centrum, Oost etc.). Há também uma boa sinalização para pedestres.

Quando você quiser ir a um lugar específico ou percorrer uma longa distância, vale mais pedalar por ruas mais largas e retas, mesmo que você se desvie um pouco da rota, e depois pegar atalhos por ruas menores, quando estiver mais perto do destino. Faça o mesmo com o semicírculo do Grachtengordel – é bem fácil e mais agradável pedalar por uma meia-lua em torno do Prinsengracht ou do Herengracht do que cortar pelo meio da praça Dam.

## ALUGUEL DE BICICLETAS

Existem muitos lugares em Amsterdã para alugar uma bicicleta. Recomendamos a **StarBikes** e a **Recycled Bicycles** *(p. 12)*, ambas no centro da cidade. Se quiser um modelo com marchas, vá à **Kaptein Tweewielers**; para alugar uma ciclocross, procure a **Beekhoven Bikes**.

## TRANSPORTE PÚBLICO

Os ônibus e a maioria dos bondes holandeses não permitem bicicletas, embora você possa embarcar no bonde **IJ** da linha 26, que vai da estação Centraal aos subúrbios do leste. Você pode entrar com bicicleta no metrô, mas deve desembolsar um complemento na hora de pagar a passagem. As barcas gratuitas da cidade, que entrecortam o **IJ**, ligando o Noord ao centro, permitem bicicletas sem taxa. Comprando um bilhete para um dia, pode-se levar bicicleta nos trens holandeses. Não se esqueça disso, porque os bilhetes sempre são verificados.

## VIAGEM A AMSTERDÃ COM BICICLETA

Amsterdã é bem servida por trens internacionais, que são o transporte mais seguro para viajar com bicicleta. Existem linhas diretas para Paris, Antuérpia, Bruxelas e as principais cidades alemãs. Chega-se às cidades da Áustria e da Suíça por meio de baldeação em Colônia, e você pode partir de mais longe em vagões-leito.

A **Eurostar** é o meio mais tranquilo de viajar de Londres a Amsterdã: o site da empresa vende bilhetes para Amsterdã, fazendo baldeação em Bruxelas – a viagem mais rápida demora atualmente 4h30, mas desde 2013 bagagens com mais de 85cm não são permitidas no porta-bagagem de mão, o que praticamente elimina qualquer bicicleta que não seja dobrável. Pagando uma taxa, você pode reservar espaço para a bicicleta no trem, mas nos trens da **Thalys** de Bruxelas para Amsterdã, as bicicletas devem ser desmontadas e levadas numa bolsa – de modo que no trecho da Eurostar você também precisa levar a bicicleta embalada. Para tanto, é necessário reservar um espaço para bagagem registrada, que custa £10 por viagem no serviço "Turn Up and Go", no qual você deixa a bicicleta ensacada num balcão no saguão de embarque. Quando você entrar no Thalys, o bagageiro mais amplo torna tudo mais fácil. Duas estratégias parecem funcionar: ou você se apressa para ficar na frente da fila e garantir o espaço necessário no bagageiro, ou, se a sua bicicleta ficar bem fininha quando embalada, espere que todos ajeitem sua bagagem e coloque o seu pacote por cima.

Os trens alemães da Intercity-Express (ICE) não permitem carregar bagagem com mais de 85cm em qualquer dimensão. Porém, você pode levar a bicicleta ensacada nos trens Intercity (IC) e Eurocity (EC), que também permitem entrar rolando a bicicleta se você pagar a reserva de espaço, ou levá-la num saco de tamanho normal – assim, se você chegar a Amsterdã vindo da Alemanha, é melhor contar com um trem mais lento. Em todos os trens são permitidas bicicletas dobráveis, mas nos ICE elas devem estar embaladas.

O **aeroporto de Schiphol** de Amsterdã é um dos poucos grandes da Europa que pode ser recomendado para quem chega ou parte do aeroporto de bicicleta. Fica a menos de 20km do centro da cidade, e você segue por ciclovias sinalizadas durante quase todo o trajeto. Sugerimos que, ao voltar ao aeroporto, você leve um mapa, seja o do escritório de turismo, seja um da **Pied à Terre** (p. 19), a livraria especializada em viagens na Overtoom, para que você não perca o avião na volta.

# SITES E ENDEREÇOS

**Abyssinia Afrikaans Eetcafé**
Jan Pieter Heijestraat 190, 1054 MN
abyssinia.nl

**Albert Cuypmarkt**
Albert Cuypstraat 67/HS, 1072 CN
albertcuypmarkt.nl

**Ari Vintage**
Overtoom 532, 1054 LL

**Artis Royal Zoo**
Plantage Kerklaan 40, 1018 CZ
artis.nl

**Athenaeum Boekhandel**
Spuistraat 14, 1012 XA
athenaeum.nl

**Back Beat**
Egelantiersstraat 19, 1015 PV
backbeat.nl

**Badhuis Javaplein**
Javaplein 21, 1095 CJ
badhuis-javaplein.nl

**Bazar**
Albert Cuypstraat 182, 1073 BL
bazaramsterdam.nl

**Beter & Leuk**
Eerste Oosterparkstraat 91, 1091 GW
beterenleuk.nl

**Bimhuis**
Piet Heinkade 3, 1019 BR
bimhuis.nl

**Bloemenmarkt**
Singel 610-616, 1017
keesbevaart.nl

**Brouwerij 't IJ**
Funenkade 7, 1018 AL
brouwerijhetij.nl

**Café Brecht**
Weteringschans 157, 1017 SE
cafebrecht.nl

**Café-Restaurant Stork**
Gedempt Hamerkanaal t.o. 96, 1021 KR
restaurantstork.nl

**Café Thijssen**
Brouwersgracht 107, 1015 GD
cafethijssen.nl

**Caffe Oslo**
Sloterkade 1 A, 1058 HD
caffeoslo.nl

**Camping Zeeburg**
Zuider IJdijk 20, 1095 KN
campingzeeburg.nl

**Canvas**
Wibautstraat 150, 1091 GR
canvas7.nl

**Casa de Anne Frank**
Prinsengracht 267, 1016 GV
annefrank.org

**Coffee Company**
Meester Treublaan 18, 1097 DP
coffeecompany.nl

**CREA**
Nieuwe Achtergracht 170, 1018 WV
crea.uva.nl

**Dappermarkt**
Dapperstraat 279, 1093 BS
dappermarkt.nl

**De Bijenkorf**
Dam 1, 1012 JS
debijenkorf.nl

**De Bakkerswinkel**
Regulateurshuis 1, Polonceaukade 1, 1014 DA
debakkerswinkel.com

**De Hortus**
Plantage Middenlaan 2a, 1018 DD
dehortus.nl

**De Nieuwe Anita**
Frederik Hendrikstraat 115, 1052 HN
denieuweanita.nl

**De Oude Kerk**
Oudekerksplein 23, 1012 GX
oudekerk.nl

**De Ysbreeker**
Weesperzijde 23, 1091 EC
deysbreeker.nl

**Droog**
Staalstraat 7B, 1011 JJ
droog.com

**Espressofabriek**
Gosschalklaan 7, 1014 DC
espressofabriek.nl

**Envy**
Prinsengracht 381, 1016 HL
envy.nl

**EYE Film Institute**
IJpromenade 1, 1031 KT
eyefilm.nl

**Flevoparkbad**
Zeeburgerdijk 630, 1095 AN
oost.amsterdam.nl

**Foam**
Keizersgracht 609, 1017 DS
foam.org

**Grand Café Amstelhoeck**
Amstel 1, 1011 PN
amstelhoeck.nl

**Hanneke's Boom**
Dijksgracht 4, 1019 BS
hannekesboom.nl

**Hesp**
Weesperzijde 131, 1091 ER
cafehesp.nl

**Het Blauwe Theehuis**
Vondelpark 5, 1071 AA
blauwetheehuis.nl

**Hippo Vintage**
Van Limburg Stirumplein, 1051

**Idea Books**
Nieuwe Herengracht 11, 1011 RK
ideabooks.nl

**IJ-Hallen**
Tt. Neveritaweg 15, 1033 WB
ijhallen.nl

**IJ Kantine**
Mt. Ondinaweg 15-17, 1033 RE
ijkantine.nl

**Jansen Vintage**
Javaplein 31hs, 1019 CJ
jansenvintage.nl

**Kriterion**
Roetersstraat 170, 1018 WE
kriterion.nl

**Lust**
Runstraat 13, 1016 GJ
lustamsterdam.nl

**Moooi**
Westerstraat 187, 1015 MA
moooi.com

**NDSM**
Ms. Van Riemsdijkweg, 1033
ndsm.nl

**Neef Louis**
Papaverweg 46-48, 1032 KJ
neeflouis.nl

**Negen Straatjes**
de9straatjes.nl

**NEMO**
Oosterdok 2, 1011 VX
**e-nemo.nl**

**Nieuw Dakota**
Ms. van Riemsdijkweg 41B, 1033 RC
**nieuwdakota.com**

**Nieuwmarkt (feira de agricultores)**
Nieuwmarkt, 1012 CR
**nieuwmarkt.org**

**Noorderlicht**
NDSM Plein 102, 1033 WB
**noorderlichtcafe.nl**

**North Sea Jazz Club**
Pazzanistraat 1, 1014 DB
**northseajazzclub.com**

**Odessa**
Veemkade 259, 1019 CZ
**de-odessa.nl**

**Openbare Bibliotheek Amsterdam**
Oosterdokskade 143, 1011 DL
**oba.nl**

**Ot en Sien**
Buiksloterweg 27, 1031 CD

**OT301**
Overtoom 301, 1054 HW
**ot301.nl**

**Pacific Parc**
Polonceaukade 23, 1014 DA
**pacificparc.nl**

**Pakhuis Wilhelmina**
Veemkade 576, 1019 BL
**cafepakhuiswilhelmina.nl**

**Pied à Terre**
Overtoom 135, 1054 HG
**jvw.nl**

**Pllek**
Tt. Neveritaweg 59, 1033 WB
**pllek.nl**

**Pols Potten**
KNSM-laan 39, 1019 LA
**polspotten.nl**

**Raïnaraï**
Prinsengracht 252, 1016 HG
**rainarai.nl**

**Resistance Museum**
Plantage Kerklaan 61A, 1018 CX
**verzetsmuseum.org**

**Roest**
Czaar Peterstraat [illegible]b 1018 P[illegible]
**amsterdamroest.n[illegible]**

**Rush Hour**
Spuistraat 98, 101[illegible] TZ
**rushhour.nl**

**SMBA**
Rozenstraat 59, 1[illegible]16 [illegible]N
**smba.nl**

**Sourced and So[illegible]**
Eerste Tuindwar[illegible]s[illegible]a[illegible]t [illegible]6, 1015 RV
**sourcedandsold.[illegible]m**

**Strand West**
Stavangerweg 9[illegible], 1[illegible]1[illegible] AX
**strand-west.nl**

**Studio/K**
Timorplein 62, [illegible]094 C[illegible]
**studio-k.nu**

**Sunday Marke[illegible]**
Haarlemmerw[illegible]g 8–[illegible]0, 101[illegible] BE
**sundaymarket.[illegible]l**

**Ten Katemark[illegible]**
Ten Katestraat [illegible]5[illegible]
**detenkatemar[illegible]t [illegible]nl**

**Tenue de Nîm[illegible]s**
Elandsgracht [illegible], 1[illegible]16 TX
**tenuedenimes[illegible]n**

**Theater Fabri[illegible]k**
Czaar Peterst[illegible] [illegible]1[illegible], 101[illegible] PL
**theaterfabriek[illegible]dam[illegible]nl**

**The Pancake B[illegible]k[illegible]r[illegible]**
Prinsengrach[illegible] [illegible]91 1015 [illegible]S
**pancake.nl**

**Toko MC**
Polonceauka[illegible]5, [illegible]014 D[illegible]
**tokomc.nl**

**Tolhuistuin**
Tolhuisweg [illegible], 10[illegible]1 [illegible]L
**tolhuistuin.[illegible]l**

**Tropenmus[illegible]m**
Linnaeusstr[illegible]t 2 1092 CK
**tropenmuse[illegible]n.[illegible]l**

**Trouw**
Wibautstra[illegible]t [illegible]3[illegible], 1091 [illegible]L
**trouwamst[illegible]am.nl**

**Two For Jo[illegible]**
Frederiksp[illegible]in [illegible]9, 1017 XL
**twoforjoy.[illegible]l**

**Vondelpark Openluchttheater**
Vondelpa[illegible]k 5a, 1071 AA
**openluch[illegible]theater.nl**

**Waterlooplein (mercado de pulgas)**
Waterlo[illegible]plein, 1011 PG
**waterloopleinmarkt.nl**

## LOJAS, CLUBES, CORRIDAS E LOCAIS PARA CICLISMO

Se quiser links para rotas de corrida e treino, acesse **citycyclingguides.com**

**Beekhoven Bikes**
Draaierweg 16, 1032 KS
**beekhovenbikes.nl**

**Cycle You**
Schellingwouderdijk 339, 1023 NK
**cycleyou.nl**

**De Germaan**
Bok de Korverweg 8, 1067 HR
**wielersportboeken.nl**

**Kaptein Tweewielers**
Overtoom 488-490, 1054 JZ
**kapteintweewielers.nl**

**Olympia**
Sloterweg 1045, 1006 AD
**ascolympia.nl**

**Olympic Stadium**
Olympisch Stadion 2, 1076 DE
**olympischstadion.nl**

**Presto Cycle Sport**
Haarlemmerstraat 76, 1013 ET
**presto.nl**

**Pristine**
Kinkerstraat 14, 1053 DV
**pristinefixedgear.com**

**Recycled Bicycles**
Spuistraat 84A, 1012 TX
**recycledbicycles.org**

**Sloten Velodrome**
Sloterweg 1045, 1066 CD
**velodrome.nl**

**StarBikes**
De Ruyterkade 127, 1011 AC
**starbikesrental.com**

**331 West**
Admiraal de Ruijterweg 331, 1055 LZ
**331west.nl**

**Tromm Tweewielers**
Europaplein 45, 1078 GV
**tromm.nl**

**Ulysses**
Beemsterstraat 654, 1027 ED
**arc-ulysses.nl**

## OUTROS SITES ÚTEIS

**Aeroporto de Schiphol**
Evert v/d Beekstraat 202, 1118 CP Schiphol
**schiphol.nl**

**Amsterdam Centraal Station**
Stationsplein 9, 1012 A
**amsterdamcentraal.nu**

**Eurostar**
**eurostar.com**

**Thalys**
**thalys.com**

A Rapha, com sede em Londres, sempre foi defensora do ciclismo urbano – desde o teste de protótipos de camisetas nos serviços de entrega em bicicleta até a fabricação de uma ampla linha de produtos projetados especialmente para as necessidades do dia a dia de ciclistas. Além da loja on-line com produtos, filmes, fotos e histórias, a Rapha possui uma rede crescente de Cycle Clubs – locais pelo mundo afora onde os ciclistas podem desfrutar corridas, comida, bebida e produtos. É a fornecedora oficial dos uniformes da Team Sky, principal equipe de ciclismo do mundo.

Rapha.